RESEARCH ON

THE CHANGE OF CHINA'S LABOR

INCOME SHARE

中国劳动收入份额变动研究

郭继强 林 平 等著

ZHEJIANG UNIVERSITY PRESS
浙江大学出版社
· 杭州 ·

图书在版编目(CIP)数据

中国劳动收入份额变动研究 / 郭继强等著. — 杭州：
浙江大学出版社,2022.9
ISBN 978-7-308-22129-0

Ⅰ. ①中… Ⅱ. ①郭… Ⅲ. ①劳动报酬—研究—中国
Ⅳ. ①F249.24

中国版本图书馆 CIP 数据核字(2021)第 263068 号

中国劳动收入份额变动研究

ZHONGGUO LAODONG SHOURU FENE BIANDONG YANJIU

郭继强　林平　等著

策划编辑	吴伟伟
责任编辑	陈逸行
责任校对	郭琳琳
封面设计	雷建军
出版发行	浙江大学出版社
	(杭州市天目山路 148 号　邮政编码 310007)
	(网址:http://www.zjupress.com)
排　　版	杭州朝曦图文设计有限公司
印　　刷	广东虎彩云印刷有限公司绍兴分公司
开　　本	710mm×1000mm　1/16
印　　张	16.75
字　　数	280 千
版 印 次	2022 年 9 月第 1 版　2022 年 9 月第 1 次印刷
书　　号	ISBN 978-7-308-22129-0
定　　价	68.00 元

浙江大学出版社市场运营中心联系方式:0571-88925591;http://zjdxcbs.tmall.com

目 录

第一章 导 论

第一节 问题的提出

经济学对收入分配的研究至少可以追溯至重商主义时代,但直到大卫·李嘉图提出收入分配理论,收入分配才成为经济学研究的核心问题。1819 年,李嘉图在《政治经济学及赋税原理》中提出,确立收入分配的法则是政治经济学的主要问题。自此,财富的分配与财富的增长成为经济学的两大主要研究领域。当然,这也是各国政府和民众最为关心的重大问题。

经济增长创造的财富,奠定了民众福祉提升的物质基础。但是,当物质财富积累到一定程度时,民众的生活质量和幸福感并不完全与经济增长呈正向关系。《论语·季氏》云:"不患寡而患不均,不患贫而患不安。"民众对收入不平等有着天然的厌恶,过高的收入差距在人群间划出鸿沟。良好的分配结构有助于经济的可持续增长和社会的稳定,极端的收入不平等则可能导致经济增长的停滞和社会的动荡,这不仅来自严谨的理论演绎,也来自无数的历史观察。2011 年,世界范围内爆发了一系列社会冲突:希腊和以色列的大规模抗议示威、英国伦敦的骚乱以及美国的"占领华尔街"游行,还有智利、印度等国的示威游行……以至于英国《金融时报》专栏作家吉迪恩·拉赫曼把 2011 年称为"愤怒之年"①。这一系列冲突背后就有收入不平等不断加剧的因素存在。自 1980 年以来,收入差距在世界各个地区几乎都呈扩大趋势,只是扩大幅度各有不同。收入差距水平在北美(美国与加拿大)、亚洲等地区迅速攀升,相比之下,欧洲的表现略为温和。在中东、撒哈拉以南非洲地区和巴西,收入差距则基本保持在原有较高水平上(见图 1.1)。2008年的金融危机虽然让富人们在股市中损失惨重,但是收入不平等程度并未

---

① 熊筱伟.全球陷入动荡骚乱事件频发 2011 被称为愤怒之年[EB/OL].(2011-09-22)[2021-10-10]. https://finance. huanqiu. com/article/9CaKrnJsuNs.

随之减轻,反而有所加大。显然,普通民众付出了更大的代价,经济衰退后的复苏收益更多地进入了富人的口袋(斯蒂格利茨,2013)。2016 年,欧洲收入前 10％的成人(20 岁及以上人群)的收入总和占整个国民收入的 37％,该份额在中国为 41％,在俄罗斯为 46％,在北美为 47％,而在撒哈拉以南非洲地区、巴西和印度则约为 55％。中东是世界上收入差距最大的地区之一,收入前 10％的成人的收入总和份额高达 61％(见图 1.2)[①]。

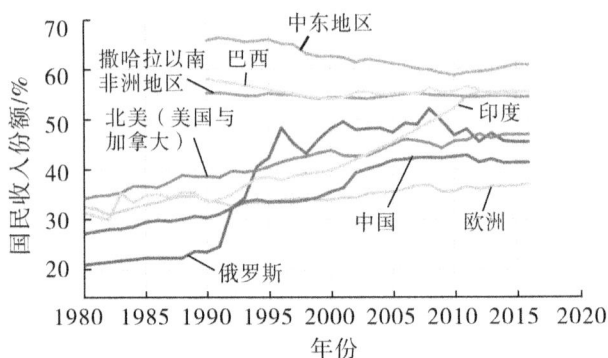

图 1.1　1980—2016 年世界各地区收入前 10％成人的收入总和份额变化

注:1980—2016 年,印度收入前 10％成人的收入总和份额由 31％增长至 55％。

数据来源:世界财富与收入不平等数据库(WID.world)、《世界不平等报告 2018》(wir2018.wid.world)。

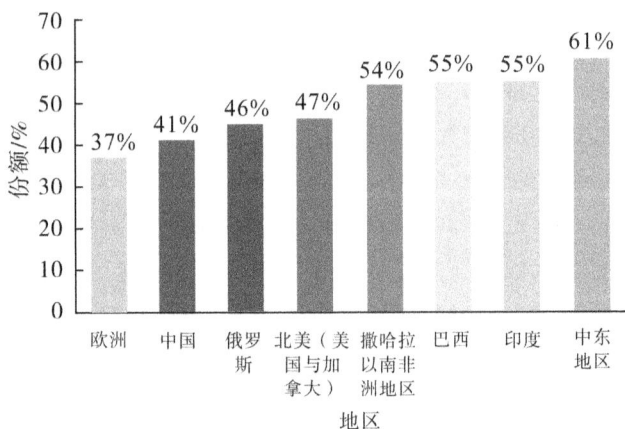

图 1.2　2016 年世界各地区收入前 10％的成人收入总和份额

数据来源:世界财富与收入不平等数据库(WID.world)、《世界不平等报告 2018》。

中国自改革开放以来,经济高速发展,取得了令人瞩目的成就,国内生

①　Alvaredo F, Chancel L, Piketty T, et al. World inequality report 2018[R/OL].(2020-05-04)[2021-10-10]. https://wir2018.wid.world/files/download/wir2018-full-report-english.pdf.

产总值从 1978 年的 3678.7 亿元增长到 2019 年的 990865.1 亿元,年均增长率达 9.4%,目前已是世界第二大经济体;人均国内生产总值从 1978 年的 384.7 元增长到 2019 年的 70724.6 元,年均增长率达 8.4%①,人民的生活水平总体上获得了很大的改善。然而,伴随着经济的高速增长,收入分配差距也日益扩大,收入不平等、贫富分化等问题日渐凸显。中国城镇居民收入基尼系数从 1978 年的 0.16 逐步上升到 1990 年的 0.23、1995 年的 0.286②。中国农村居民收入基尼系数则从 1978 年的 0.2124 逐步上升到 1990 年的 0.3099、1995 年的 0.3415③。2013 年国家统计局首次对外公布 2003—2012 年历年全国基尼系数,2003 年为 0.479,2012 年为 0.474。而 2019 年基尼系数为 0.465④,近 20 年持续超过国际警戒线 0.4。从国民收入分配结构来看,劳动与资本的分配关系已从改革之初的"工资侵蚀利润"转向"强资本和弱劳动"。劳动收入份额自 20 世纪 90 年代中期以来的下降引起政府和学界的广泛关注。在不考虑统计口径变化且未剔除生产税净额的情况下,按收入法 GDP 核算得到的劳动者报酬占 GDP 份额(以下简称"劳动收入份额"),由 1995 年的 51.4% 下降到 2007 年的 39.7%,降幅接近 12 个百分点。其后,劳动收入份额下降趋势虽有所遏制,但仍处于较低水平。2009 年劳动收入份额为 46.6%,2014 年劳动收入份额为 46.5%⑤。另外,国民收入从 20 世纪 80 年代的"向居民倾斜"转为 90 年代以来的"向政府和企业倾斜",并且 2000—2008 年国民收入分配格局的变化仍主要表现为企业部门和政府部门收入占比上升和居民部门收入下降,经济增长的成果未能及时有效地转化为居民收入(张东生,2009;白重恩等,2009b;张车伟等,2014)。2000—2008 年,政府和企业收入占比呈现上升趋势,企业收入上升了 6.89%,政府收入上升了 1.6%,而居民收入占比则大幅下降,从 67.15% 下降至 58.66%。尽管 2008 年之后居民收入占比出现小幅回升,但水平仍相对较低。2018

① 国家统计局.中国统计年鉴 2020[M].北京:中国统计出版社,2021.
② 国家统计局.2004.05:城市人贫富差距有多大[EB/OL].(2004-06-15)[2021-10-10].http://www.stats.gov.cn/tjzs/tjsj/tjcb/zggqgl/200406/t20040615_37445.html.
③ 国家统计局住户调查办公室.中国住户调查年鉴 2011[M].北京:中国统计出版社,2011.
④ 国家统计局.中国统计年鉴 2020[M].北京:中国统计出版社,2021.
⑤ 具体数据通过《中国统计年鉴 2010》《中国统计年鉴 2015》相关资料计算得到。不少学者指出,2008 年后劳动报酬统计口径再次调整,导致按照省际收入法 GDP 计算的 2009 年及其后的劳动收入份额,在数值上表现为大幅回升(张车伟,2012;吴凯,2013;周明海,2014)。

年,居民、企业和政府三者在初次分配中的占比分别为 60.2%、25.6% 和 14.2%,与 2000 年相比,企业收入增加 5.88%,政府收入增加 1.07%,而居民收入下降 6.95%[①]。

　　收入分配结构的扭曲和失衡,一方面会制约居民的消费能力,造成内需乏力,阻碍产业结构的升级,不利于经济的可持续发展;另一方面会影响劳动关系,有损社会和谐,有损社会经济发展环境的安定。我国政府提出共享理念,坚持发展成果由人民共享,坚持以人民为中心的发展思想,努力实现共同富裕的目标。政府不断积极地寻求改善收入分配结构的路径,迄今为止出台了众多收入分配政策及制度改革措施。一系列的政策措施使我国收入分配问题在某些方面得到一定程度的缓解。我国收入分配制度总体上在向合理方向改进,但是当前收入分配不平等问题仍然存在,劳动收入份额偏低、贫富分化等问题仍然困扰着我们,影响着社会经济的和谐发展。我国社会主要矛盾已经转化为人民日益增长的美好生活需要和不平衡不充分的发展之间的矛盾。当前,中国特色社会主义进入新时代。同时,国际环境不确定性因素增多,既有的外向型经济发展模式受到挑战,经济亟待转型并寻找新的发展动能。正是在这样的背景下,政府提出新的发展战略——逐步形成以国内大循环为主体、国内国际双循环相互促进的新发展格局。畅通“内循环”,以“内循环”促进“双循环”,有赖于消费的启动、内需的扩大。由于居民的消费潜力受制于其分配到的收入份额,收入分配成为影响我国社会、经济未来发展趋势极为重要的因素。如何“在发展中保障和改善民生”,如何在经济发展中解决伴随着经济发展而产生的收入分配问题,是摆在中国政府面前亟待解决的问题,也正是本书将要研究的主题。

　　当下,研究收入分配的文献颇多,这些文献都从各自的视角对中国的收入分配问题展开研究。本书注重在经济发展中分析中国收入不平等问题。具体来说,在探讨中国收入分配问题时,本书密切联系中国生产结构在经济变革及经济发展方式转变的宏观背景下产生的变化,特别注重分配领域和生产领域之间的有机联系。马克思认为“分配取决于生产”,分配是生产的产物,自然地,分配结构也就取决于生产结构。新古典理论将分配看成是生

　　[①] 根据《中国统计年鉴 2012》《中国统计年鉴 2013》《中国统计年鉴 2014》《中国统计年鉴 2015》提供的国家统计局最新修订的 2000—2013 年资金流量表(实物部分)计算整理得到。2018 年数据来自张车伟和赵文(2020)。经过对照,两种来源的数据具有可比性。

产的自然结果,要素收入事实上是对投入生产的各要素的补偿,收入分配的依据是各要素在生产中的贡献。斯蒂格勒也指出,生产和分配理论这两个领域彼此交织,不可分割(斯蒂格勒,2008)。因此,分配结构,尤其是初次分配结构,必然与生产结构有着极为紧密的联系。

改革开放的 40 余年是经济发展与变革的 40 余年,经济发展战略的转变、经济体制的转型深刻影响着要素投入结构、技术结构、产业结构等有关生产结构,当前的收入分配结构正是这些变化中的生产结构作用的结果。不联系体制转型中经济发展方式的转变,不联系经济结构的变化,就难以深刻理解当前收入分配格局背后的形成机理,从而也难以从根本上解决我国收入不平等问题。中国收入分配结构的具体特征与所处的阶段是怎样的?究竟转型中的经济发展方式与经济结构的转变对要素结构、产业结构、技术结构等生产结构起着怎样的作用? 当前收入分配的结构性特征是经济发展的必然产物,还是经济转型过程中的某些障碍导致的收入分配结构扭曲?在经济发展的新阶段,如何在兼顾经济增长的同时有效改善中国收入分配结构? 这些正是本书关心和将要探讨的问题,也是本书对中国收入分配问题的剖析和拆解。

广受关注的收入分配结构包括功能性收入分配结构、规模性收入分配结构和宏观收入分配结构。功能性收入分配结构是生产要素之间的分配格局,反映了初次分配后的收入分配格局;规模性收入分配结构描述个体之间的分配格局,包含了再分配的因素;宏观收入分配结构则反映了国民收入在政府、企业和居民三个主体间的分配状况。三者有区别,也有联系。在中国,居民的收入主要源于劳动所得,功能性收入分配结构对规模性收入分配结构和宏观收入分配结构有着极为重要的影响。功能性收入分配,从生产关系方面看,涉及所有权及其在经济上的实现问题,从生产力方面看,涉及各基本生产要素对生产的贡献、生产要素的报酬,以及其贡献和报酬如何对应的问题(李扬,1992),是注重从生产领域入手的古典经济学、马克思主义政治经济学和新古典经济学等收入分配理论的研究主体。本书将从这些经典理论出发,借由功能性收入分配与生产结构的紧密联系,从劳动收入份额视角考察分析经济发展中我国收入分配结构的变动趋势及其机理。

第二节 研究思路和方法

改革开放的 40 余年是中国经济快速发展的 40 余年,也是经济体制转型和产业结构变化的 40 余年。其间,计划经济体制逐渐式微,市场经济体制得以确立并发展,经济发展战略也从最初的"赶超战略"转向由禀赋结构决定的比较优势战略,产业结构得到重大调整,劳动密集型产业快速成长。生产领域的重大变化带来分配领域的变化,中国现今的收入分配结构正是 40 余年生产领域变革的结果。因此,剖析中国收入分配问题的关键是要紧紧围绕 40 余年间生产领域中最重要的变化——经济体制转型和产业结构变化。

第一,经济体制转型。改革开放前,计划经济体制支撑的赶超型经济发展战略使中国以较快的速度建成较为完整的工业经济体系,实现了重工业优先于其他部门增长;但由于其重投资、轻消费,劳动报酬被人为压低,扭曲了国民收入分配结构,人民生活水平长期无法得到改善。改革开放后,政府转变了原有经济发展方式,逐步强化市场对资源的配置作用,放弃了赶超战略,转而遵循禀赋结构特征,发展更具比较优势的产业,同时,在农村和城市推出一系列微观激励机制领域的改革措施。政府的改革带来生产领域的重大调整,对劳动收入份额的影响是多维与多向的,并且呈阶段性变化,既有提升,也有抑制。不过,也需注意到,中国政府虽然不断深化对市场资源配置作用的认识,经历了从强调其对资源配置的"基础性作用"到发挥其对资源配置的"决定性作用"的转变,但政府对资金、土地等生产要素仍拥有很大的控制权,劳动力的流动也仍然存在局部的制度性障碍,生产要素市场的发育仍不充分,生产要素价格的市场决定机制仍不完善。生产领域要素市场的不健全必会对分配产生影响,可以说经济体制转型中要素市场的有关问题对中国当前的要素收入分配现状有着相当强的解释力。

第二,产业结构变化。一国的劳动收入份额是该国各产业内部劳动收入份额的加权平均。因此,劳动收入份额变动既可以由产业内劳动收入份额变化引起,也可以由产业结构变化引起。改革开放以来,随着工业化进程的不断推进,我国产业结构也发生了巨大变化,农业部门产值比重不断下降,工业和服务业部门的产值比重趋于上升。产业结构的这种变化被称为"库兹涅茨(Kuznets)事实"(Clark,1940;Kuznets,1957;Chenery,1960),规律性地呈现于各个国家的工业化过程中。随着工业化进程的进一步推进，工业部门产值比重会逐渐下降，经历倒 U 形变化过程；与此同时，服务业比重则会快速上升，成为国民经济的支柱产业。这种产业结构变化被经济学家称为"后工业化事实"(Bell，1973；徐朝阳，2010)。产业结构伴随工业化进程的规律性变化预示着工业化进程中的劳动收入份额具有一定的演进规律，对这一规律的揭示与总结对仍处于工业化进程中的我国有着重要意义。当然，笔者也注意到，Kaldor(1961)将劳动收入份额恒定列为宏观经济增长中的"典型事实①"之一，该观点已为众多学者所接受并加以检验。不过，皮凯蒂(2014)指出，多数相关研究使用的数据没有与 18—19 世纪或者 20 世纪初做比较，这个劳动收入份额稳定性定律的适用时段并未被明确界定过。而且，西方工业化初期存在"工资趋向并稳定于维生工资"的事实(Ricardo，1817；Allen，2009)，20 世纪 90 年代以来的一些研究也发现，主要发达经济体的劳动收入份额有所下降，其变化偏离了"卡尔多事实"(Blanchard et al.，1997；Karabarbounis and Neiman，2014)。因此，有必要对完整工业化进程的劳动收入份额演进规律展开研究，以便对比考察改革开放以来中国最为重要的结构性变化——工业化——对劳动收入份额的影响，以对中国当前的要素收入分配格局有更清晰的认识。

作为一个发展中国家，中国的经济发展伴随着经济体制的转型，中国的经济增长伴随着产业结构的变化，经济体制的转型和产业结构的变化共同作用于生产领域，演化成现今的要素收入分配格局。因此，有必要对劳动收入份额的变化加以区分，一些变化是市场经济下客观经济规律作用的自然结果，一些变化则是经济体制转型下市场经济尚未健全，特别是要素市场未能充分发展的结果。对于前者，一方面，我们要在尊重经济规律的前提下运用再分配手段做出适度的公平性分配制度安排，以期经济增长能更大化地促进全民福祉的增进；另一方面，也试图在深入理论研究的基础上，寻找合乎经济理论的政策工具，以期在经济增长的同时改善国民收入的初次分配结果。而对于后者，则需要进一步的改革，大力推动要素市场的发展，促进社会主义市场经济的完善。

---

① 所谓"卡尔多事实"，就是从长期看经济增长具备以下特征，即人均产出增长率、资本产出比、资本的实际回报率以及国民收入在劳动和资本之间的分配等都大致稳定不变。

　　总体而言,本书自始至终贯彻联系生产考察分配、联系经济发展和增长考察收入分配问题的研究思路,从经济体制转型和产业结构变化两个视角研究中国要素收入分配问题。

　　正是遵循这样的研究思路,本书在研究方法上特别注重理论研究和经验研究的结合。漫长的经济思想史上有无数经济学家对功能性收入分配这一主题进行了探讨,为了使研究具有坚实的理论基础,本书系统梳理了以李嘉图为代表的古典学派、马克思主义学派、新古典学派、后凯恩斯学派以及以刘易斯为代表的二元经济发展学派的收入分配思想。此外,本书还系统梳理了技术进步类型与要素收入份额的相关文献,对各类技术进步分类的起源文献进行考据,辨析各种技术进步类型的异同和联结,探寻技术进步与要素收入分配间的关联。尤其,对阿西莫格鲁(Acemoglu)及其合作者的系列论文中的技术进步偏向理论进行透彻分析和深入理解,并将其技术进步偏向形成机制归纳为 Acemoglu 技术引致机制[①],进行理论上的再阐释。Acemoglu 技术引致机制是本书在经济发展和增长中解决收入分配问题的重要理论基础。在经验研究方面,本书既有参照经济史研究的传统分析方法,也有现代的计量分析方法。在研究工业化进程中的劳动收入份额演进规律时,本书广泛收集国外学者历年发表的劳动收入份额文献资料,对其中的文献数据加以提取利用,结合典型工业化国家官方公布数据,尝试通过钩稽文本、整理重构的方式,将历史数据在可比口径下整合衔接以做分析。在研究我国劳动收入份额现状成因时,则利用中介效应模型研究要素市场不健全对劳动收入份额的影响,用实际数据对理论分析中识别的具体影响路径加以检验。在寻找提升我国劳动收入份额的政策工具时,利用标准化供给面系统估算要素间替代弹性和增强型技术进步,以检验 Acemoglu 技术引致机制在我国的适用性,借此讨论政策工具的可行性。

　　总之,本书的研究尽可能地做到理论和实证融合,依托理论搭建研究框架、构建研究模型,深入剖析中国要素收入分配问题,提供可能的解决方案;利用经验数据和计量方法,为理论分析提供实证论据,验证分析结论的可靠性和解决方案的可行性。

---

　　① 本书在表述阿西莫格鲁的相关理论成果,如 Acemoglu 技术引致机制、Acemoglu(内生)技术进步偏向理论时,仍保留英文原名,不做特别翻译。

第三节 主要内容和章节安排

本书大体上从五个方面对我国要素收入分配问题展开研究。

第一,系统梳理功能性收入分配理论。本书遵循 Kaldor(1955)对功能性收入分配研究的归类,系统梳理了以李嘉图为代表的古典学派、马克思主义学派、新古典学派以及后凯恩斯学派的有关收入分配理论。同时,考虑到我国尚是发展中国家这一现实,补充了以刘易斯为代表的二元经济发展学派的收入分配思想。本书采纳 Scitovsky(1964)的意见,从研究方法和研究问题切入,并结合研究中的基本假定,对各思想流派的主要思想进行归纳梳理。理论综述中主要关注了各流派在各自的基本假定下,如何运用各自的分析工具,得出要素收入份额静态的确定和动态的变化,并对其加以比较分析。通过理论梳理,本书进一步明确了生产和分配领域的紧密关系,得出分配问题的分析和解决必须紧密联系生产问题的结论。这部分内容将在第二章呈现。

第二,考察中国要素收入分配结构在经济发展中的变动趋势,对中国的收入分配状况进行分析和判断。在这部分研究中,本书注重结合经济体制转型和工业化进程来考察劳动收入份额的变化。在分析中国劳动收入份额的变动状况和阶段性特征时,本书以工业化发展阶段和经济体制转型过程中的标志性历史事件作为阶段划分的重要依据。本书采用周明海等(2010b)的方法改进了劳动收入份额的测度方法。一是为更真实反映劳动和资本的分配关系,将生产税净额从国民经济核算的总增加值指标中剔除以更准确地测度劳动收入份额;二是考虑到国民经济核算实践中 2004 年和 2008 年两次劳动报酬统计口径的调整,以及由此产生的个体经济混合收入中劳动者报酬的测算问题,利用个体经济就业相关数据,借鉴 Gollin(2002)及 Bernanke 和 Gürkaynak(2001)的方法,修正劳动收入份额。本书发现,改革开放以来,劳动收入份额的变动经历三个阶段:劳动收入份额在 1978—1991 年短暂地上升后,在 1992—2003 年经历了相对较长时间的快速下降,而现阶段则处于工业化中后期[①],劳动收入份额基本上围绕着53.8%的低位水平上下徘徊。以上是本书第三章的主要内容。

第三,依靠文献数据和数据库数据相结合的方法,考察发达国家和转型国家的劳动收入份额变动状况。一方面,在大量文献研究的基础上,利用文献历史数据结合数据库数据在可比口径下整合衔接,对发达市场经济国家(主要是英国、美国、德国、法国和日本)在工业化进程中劳动收入份额的变动状况加以考察。本书发现,发达国家劳动收入份额在工业化进程中的演进路径类似"羹匙曲线",劳动收入份额在工业化初期明显下降,在工业化中后期则开始回升,失去的份额可以失而复得,到后工业化时代,劳动收入份额又会有所下降。劳动收入份额变动的"羹匙曲线"表明,在工业化进程中存在一个稍纵即逝的劳动收入份额回升的机会窗口。尽管各发达国家在工业化各个阶段的变动幅度存在差异,但工业化中后期的回升是这些国家至今仍能保持较高劳动收入份额的一个重要原因。另一方面,同样依靠文献和数据库数据,本书在对体制转型国家的劳动收入份额进行研究的过程中却未能发现规律性的变化,这说明经济制度也是影响劳动收入份额的重要因素,它可以使工业化进程中劳动收入份额原本规律化的演进路径发生改变。可以说,转型国家劳动收入份额的变化没有规律正是各国制度演进路径不同造成的。对中国来说,劳动收入份额40余年来的阶段性变动是转型中经济发展方式转变和工业化进程双重作用叠加的结果。2004年以来,中国已经进入工业化中后期的发展新阶段,但中国的劳动收入份额并未出现发达市场经济国家那样在中后期回升的现象,而是处于低位徘徊状态,这一状况需要我们进一步从工业化(或产业结构变化)和经济制度转型两大视角加以探究。以上内容分别在第四章、第五章中进行陈述。

第四,对造成中国目前要素收入分配现状的原因展开分析。影响要素收入分配的因素有很多,这些因素有的通过影响产业内要素收入分配引起劳动收入份额变化,有的通过影响产业结构引起劳动收入份额变化,有的兼而有之。本书主要从经济体制转型和产业结构变化的角度对问题展开分

[①] 就中国而言,国家发改委在"十三五"规划解释材料中指出,中国正处于从工业化中期向后期过渡的关键时期。国内许多学者也认为,中国已快速地走完工业化中期阶段,步入工业化后期是中国工业化进程的重要里程碑,中国目前总体处于工业化中后期的判断更为准确,更符合中国的实际情况(陈佳贵等,2012)。

析,体制转型中要素市场不健全导致的要素流动障碍会影响产业结构提升,从而最终影响劳动收入份额。而这一链式影响机制是塑就中国目前要素收入分配格局不可忽视的一个重要因素,也是本书分析中国要素收入分配问题的独有视角。本书认为,要素流动障碍会阻碍产业结构优化,致使其陷入低端锁定困局,最终导致中国劳动收入份额在低位徘徊的现状。中国迄今仍处于经济体制转型之中,政府在经济发展过程中始终占据着主导地位并发挥主导作用。可以说,中国既有的经济发展方式是政府主导型的。既有经济发展方式有助于改革措施的落实和改革的平稳进行,创造了令人瞩目的经济发展成就,但与此同时也制约了要素市场的发育和完善,阻碍了要素的自由流动。改革开放以来的经济增长使中国的要素禀赋结构不断提升,表现为劳动力充裕性不断下降,资本的相对充裕性持续上升。与此相对应,符合要素禀赋结构比较优势的产业结构已经发生改变。但是,要素流动障碍扭曲了要素的相对价格,使其难以正确反映中国的要素禀赋结构优势。企业在扭曲的要素相对价格引导下做出不合理的生产决策,其选择的产业和技术不能反映比较优势变动的新趋势。因此,中国的产业结构升级缓慢,出现了产业结构低端锁定现象。产业结构低端锁定,相对低端的生产技术形成低附加值产出,企业可供分配的经济剩余不足,社会中充斥着大量低技能、低工资岗位,制约着劳动收入份额的提升。为了验证上述分析的正确性,本书构建中介效应模型,用实际数据对要素流动障碍—产业结构低端锁定—劳动收入份额低位徘徊这一链式影响机制进行检验。此外,为了更有效地测度产业结构高度,本书还构建了一个新的产业结构高度指标。新指标对于技术变动具有较高的敏感性,其技术复杂性的确定标准来源于国际贸易理论,具有较强的公信力,是进入工业化中后期的经济体较为合适的产业结构高度衡量指标。这部分是第六章、第七章的主要内容。

第五,本书通过对 Acemoglu 技术进步偏向理论的深度研读,发现一种可能出现在中国的不利局面:在提升产业结构的过程中,有可能会出现资本收入份额上升,而劳动收入份额下降的情况。本书深入研究了 Acemoglu 及其合作者有关技术进步偏向理论的系列论文,对其理论进行了再阐释。根据传统生产理论,在其他条件不变的情况下,要素间的边际技术替代率递减,要素的相对价格与要素的相对供给水平呈现反向关系,稀缺要素的价格会相对提升(此为传统生产理论的替代效应)。但是,Acemoglu 考虑了技术进步发生时的情形,这是引起上述其他条件变化的诸多情形中的一种。他认为要素相对供给水平变化会带来技术进步方向的改变,使得要素的相对价格也产生相应的变化,并称之为技术进步弱引致偏向(weak induced-biased)。理论推导表明,只要要素间替代弹性不等于1,这种因要素相对供给水平变化带来的内生技术进步就总是弱偏向于丰裕要素,即它会使丰裕要素的相对价格水平提高(此为弱偏向内生技术进步效应)。不过,要素相对价格水平的最终变化趋势取决于上述呈相反方向的两种效应的大小。当要素替代弹性足够大时,弱偏向内生技术进步效应大于传统生产理论的替代效应,丰裕要素越丰裕,其最终相对价格水平就会越高。Acemoglu 将这样的技术进步定义为强引致偏向(strong induced-biased)的技术进步。Acemoglu 技术进步偏向讨论的是要素相对供给水平与要素相对价格间的关系,本书关心的则是要素相对供给水平与要素收入份额间的关系。由Acemoglu 内生技术进步偏向理论的有关推导可知,技术进步偏向内生决定于要素间的替代弹性和要素的相对供给水平,当要素替代弹性较低(小于 1)时,某要素供给越丰裕,该种要素的收入份额将越低;而当要素替代弹性较高(大于 1)时,某要素供给越丰裕,该种要素的收入份额将越高。本书将Acemoglu 内生技术进步偏向理论用作提升劳动收入份额路径中诱致技术进步的关键基础理论,并将之称为 Acemoglu 技术引致机制。

本书实证估计结果表明,中国劳动与资本的要素替代弹性正在逐渐增大:全国要素替代弹性的全时段(1978—2014 年)估计值为 0.94,而 1997—2014 年这一时段的全国要素替代弹性估算结果为 1.16,表明改革开放后期中国资本和劳动的替代弹性开始增大,两者从总互补关系向替代关系转变。本书也估计了各省(区、市)的要素替代弹性,要素替代弹性较大的省(区、市)多集中于经济发达地区,说明在中国经济发达地区资本与劳动要素间更容易进行替代。此外,通过比对实证数据可以发现,Acemoglu 技术引致机制不仅在理论上成立,而且确实作用于中国现实经济。因此,中国目前的要素替代弹性不断增大,经济发达地区的替代弹性已经大于 1。考虑到经济发展中资本的大量积累,其相对丰裕度在持续提升,这就意味着即使产业结构成功升级,也很可能出现资本收入份额上升、劳动收入份额下降的不利局面。也就是说,产业结构顺利提升并不能充分保证中国劳动收入份额的提升。产业结构提升是中国现阶段劳动收入份额提升的必要条件,而非充分条件。以上内容在第八章、第九章呈现。

第六,为了避免上述可能出现的不利局面,本书提出一条可持续提升劳动收入份额的新路径。通过有效人力资本投资,提高劳动要素的相对丰裕度,借助 Acemoglu 技术引致机制,将技术进步内生诱致成劳动偏向的技术进步,进而提升劳动收入份额。

人力资本理论表明,劳动存在异质性,社会生产函数中的劳动要素不能只以劳动者供给的劳动时间来衡量,更合适的计量方式是考虑其供给的劳动时间中所包含着的劳动有效单位(efficiency units of labor)。人力资本语境下的劳动要素投入包含着数量(人口)和质量(技能)两个维度,劳动有效单位是综合考虑这两个维度后的劳动投入。劳动者有效人力资本越高,其现实生产力就越高,同样劳动时间下其产生的劳动有效单位也越高。因此,我们可以通过有效的人力资本投资来提升劳动要素的质量,从而增加投入生产的总劳动有效单位,以此提高劳动要素相对于资本要素的丰裕程度。由于劳动要素成了丰裕要素,在劳动和资本要素替代弹性较高时,技术进步就会被引致偏向于劳动要素,劳动要素的收入份额将会随之提高。有效人力资本投资带来的劳动偏向型技术进步,可以兼顾经济增长和收入分配,在经济增长和技术进步的同时实现劳动收入份额的提升。不过,需要特别注意的是,只有通过有效人力资本投资促进现实生产力的真实提升,才能真正提高劳动有效单位,增加劳动要素的相对丰裕度。

之所以需要特别强调有效的人力资本投资,主要是因为既往研究常常忽略人力资本投资的效力问题,忽视人力资本相较于物质资本的特殊性。机器设备等物质资本的生产力是基本固定的,其价格表现也相对一致,但是人力资本不是。人力资本依附于劳动者,是可以增强其劳动生产率的知识技能储备。人力资本没有相对确定的生产力,其价格表现也不一。相似的人力资本在不同的条件下会形成不同的生产力,表现为不同的货币价值,这也是人力资本难以测算的原因之所在。无论是依据投入成本,还是依据收入测算,都不能说是完全准确的测算,因为人力资本存在一个转化过程,社会经济结构及制度等各种外部因素会影响人力资本转化为现实生产力和货币价值的能力(本书将之称为人力资本的实现力和变现力)。1960 年,拉美地区的教育水平高于中东、北非地区和东亚地区,但是其经济发展表现落后于后两个地区。面对这样一个与经济理论不符的经济事实,有些学者将其归因于人力资本测量问题,有些学者则认为与制度和金融因素有关(哈努谢克、沃斯曼因,2017)。而本书认为,这还可能是因为忽视了人力资本投资的效力问题。传统人力资本投资往往重投入轻产出,不重视人力资本的转化过程,不重视人力资本的实现力和变现力。如果没有社会经济结构及制度等方面做相应的配套和提升,人力资本不能获得有利的释放条件或者不能得到充分利用和认可,其转化而得的现实生产力不足,其所获得的报酬也较低。这样,即便有较高的人力资本投资,也形成了看似高水平的人力资本,但是由于低效的转化过程,其并不能真正地在经济发展中发挥作用。因此,本书特别强调有效的人力资本投资以区别于传统思路,还提出了人力资本投资效力这样一个新概念。要防止转型升级中可能出现劳动收入份额下降的不利局面,必须依靠有效的人力资本投资,也只有有效的人力资本投资才可以将中国经济引入技术进步、经济增长和劳动收入份额提升三者兼顾的轨道。以上是第九章的主要内容。

第四节 主要贡献和后续研究方向

本书是国家社会科学基金重大招标课题和重点课题(11&ZD013,10AZ003)的重要研究成果之一。经过数年的努力,我们广泛收集数据,尝试方法改进,在国际比较的基础上,对中国的劳动收入份额问题展开研究,提出了理论上有据可依、实践上切实可行的劳动收入份额提升路径。本书的主要贡献有以下几点。

第一,针对工业化过程中劳动收入份额的变动趋势,提出"羹匙曲线":劳动收入份额在工业化初期下降,在工业化中期出现显著回升,在工业化后期相对稳定,到后工业化阶段则呈现小幅回落,形成一条形似羹匙的曲线。在完整阶段划分和可比统计口径下,通过对 18 世纪中后期至 21 世纪初英国、美国、法国、德国、日本的劳动收入份额演进状况的历史考察,验证了"羹匙曲线"。同时,对学界以往通常所认为的"下降说""稳定说""U 形说""三次说"之间的差异或矛盾做出进一步解读和阐释。形如羹匙的变动趋势,不仅与已完成工业化的发达经济国家的经验事实相符,而且对正处于工业化进程中的发展中国家亦有启示意义。倘若将劳动收入份额看作是劳动者的"奶酪",则在工业化初期失去的奶酪可以在中后期复得。对当前的中国而言,及时把握工业化中后期有时限的劳动份额提升机会窗口更具重要性和紧迫性。

第二,从工业化(或产业结构变化)和经济制度转型两大视角分析中国要素收入分配问题,提出要素流动障碍—产业结构低端锁定—劳动收入份额低位徘徊这一链式影响机制并加以检验。经过 40 余年的经济发展,中国要素禀赋比较优势已发生变化。如果要素市场发育完善,合理的要素相对价格就会引导追求利润最大化的企业做出符合比较优势的生产选择,产业结构就会随之优化。但是,由于要素市场发育受阻,要素流动存在障碍,产业结构被锁定在低端产业,大量就业陷于低技能、低工资岗位,致使劳动收入份额处于低位徘徊状态。本书构建中介效应模型验证了这一链式影响机制。这说明要摆脱中国目前面临的劳动收入份额低位困境,必须首先从要素市场的培育发展入手,不断增强市场在要素配置中的作用,清除要素流动障碍,将产业结构从低端锁定中解放出来。

第三,提出要警惕一种不利局面:产业结构成功升级后也很可能出现资本收入份额上升、劳动收入份额下降的不利局面。产业结构提升只是中国现阶段劳动收入份额提升的必要条件,而非充分条件。根据 Acemoglu 技术引致机制,当要素替代弹性较高(大于 1)时,随着要素丰裕度的提高,该种要素的收入份额将会上升。目前中国的要素替代弹性在不断增大,经济发达地区的替代弹性已经大于 1,而经济发展使得资本的相对丰裕度不断提升,这就意味着在清除要素流动障碍、提升产业结构的过程中,极有可能出现资本收入份额上升、劳动收入份额下降的不利局面。

第四,提出一条可持续提升劳动收入份额的新路径:通过有效人力资本投资在劳动有效单位层面提高劳动要素的相对丰裕度,借助 Acemoglu 技术引致机制,将技术进步内生诱致成劳动偏向的技术进步,进而提升劳动收入份额。转型升级需要有效的人力资本投资的支持,也只有有效的人力资本投资才可以将人口红利日渐消失的中国经济引入技术进步、经济增长和劳动收入份额提升兼顾的轨道。

第五,提出人力资本投资效力这一新概念。从社会价值角度看,人力资本不同于普通资本(机器设备等),不存在相对确定的生产力,必须通过人力资本实现过程,才可以将依附于人身体的人力资本转化为现实的生产力。从个人价值角度看,人力资本不同于普通资本,不存在相对明确的货币价值,必须通过一个人力资本变现过程,才可以将依附于人身体的人力资本转化为现实的货币价值。人力资本投资效力紧密联系于人力资本实现和变现过程,不同的制度环境和经济环境、不同的人力资本内涵影响着人力资本的实现力和变现力,因而也影响着人力资本投资的效力。中国目前存在着较为严重的人力资本投资效力低下的问题,必须通过积极的就业保护和有利的劳动力产权安排提升人力资本投资的效力,激励真正有效的人力资本投资。

此外,本书还在劳动收入份额的测算方法和产业结构高度的测度指标上做出改进,使测算和测度结果更合理更可信。

本书后续可以进行如下方面的研究。

第一,关于"羹匙曲线"的研究。本书就劳动收入份额变动机制的讨论还处于非常初步的阶段,有必要构建一个统一理论框架以解释工业化进程中劳动收入份额的变动机制,但目前还未找到适用于分析工业化三个阶段全过程的解释理论。在经济思想史上,与某一问题相关的经济思想大都经历了从未成系统到成系统、从分散研究到综合研究的发展过程。对"羹匙曲线"背后理论机制的探讨也只是一个逗号,而不是句号。笔者期待与学者们共同努力,实现更进一步的理论突破。

第二,关于新技术革命下中国劳动收入份额变动趋势的探讨。在已有的理论研究中,外生技术进步框架虽然探讨了技术进步在经济领域中可能产生的影响,但无法给出技术进步偏向的形成和影响机制。然而,Acemoglu内生增长框架也无法囊括所有技术进步产生的动机。例如,互联网的产生是外部冲击,而其后在经济内部的应用则是内生的动机。在内外生动机相结合的新技术革命浪潮冲击下,中国劳动收入份额的走向如何是有待进一步研究的问题。

第三,对人力资本投资效力这一新概念的进一步探讨。传统思路在研究分析人力资本投资时,往往忽略人力资本投资的效力问题,不重视人力资本的实现力和变现力。反映在人力资本的测算上也存在类似问题。如何在社会宏观层面和个人微观层面,结合效力因素,在充分考虑人力资本的实现力和变现力的基础上,对人力资本进行更合理、更准确的测算,也是值得进一步思考的问题。

第二章　功能性收入分配理论综述

对功能性收入分配的研究至少可以追溯到威廉·配第（William Petty）和格雷戈里·金（Gregory King）（Escosura and Rosés, 2003）。在 300 多年的经济思想史中，有无数卓越的经济学者围绕功能性收入分配这一主题进行了探讨，为了便于对前辈的思想进行总结，Kaldor（1955）将这些学者进行了大致的归类，并划分为四个思想流派，分别是以李嘉图为代表的古典学派、马克思主义学派、新古典学派以及后凯恩斯学派。我们接受卡尔多的这种划分，但是在半个多世纪之后的今天，经济理论已经有了长足的发展。因此我们认为，要全面理解功能性收入分配的变动状况，特别是发展中国家的功能性收入分配的变动状况，还需要补充以刘易斯为代表的二元经济发展学派的收入分配思想。

由于时间跨度很长，我们上述的这种划分不可避免会带有一定的主观性，可能会遗漏掉一些学者的贡献。可是，即便付出了这个代价，我们仍然面临难题：面对众多研究功能性收入分配的思想流派，我们应按照一个怎样的原则来加以梳理，才能凸显出各个思想流派的关键性特征？ Scitovsky（1964）的如下观点对于我们准确地梳理各个思想流派的核心观点是大有益处的：对于繁多的研究功能性收入分配的理论而言，可以根据他们在研究时所使用的具体方法以及试图要解释的问题内容来加以归纳梳理。虽然斯科特威斯齐提出了这个观点，但是其在论文中并没有对这种划分方法做进一步的阐释。同时我们也认为，任何一种理论都是建立在一定的前提假定之上的，因此，作为补充，我们还可以再加上一条，即可以根据他们在研究时所采纳的基本前提假定来加以归纳分类。

事实上，研究功能性收入分配的各个思想流派虽然在形式上差异很大，但是，他们在研究时试图要解释的或者要回答的问题是高度一致的，即都试图回答如下两个问题：一是从静态的角度看，各种生产要素所得的收入份额会是多少,它是按照一个怎样的原则被确定下来的;二是从动态的角度看,随着经济的增长(发展),这个业已被确定下来的收入份额又会发生怎样的变化,这种变化又会对长期经济增长(发展)产生怎样的影响。

本章将围绕"各个思想流派是如何来回答这两个基本问题的"这条主线来展开。当然,不同思想流派对这两个问题的侧重程度是不同的,同时,为了对这两个问题做出回答,他们所采用的基本假定以及分析工具也是不同的。正是由于这些差异的存在,他们给出的关于上述两个问题的答案也是不同的。因此,我们也将以这些差异为主线来对他们的思想做全面的比较分析。

第一节　古典经济学派的功能性收入分配理论

正如 Kaldor(1955)所评价的那样,李嘉图之所以研究收入分配问题并不是因为或者说并不仅仅是因为他对这一问题本身感兴趣,而是在他看来,收入分配理论本身就是理解整个经济体系如何运作的关键所在。在 1820 年 10 月 9 日给马尔萨斯的信中,李嘉图曾写下如下一段被广泛引用的文字:"你认为政治经济学研究财富的性质和原因。我认为不如说,它研究决定劳动产品在共同生产它的诸阶级之间的分配的规律。不能确定关于数量的规律,但能够相当正确地确定一个关于比例的规律。我日益感到满意,前一种研究是徒劳和虚妄的,后一种研究才是科学的真正目的。"[①]

李嘉图的要素收入分配思想可以借助图 2.1 来加以阐述。在图 2.1 中,纵轴 OY 代表了农业部门的产出(以实物衡量的),横轴 OX 代表了农业部门的劳动使用数量。在技术水平既定的情况下,EDA 曲线和 EFM 曲线分别代表了农业部门的平均收益和边际收益曲线。

根据李嘉图的观点,劳动是一切价值的根本来源,但他认为投入在农业中的劳动的边际产出会因为"土地的数量并非无限,质量也不是相同的"[②]这一特性而呈现递减的规律。同时,李嘉图认为,农业部门的生产需要用到土地、资本和劳动三种要素,但他隐含地假定投入土地的资本和劳动的比例是

① 斯拉法.李嘉图著作和通信集:第八卷[M].寿勉成,译.北京:商务印书馆,1987:253.
② 斯拉法.李嘉图著作和通信集:第一卷[M].寿勉成,译.北京:商务印书馆,1962:57.

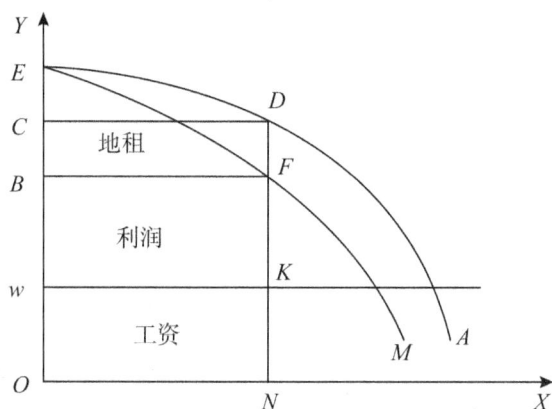

图 2.1 李嘉图要素收入分配思想

固定的,这样,农业部门实际使用的劳动数量是由外生给定的资本数量决定的。由于劳动边际产出的递减特性,在图 2.1 中,边际收益曲线(EFM)和平均收益曲线(EDA)都是向下倾斜的,曲线的位置以及倾斜度主要受制于生产的技术水平。在李嘉图的理论中,生产技术水平是给定的。现在,如果社会中的资本给定,那么,相应的劳动使用数量也就被确定,在图 2.1 中,我们假定这一数量为 ON。一旦劳动使用数量被确定,相应的劳动的平均产量和边际产量也就随之确定,在图 2.1 中,我们分别将其标记为 ND 和 NF。根据李嘉图的观点,平均产出和边际产出之间的差额就是投入土地这种要素获得的报酬——地租,在图中由 $BCDF$ 或者 BEF 表示。需要注意的是,劳动的边际产出并不等于工资,而是等于工资和利润之和。劳动者的工资水平,根据李嘉图的观点,会维持在一个能保证劳动者生存下去的水平上,我们可以称之为生存工资,在图中以 w 标记。一旦工资水平确定,劳动这种要素获得的报酬——总工资——就确定下来了,在图中由 $OwKN$ 代表,相应地,作为产出中的剩余,资本这种要素的报酬——利润——也确定下来了,在图中由 $wBFK$ 表示。

有了上述这些概念以后,我们就可以来看李嘉图是如何对关于功能性收入分配的两个基本问题做出回答的。为了便于阐述,我们先引入一些表征各相关变量的符号。记 Q 为总产出,N 为总劳动使用数量,W 为工资总额,w 为实际工资水平,R 为地租总额,P 为利润总额,M 为劳动的边际产出,A 为劳动的平均产出。有了这些符号以后,我们就可以很方便地得到答案。

在静态中,也即给定社会中资本和劳动的使用数量时,劳动、地租和资本这三种要素的收入份额可以分别表示为:

$$\frac{W}{Q} = \frac{wN}{AN} = \frac{w}{A} \tag{2.1}$$

$$\frac{R}{Q} = \frac{AN - MN}{AN} = 1 - \frac{M}{A} \tag{2.2}$$

$$\frac{P}{Q} = \frac{MN - W}{AN} = \frac{M}{A} - \frac{w}{A} \tag{2.3}$$

从(2.1)式至(2.3)式中可以看到,在静态中,三种要素的收入份额都是固定的,其绝对值水平取决于最低生存工资 w、劳动的边际产出和平均产出的水平 M 和 A 的影响。在生产技术水平给定的情况下(这意味着 M 和 A 的值就是固定的),从(2.2)式可以看到土地要素的收入份额就是确定的,而从(2.1)式和(2.3)式可以看到,劳动和资本两种要素的收入份额就取决于最低生存工资水平,前者与之正相关而后者与之负相关。

在动态中,因为社会的资本存量会发生外生的增加,因而投入使用的劳动数量也会增加,这进而会导致劳动的边际收益和平均收益下降。为了考察动态过程中三种要素的收入份额会发生怎样的变化,我们只要让上面的三个式子对劳动求导数就可以得到答案。

$$\frac{\mathrm{d}}{\mathrm{d}N}\left(\frac{W}{Q}\right) = -\frac{w}{A^2}\frac{\mathrm{d}A}{\mathrm{d}N} \tag{2.4}$$

由于劳动的平均产出会随劳动使用数量的增加而下降,因此,从(2.4)式中可以得到结论:在动态中,随着劳动使用数量的增加,劳动要素的收入份额会增加。

关于土地要素的收入份额在动态中会发生怎样的变化主要取决于 (M/A) 会发生怎样的变化。

$$\frac{\mathrm{d}}{\mathrm{d}N}\left(\frac{R}{Q}\right) = -\frac{\mathrm{d}}{\mathrm{d}N}\left(\frac{M}{A}\right) = -\frac{M'A - A'M}{A^2} \tag{2.5}$$

若边际产出曲线下降快于平均产出曲线[1],则有

$$-M' > -A' > 0 \tag{2.6}$$

---

[1] 我们的证明是基于一定条件的。事实上,在不同生产函数的设定下,动态中的土地收入份额变化未知,关键是要看李嘉图时代的生产函数状况。

而当边际产出下降时,平均产出大于边际产出,故有

$$-M'A > -A'M > 0 \tag{2.7}$$

则有

$$M'A - A'M < 0 \tag{2.8}$$

因此

$$\frac{\mathrm{d}}{\mathrm{d}N}\left(\frac{R}{Q}\right) > 0 \tag{2.9}$$

所以,我们证明,在一定条件下,在动态中,土地要素的收入份额会随着人口或劳动力的增加而上升。由于劳动和土地这两种要素的收入份额在动态中都是上升的,所以我们可以得出结论:在动态中,资本要素的收入份额会随着劳动使用数量的增加而下降。

李嘉图要素收入份额决定理论具有如下一些鲜明的特征:一是李嘉图首先把经济划分为两个大的部门——农业部门和工业部门,并重点探讨农业部门的发展情况,而且,李嘉图还隐含地假定农业中存在无限的劳动供给,因而最低生存工资水平具有一定的稳定性。因此,李嘉图的理论具有劳动力无限供给的二元经济结构特征。二是李嘉图坚持劳动价值理论,并认为投入在农业中的劳动的边际产出具有递减的规律。三是资本和劳动是按照一个固定不变的比例被投入土地中的。

在李嘉图之前,经济学关注的主题还主要集中在生产方面,大家关心的是如何增加国民财富的问题。李嘉图第一次旗帜鲜明地指出收入分配问题也是经济学研究的主题,呼吁经济学要研究收入分配问题,从而进一步促进社会的生产活动与经济发展。这对当下的收入分配研究也极具启发:我们不能脱离生产活动来抽象地研究收入分配问题,而必须把收入分配纳入"禀赋—生产—分配—禀赋",或者说"制度环境—生产结构—分配结构"这样一个经济整体循环发展的过程中来加以研究,只有如此才能对收入分配问题有一个更全面与深入的认识。

第二节　马克思主义的功能性收入分配理论

收入分配理论是整个马克思理论体系中的一个重要组成部分。虽然在马克思理论体系中有关收入分配的核心概念——剩余价值率(剥削率)以及

利润率——与传统经济学中有关收入分配的概念不完全相同,但是我们还是可以借助这两个概念把马克思有关收入分配的思想用与传统理论相一致的语言表达出来。

马克思的整个理论体系是建立在他的劳动价值理论基础上的。根据劳动价值理论,一切商品的价值均是由劳动创造的。但有一种商品是特例,即"劳动力"。这种商品是马克思研究"资本主义生产方式以及和它相适应的生产关系和交换关系"、揭示"现代社会的经济运动规律"①的重要组成部分。"劳动力"这一商品具有的独特意义在于"这个商品独特的使用价值,即它是价值的源泉,并且是大于它自身的价值的源泉"②。工人作为劳动力的所有者在劳动过程中创造了价值,但劳动力本身的价值是以维持劳动力的所有者工人的基本生存来衡量的。正如马克思所指出的:"劳动力的价值和劳动力在劳动过程中的价值增值,是两个不同的量。资本家购买劳动力时,正是看中了这个价值差额。"③

马克思在继承李嘉图的劳动价值论的基础上,在经济思想史上第一次提出了劳动的二重性,由此建立了科学的彻底的劳动价值理论,并为他的剩余价值学说的建立奠定了基础。马克思自己也毫不讳言地指出:"商品中包含的劳动的这种二重性,是首先由我批判地证明了的。这一点是理解政治经济学的枢纽。"④正是劳动的二重性使得资本家榨取剩余价值成为可能。由于在劳动过程中发挥作用的劳动力每时每刻都在创造新的价值,这些新创造的价值可以被分解为两部分:相当于劳动力价值的部分和超出的部分。这些超出的部分正是被资本家无偿占有的剩余价值部分。

当然,在实际的生产过程中,劳动除了创造新的价值外也会转移价值,正如马克思所指出的:"在生产过程结束时得到的商品,它的价值 $= c + v + m$。"⑤其中, c 是为购买生产资料而支出的货币额,代表转化为不变资本的价值部分, v 是为购买劳动力而支出的货币额,代表转化为可变资本的价值部分, m 是剩余价值。

① 马克思.资本论:第一卷[M].郭大力,王亚南,译.北京:人民出版社,1975:11.
② 马克思.资本论:第一卷[M].郭大力,王亚南,译.北京:人民出版社,1975:219.
③ 马克思.资本论:第一卷[M].郭大力,王亚南,译.北京:人民出版社,1975:219.
④ 马克思.资本论:第一卷[M].郭大力,王亚南,译.北京:人民出版社,1975:55.
⑤ 马克思.资本论:第一卷[M].郭大力,王亚南,译.北京:人民出版社,1975:238.

虽然马克思并没有特别分析要素收入份额的决定问题。但是,根据他的劳动价值理论,我们不难提炼出关于要素收入份额的决定问题。在静态中,只要不变资本的价值 c、可变资本的价值 v 和剩余价值 m 被确定下来,那么,各要素的收入份额也随之被确定下来了:劳动要素的收入份额就是 $v/(c+v+m)$;劳动以外的其他要素的收入份额就是 $c+m/(c+v+m)$。

功能性收入分配理论除了要回答在静态中各生产要素的收入份额是按照怎样的一个原则被确定下来的这个问题,还要回答在动态中这个份额会随着经济的发展发生怎样的变化。

要理解马克思的动态收入分配思想,掌握如下两个比率的变化是至关重要的:①资本的有机构成 c/v,反映的是"由资本技术构成决定并且反映技术构成变化的资本价值构成"[①];②剩余价值率或者剥削率 m/v。

由于在动态中,生产过程中所使用的不变资本和可变资本都会发生变化,因此,劳动要素的收入份额用公式表示就是 $v(t)/[c(t)+v(t)+m(t)]$。如果我们让这个表达式的分子与分母同时除以 $v(t)$,可以进一步得到劳动要素的收入份额的表达式为 $1/\left[1+\dfrac{c(t)}{v(t)}+\dfrac{m(t)}{v(t)}\right]$。显然,如果剩余价值率或者剥削率 m/v 维持不变,劳动收入份额在动态中的变化就取决于资本的有机构成 c/v 的变化,并与之呈反向变化关系。

马克思认为,随着生产率的提高,在竞争压力下,资本的有机构成逐渐提高,也就是以机器设备为组成部分的不变资本比例提高,支付工人工资的可变资本比例下降,这必然导致动态中劳动收入份额下降,其他要素收入份额上升,工人阶级陷入相对贫困甚至绝对贫困。因此,马克思认为,要维持工资和利润的稳定分配关系,必须使工人集体组织的能力与经济发展水平相适应,只有增强工人阶级的集体谈判能力才能使资本家减少剥削。

马克思更深刻的教益还在于其关于"生产决定分配"的论述。马克思认为,"分配的结构完全决定于生产的结构,分配本身就是生产的产物","分配关系和分配方式只是表现为生产要素的背面"[②]。分配关系是生产关系的一个重要方面,生产的社会形式决定分配的社会形式是关于生产和分配关系

---

① 马克思.资本论:第一卷[M].郭大力,王亚南,译.北京:人民出版社,1975:672.

② 中共中央马克思恩格斯列宁斯大林著作编译局.马克思恩格斯选集:第二卷[M].北京:人民出版社,1972:98.

的最基本原理。由此,我们不难得出,作为生产社会形式之一的产业结构也将表现在社会的分配结构上。本书联系生产研究分配,以产业结构视角切入分析分配结构,可以说是汲取了马克思主义收入分配思想的教益。

第三节　新古典经济学派的功能性收入分配理论

关于收入分配问题的研究,在以李嘉图为代表的古典经济学那里,静态分析与动态分析是交织在一起的,既要回答在静态中各种要素的收入份额是按照一个怎样的原则被确定下来的,也要回答在动态中,这个业已被确定下来的相对收入份额会发生怎样的变化,进而会对社会的经济发展产生怎样的影响。而在新古典经济学理论中,静态分析和动态分析是相分离的。为了便于阐述,我们将从静态和动态两个角度来对新古典经济学派关于要素收入份额决定的相关理论加以归纳总结。

一、静态新古典经济理论中的要素收入份额决定问题

以马歇尔为代表的新古典经济学理论本质上是静态的,其关注的核心问题是社会的资源配置问题,即在各种初始资源(要素)给定的情况下,如何通过相对价格的变动,使得这些资源都得到充分有效的利用。在这样的理论背景下,马歇尔对要素收入份额决定的分析也主要是从静态的角度入手加以阐述的。按照马歇尔的观点,国民收入是各生产要素共同创造的,他说:"国民收益是一国所有生产要素的纯产品总量,同时又是支付这些要素的唯一源泉:它分为劳动工资、资本利息和土地及生产上具有级差优势的生产者剩余或地租。"[①]既然国民收入是各生产要素共同创造的,那么,收入分配问题就是如何把国民收入分解为各生产要素的贡献份额的问题。因为在静态中,投入使用的各种生产要素的数量是确定的,因而要确定生产要素各自所得的份额无非就是要确定各生产要素的价格。所以,在以马歇尔为代表的新古典经济学那里,所谓的分配问题,实际上就是各个生产要素的价格决定问题。既然是价格的决定问题,新古典经济理论就把对一般商品进行价格分析的原理和方法,同样应用于对各个生产要素的价格分析上,把均衡

---

① 马歇尔.经济学原理:下卷[M].陈良璧,译.北京:商务印书馆,1965:208.

价格概念同样引申到各个生产要素的价格形成上来。因此,新古典的供求均衡价格理论,是从一般商品到生产要素、从价值领域到分配领域贯彻始终的。

由此我们也可以看出,分配理论在新古典经济学的研究框架中,并不像其在古典经济学的研究框架中那样占据中心地位。相反,在新古典经济学中,分配问题退化为一个更一般的问题——价格决定问题(价格理论)——的具体运用,唯一重要的是生产要素的初始配置状况。也就是说,一旦我们借助均衡价格理论把各种要素的价格确定下来,结合各种要素的初始配置状况,我们就可以知道各种要素的收入份额了。

静态的新古典经济理论虽然可以分析要素的收入份额决定问题,但无法分析要素收入份额的变动问题。要分析收入份额的变动问题,就必须把新古典经济理论动态化。

二、动态新古典经济理论中的要素收入份额变动问题

新古典经济理论的动态化工作是由索洛(Solow,1956)率先完成的。有趣的是,索洛做这一工作的初始目的并不是完善新古典理论本身,而是解决以哈罗德(Harrod,1939)、多玛(Domar,1946)为代表的凯恩斯理论追随者在把这一理论动态化的过程中出现的令人尴尬的"刀刃"增长问题。因此,要把握动态的新古典经济理论,我们首先需要对哈罗德和多玛动态化凯恩斯理论的工作有一个了解[①]。

根据凯恩斯的看法,通过政府这只"看得见的手"的干预,社会经济确实是可以在所有资源都得到充分利用的状态中运行的。但因为凯恩斯的理论本质上是静态的,他本人关注的也是短期问题,而非长期问题,因此,凯恩斯并没有追问,这种借助政府干预而达到的充分就业状态是否具有稳定性。哈罗德试图要回答的问题是,从一个所有社会资源都得到充分利用的初始状态出发,经济运行是否能永久地维持在这一状态上,也即经济增长本身是否具有稳定性。为了在凯恩斯静态理论的基础上构建出一个能回答上述问题的形式化的动态模型,哈罗德首先做了如下三个基本假定:一是在生产

---

① 哈罗德和多玛的论文虽然发表时间不同,论证方法也略有差别,但要解决的问题是相同的,所得出的结论也是相同的,因此,本书主要介绍哈罗德的工作。

中,要素的投入——资本和劳动——是按固定比例展开的;二是投入的要素与产出之间的比例是固定的;三是整个社会的储蓄率是固定的。在这三个假定下,从某个资源已经得到充分利用的初始状态出发,社会的经济运行就只能按照如下规律展开:如果人口以某个给定的速率 n 发生外生增长,资本要保证被充分利用就必须也按照这一速率增长,即要求 $\Delta K / K = n$。又因为资本存量的变化只能来自投资,而投资的源泉又只能是储蓄,这样必然有 $\Delta K = sY$,其中,s 为储蓄率。进一步,如果我们记社会中的资本—产出比率为 v,就可以得到著名的哈罗德均衡增长公式:$s = n \cdot v$。只要该式成立,经济就可以永久性地运行在所有资源都得到充分利用的最佳状态中。问题是在这个均衡增长公式中,三个变量都是相互独立的常数,除非侥幸,我们很难期待它们会相等。更为不幸的是,如果不相等,经济中也不存在其他的调节机制能使它们重新相等起来,这样,哈罗德就得出了其著名的"刀刃"增长结论。

显然,要想挽救哈罗德的悲观结论,就必须在经济体中引入某种调节机制,使得上面公式中的某个变量会随着经济的动态发展发生变化。当然,因为哈罗德的理论在逻辑上是无懈可击的,因此,要想引入某种调节机制就必须放松其基本假定。以卡尔多(Kaldor,1955,1957,1961;Kaldor and Mirrlees,1962)为代表的后凯恩斯主义学者是通过放松哈罗德模型中储蓄率不变这一假定来证明资本主义经济是可以实现稳定增长的,我们将在后文中做详细介绍。索洛的思路则有所不同,他是通过让资本—产出比率不断调整来实现稳定增长的。

在哈罗德模型中,要素的投入比例是固定的,这一生产中的技术约束使得价格机制在其模型中无法实现配置资源的功能。因为即便某种要素(比如劳动)非常丰裕,其价格也极其低廉,在生产中也不能过多使用,而必须受制于资本的使用数量,因而,价格机制在资源配置中的作用就不复存在了。索洛通过引入一个生产中资本和劳动可替代的生产函数,就使得经济发展中的技术约束与价格机制相容。从静态的角度看,在任何一个时点上,通过价格机制的作用都可以确保经济运行在资源得到充分利用的状态中。从动态的角度看,经济发展的不同时点的差异无非就是体现在投入使用的资本和劳动的相对数量的变动上。而在动态中,投入使用的要素的相对数量会发生变化,这会导致资本—产出比率发生相应的变化。借助这一比率的变化,索洛认为上述哈罗德的基本均衡增长公式一定能得到满足,从而资本主义经济一定能运行在一个相对稳定的状态中。对于索洛的这一思想,我们可以通过一个简单的数学论述并借助图2.2加以清楚的概括。

假定生产函数是规模报酬不变的,产量(Q)是由劳动(N)和资本(K)加以生产的,我们可以认为 $Q = F(N,K)$,F 是一次齐次的,因此

$$\frac{1}{v} = \frac{Q}{K} = \frac{F(N,K)}{K} = F\left(\frac{N}{K},1\right) = f\left(\frac{N}{K}\right) = f(z) \qquad (2.10)$$

其中,z 是每单位资本的就业量,密集型生产函数具有如下的特征:$f'(z) > 0$;$f''(z) < 0$。

从(2.10)式中可以看出,随着 z 的增加,资本—产出比 v 会发生相应的变化。因为 $z = N/K$,两边取对数,并对时间求导数,可以得到

$$\frac{\dot{z}}{z} = n - \frac{\dot{K}}{K} \qquad (2.11)$$

又因为 $\dot{K} = sY$,进一步有

$$\frac{\dot{z}}{z} = n - \frac{\dot{K}}{K} = n - \frac{s}{v} \qquad (2.12)$$

从(2.12)式中可以看出:当 n 大于 s/v 时,z 上升;当 n 等于 s/v 时,z 不变;当 n 小于 s/v 时,z 下降。因此,存在且仅存在一个 z,使得 $n = s/v$,记之为 z^*。也就是说,只要让 v 可变,资本主义经济会自动收敛到稳定状态,这一点可以借助图2.2得到直观的表述。

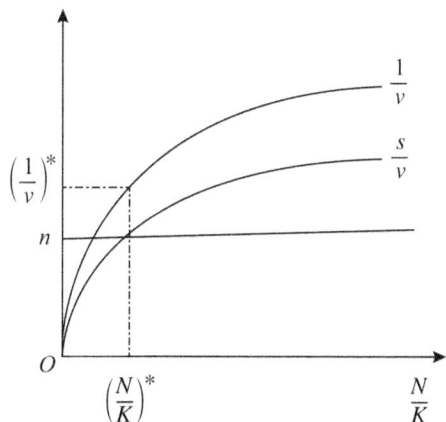

图2.2 具有可变资本—产出比率的稳定状态确定的相图分析

当然,就我们的主题而言,我们重点关心的问题是在动态化的过程中,要素的收入份额会发生怎样的变化。假设生产中只使用资本和劳动两种要素,生产函数是规模报酬不变的且要素之间的替代弹性是固定的,贝恩特利拉和塞恩特-鲍(Bentolila and Saint-Paul,2003)证明了劳动的要素收入份额是资本—产出比的一个函数,即

$$s_N = g(v) \tag{2.13}$$

其中,s_N 是劳动要素的收入份额,v 是资本—产出比率。

如果我们给出具有固定替代弹性生产函数的具体表达式

$$Q = [aK^{(\sigma-1)/\sigma} + (1-a)N^{(\sigma-1)/\sigma}]^{\sigma/(1-\sigma)} \tag{2.14}$$

其中,σ 为要素替代弹性($\sigma \geqslant 0$),a 为要素的相对重要性参数($0 < a < 1$)。那么,我们就可以写出(2.13)式的显性表达式,为:

$$s_N = 1 - a v^{(\sigma-1)/\sigma} \tag{2.15}$$

从(2.15)式中我们可以看到,s_N 与 v 之间的关系是单调的,至于是单调递增还是单调递减则取决于 σ 的大小:当 $\sigma > 1$ 时,即资本和劳动之间具有较强替代关系时,劳动的收入份额将随资本—产出比率的上升而下降。当 $\sigma < 1$ 时,即资本和劳动之间的替代关系较弱时,劳动的收入份额将随资本—产出比率的上升而上升。当 $\sigma = 1$ 时,生产函数退化为柯布—道格拉斯型生产函数:$Q = K^a N^{(1-a)}$,此时,劳动的收入份额是固定的,为 $(1-a)$,与资本—产出比率无关。

在新古典经济学中,收入分配问题退化为一个更一般的要素价格的决定问题,一旦要素的价格被决定下来了,各生产要素只要按照各自的价格获取报酬就可以了,收入分配问题就自然而然地解决了。与李嘉图强调收入分配对生产活动所起的作用不同,新古典经济学强调生产的制度结构对收入分配的直接影响。在新古典经济学中,生产的制度结构浓缩在生产函数中,不同的生产函数实际上代表了不同的生产制度结构。在不同的生产函数下,各要素所获得的报酬在总收入中所占的份额变动情况会呈现不同的特征。这启发我们要调整劳动收入份额,一方面要关注要素价格的决定机制,必须有一个尽可能合理的要素价格的决定机制,要使市场在资源配置中起决定性作用;另一方面要关注生产的制度结构,从决定生产函数迭代的技术进步入手可能是改善要素收入分配格局的可行路径。

第四节　后凯恩斯学派的功能性收入分配理论

虽然索洛在放松哈罗德模型中资本和劳动不可替代的假定以后，证明了资本主义经济是可以实现稳定增长的。但在英国剑桥大学任教的罗宾逊、卡尔多等学者仍坚持认为，在现实中资本和劳动是不可能相互替代的（Robinson，1956；Kaldor，1955）。为了克服哈罗德模型中的"刀刃"增长问题，他们开辟了另外一条思路：通过把收入分配问题直接引入经济增长中，借助收入分配的变化来调节社会总储蓄率，进而通过社会总储蓄率的变动来使哈罗德的均衡增长公式自动得到满足。显然，在后凯恩斯主义的增长模型中，功能性收入分配的作用是至关重要的，伯特利和法里纳（Bertoli and Farina，2007）关于后凯恩斯主义增长模型的如下一个评论是非常到位的："在协调外生给定的投资水平与社会总储蓄水平相等的过程中，功能性收入分配起着至关重要的作用。因为给定工人和资本家的储蓄率，随着功能性收入分配的变化，社会的总储蓄也会随之发生变化。"由于这些学者的基本观点是一样的，在这里，我们就以卡尔多为代表，来简要地看一看这一学派的主要思想。

为了让整个社会的储蓄率能变动起来，卡尔多直接把社会的收入分配状况引入自己的模型中。秉承了以李嘉图为代表的古典学派的阶层分析方法，卡尔多把社会成员划分为两个阶层——工资收入阶层和资本收入阶层，并假设这两个阶层的储蓄率都是固定的，我们分别记为 s_w 和 s_p。与哈罗德和多玛一样，卡尔多分析的起点也是一个资源已经得到充分利用的状态。在这一状态下，从静态的角度看，因为社会资源已经得到充分利用，所以社会的总产出（Q）就是给定的。这一总产出可以被分解为两部分：工资收入阶层获得的收入——总工资（W）和资本收入阶层获得的收入——总利润或者总财产收入（P）。而整个社会的总储蓄（S）由工资收入阶层的总储蓄（S_W）和资本收入阶层的总储蓄（S_P）构成。根据凯恩斯的理论，投资等于储蓄是产品市场出清的基本条件，这样，我们可以得到如下三个恒等式和两个行为方程：

$$Q \equiv W + P, \ I \equiv S, \ S \equiv S_W + S_P \qquad (2.16)$$

$$S_W = s_w \cdot W, \ S_P = s_p \cdot P \qquad (2.17)$$

代两个行为方程(2.17)式进恒等式(2.16)中,可以得到

$$I = s_p P + s_w W = s_p P + s_w (Q - P) = (s_p - s_w)P + s_w Q \quad (2.18)$$

在(2.18)式两边同时除以 Q,并重新整理后可得

$$\frac{P}{Q} = \frac{1}{s_p - s_w} \cdot \frac{I}{Q} - \frac{s_w}{s_p - s_w} \quad (2.19)$$

根据(2.19)式,Kaldor(1955)给出了在静态中要素收入份额是如何被决定的这一问题的答案:"给定工资收入者和资本收入者的储蓄倾向,利润在收入中所占的份额仅取决于投资在产出中的比率。"

当然,这只是静态的分析。现在让我们从静态转向动态。在动态中,因为卡尔多仍旧维持哈罗德的两个基本假定,即资本—产出比是固定的,生产中资本和劳动的投入比例是固定的。因此,如果人口按外生给定的速率 n 发生增长,那么,要实现充分就业,资本也必须按照这一速率增长。由于哈罗德是直接假定社会的储蓄率是固定的,因此,除非偶然,资本的增长率并不会与人口的增长率相等。相反,在卡尔多这里,他只假定工资收入阶层和资本收入阶层的储蓄率是固定的,而并没有假定整个社会的储蓄率是固定的。这样,卡尔多认为借助社会的收入分配调节机制,总是可以通过改变社会的储蓄率的大小来使得资本的增长率与外生给定的人口增长率等同起来,也即使得 $s/v = n$。那么,社会的储蓄率与社会的收入分配之间究竟是怎样的一个关系呢? 实际上,我们只要重新安排一下(2.19)式就可以得到它们之间的关系:

$$\frac{I}{Q} = (s_p - s_w) \cdot \frac{P}{Q} + s_w \quad (2.20)$$

因为投资一定等于储蓄,因此(2.20)式的左边实际上就是社会的储蓄率。显然,在给定工资收入者和资本收入者的储蓄倾向时,只要两者的储蓄倾向不相等,整个社会的储蓄率就会随资本的收入份额的变化而变化。至于整个社会的储蓄率具体会发生怎样的变化,就必须结合社会经济运行的实际状况才能给出确定的答案。例如,如果我们假设社会经济正运行在资本增长率超过人口增长率,也即 $s/v > n$ 的状态,此时,由于劳动相对于资本是稀缺的,在竞争的压力下会导致实际工资上升,进而导致社会的收入分配向着有利于工资收入阶层、不利于资本收入阶层的格局发展。当资本的收入份额下降时,社会储蓄率会发生怎样的变化,则要取决于工资收入阶层的

储蓄率与资本收入阶层的储蓄率的大小了。如果 $s_p > s_w$，由(2.20)式可知，社会的储蓄率将下降，反之，如果 $s_p < s_w$，则社会储蓄率将上升。问题是，在这种情况下，社会储蓄率上升将导致资本的增长率进一步上升，从而愈加超出人口的增长率，也即愈加偏离经济稳定增长的状态。因此，要想确保社会的经济实现稳定增长，就必须假定 $s_p > s_w$，这样，随着社会储蓄率的下降，资本的增长率也将下降，最终趋于与人口增长率相等，从而实现经济的稳定增长。如果社会的经济正运行在资本增长率低于人口增长率，也即 $s/v < n$ 的状态，应用上述的分析逻辑，我们也可以得到结论：只有 $s_p > s_w$ 才能确保经济实现稳定的增长。简而言之，正如 Kaldor(1955)所指出的那样："$s_p > s_w$ 是确保经济实现稳定增长的基本条件。"当然，这一条件也是能得到现实数据的支持的。一般来说，在现实中，资本收入者的储蓄倾向确实是会大于工资收入者的储蓄倾向的。

总结一下，根据卡尔多的观点，在动态中，要素收入份额的变动情况取决于要素市场的结构状况。如果社会经济处于资本相对丰裕、劳动相对稀缺的状况下，那么，收入分配将朝着有利于劳动收入的格局发展，劳动收入的份额将逐步上升，直到经济实现稳定增长以后才停止并保持在那里。反之，如果社会经济处于资本相对稀缺、劳动相对丰裕的状况下，那么，收入分配将朝着不利于劳动收入的格局发展，劳动收入的份额将逐步下降，直到经济实现稳定增长以后才停止并保持在那里。

后凯恩斯收入分配理论对我们研究当前的收入分配问题有两点启示：首先，虽然李嘉图早就意识到收入分配会对生产活动产生影响，但是究竟是借助怎样的机制产生影响的，李嘉图并没有细究，只是笼统地指出会通过影响资本积累来对生产活动产生影响；以卡尔多为代表的后凯恩斯学派把收入分配对生产活动产生影响的内在机制揭示出来了，不管他们的观点是否成立，至少启示我们要关注收入分配对生产活动的影响。其次，后凯恩斯收入分配理论也强调初始禀赋结构对收入分配的影响，认为在不同的初始要素市场结构下，收入分配的变动特征将会是不同的。这意味着，在研究收入分配问题时不能脱离社会的经济发展阶段，因为要素禀赋结构本身是会随着社会经济的发展而不断发生变化的，不同的社会发展阶段会有不同的要素禀赋特征，必须结合经济发展阶段来探讨劳动收入份额的变动趋势。

第五节 二元经济发展学派的功能性收入分配理论

刘易斯(Lewis,1954)在他的经典论文《劳动力无限供给下的经济发展》("Economic Development with Unlimited Supplies of Labour")中探讨的是收入分配与经济发展之间的关系。对于发展中国家的经济发展而言,刘易斯认为:"最为关键的是资本家所获取的盈余的使用,如果这一盈余被用于再投资从而形成新的资本,那么,资本部门就能得以扩张,从而会吸引更多劳动力从生存部门转移进资本部门……"投资和储蓄是一个硬币的两面,说资本家是把自己的盈余用于投资,实际上就是说资本家把自己的盈余储蓄起来了。正因为如此,我们对刘易斯的如下观点就不会感到特别突兀了:"经济发展理论的中心问题就是要能理解一个储蓄和投资仅占国民收入不到4%或者5%的贫穷社会是如何完成向一个自愿储蓄率高达12%甚至15%的经济体转型的。"而一旦对储蓄发生兴趣,我们就不得不关注收入分配的问题,也即关注总收入是如何在各个生产要素之间分配的问题。因为正如刘易斯本人所指出的:"储蓄的主要源泉是利润,如果我们发现储蓄在国民收入中所占的份额在上升,那么,我们可以有把握地说这是因为利润在国民收入中所占的份额上升了。"这样,对经济发展的探讨实际上就转化为对"在怎样的条件下,利润在国民收入中的份额才会上升"这一功能性收入分配问题的探究。因此,刘易斯在《劳动力无限供给下的经济发展》中明确指出:"本文的目的是探讨在古典理论基础上形成的分析框架在解决分配、积累以及增长问题时会得出怎样的结论。"可能是因为后来的拉尼斯和费景汉特别地挖掘了刘易斯理论中关于劳动力转移的观点,后来的经济学者,特别是发展经济学家,更倾向于把刘易斯的理论视为一个分析劳动力转移的模型。

刘易斯的要素收入分配思想可以借助图 2.3 来加以阐述。在图 2.3 中,纵轴 OQ 代表了现代部

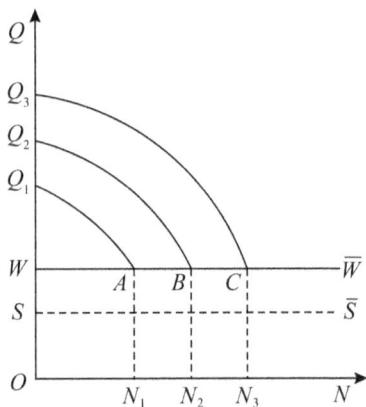

图 2.3 刘易斯模型中的经济发展思想

门的产出（以实物衡量的），横轴 ON 代表了现代部门的劳动使用数量。Q_1A、Q_2B 和 Q_3C 分别代表了不同资本存量下的劳动边际产出曲线。$W\overline{W}$ 曲线代表了现代部门的最低生存工资水平，因为它是固定的，因而是一条水平线。水平线 $S\overline{S}$ 则代表了传统农业部门的最低生存工资水平。根据刘易斯的看法，由于现代部门的生活成本更高，因此其生存工资水平要比传统部门来得高一些。

刘易斯认为，现代部门的生产要用到资本和劳动两种要素，但他隐含地假定投入生产中的资本和劳动的比例是固定的，并且明确假定现代部门面对的劳动供给是无限的，也即资本相对于劳动永远是稀缺的。出于利润最大化的目的，企业一定会把生产进行到劳动的边际产出等于工资为止。这样，现代部门实际使用的劳动数量就只能由经济中已有的资本数量决定。

在静态中，假设社会已有的资本存量水平为 K_1，在图 2.3 中，我们给出了与这一资本存量水平相对应的劳动边际产出曲线，为 Q_1A。一旦劳动的边际产出曲线确定，那么，相应的劳动使用数量也就被确定了，在图 2.3 中，我们假定这一数量为 ON_1。一旦劳动使用数量被确定，社会的总产出水平也就随之被确定下来了，在图中由 OQ_1AN_1 代表；与这一总产出相对应的劳动这种要素获得的报酬——总工资——也就确定下来了，在图中由 OW_1AN_1 代表；相应地，作为产出中的剩余，资本这种要素的报酬——利润——也确定下来了，在图中由 WQ_1A 代表。显然，在静态中，劳动和资本这两种要素在收入中所占的份额主要就取决于最低工资水平 W，一旦最低工资水平被确定下来，两种要素的收入份额也将随之被确定下来。

在动态中，刘易斯假设企业会把所有的资本收入都用于投资，因而社会的资本存量会发生外生的增加，比如说，从原来的 K_1 水平外生增加到 K_2 水平，此时，与变动后的资本存量相对应的劳动边际产出曲线也会向右移动，在图 2.3 中，我们用 Q_2B 曲线来代表与资本存量 K_2 相对应的劳动边际产出曲线。一旦劳动边际产出曲线向右移动，那么，企业出于追求利润最大化的考虑，必然会增加劳动的使用数量。在图 2.3 中，我们假设劳动的使用数量从 ON_1 增加到 ON_2。由于生产中使用的资本和劳动的数量都增加了，社会的总产出水平自然也会增加，在图 2.3 中，我们假定社会的总产出水平从 OQ_1AN_1 增加到 OQ_2BN_2。只要企业不断把自己的资本收入用于投资，这个过程就会一直持续下去，直到现代工业部门吸收完传统部门的所有剩余劳动力为止。

如果说后凯恩斯收入分配理论揭示的是在成熟的市场经济国家中收入分配是借助怎样的机制对社会的生产活动产生影响的,那么,刘易斯的收入分配理论则揭示了在一个存在着典型的二元经济特征的发展中国家中,收入分配又是借助怎样的机制对社会的生产活动产生影响的。它们对我们研究当前的收入分配问题的一个共同启示是,在研究收入分配问题时必须关注收入分配对生产所产生的影响,而不能就收入分配谈收入分配。

本章通过对功能性收入分配理论的系统梳理,发现不同思想流派的学者基于不同的基本假定、运用不同的分析工具,探讨了要素收入份额在静态中的确定和动态下的变化,需要指出的是,其主要论述中蕴含着生产领域和分配领域间存在着紧密关系的思想。李嘉图强调,研究收入分配的最终目的是促进生产活动和生活发展;马克思认为,关于生产和分配关系的最基本原理是"生产决定分配";新古典经济学强调,生产的制度结构对收入分配有着直接影响;后凯恩斯学派强调初始禀赋结构对收入分配的影响,并揭示了在成熟市场经济国家中收入分配对生产活动产生影响的内在机制;刘易斯的收入分配理论则揭示了在具有二元经济特征的发展中国家收入分配对生产活动的内在作用机制。在探讨中国收入分配问题时,必须特别注重分配领域和生产领域之间的有机联系,需要把收入分配纳入"禀赋结构—生产制度结构—分配结构—禀赋结构"这样一个经济整体循环发展的过程中来加以研究。

第三章 改革开放以来我国劳动收入份额的变动趋势

准确测算我国的劳动收入份额是本书的研究基础。劳动收入份额是讨论要素收入分配的重要分析工具,它反映了投入的劳动要素在国民收入初次分配时所占比例的大小。通过回顾国内有关劳动份额测算的文献,本书发现学界对我国劳动收入份额变动状况的判断存在一定的差异。为进一步考察我国不同经济发展阶段劳动收入份额的变化,针对估算方法各不相同、考察时间段各异以及统计口径变动等情况,本章借助国民经济核算指标的测算思路,改进我国劳动收入份额测度方法,获得了较为粗略但相对可比的1978—2015 年劳动收入份额序列[①],做出了可信度较高的关于我国劳动收入份额的判断。本书与以往研究的最大不同在于,通过处理 2004 年和 2008 年两次劳动报酬统计口径变化的影响,结合工业化进程,得出了在更为完整阶段上我国劳动收入份额的变动特征。

第一节 我国劳动收入份额测算文献综述

作为功能性收入分配结构的直观表述,我国劳动收入份额及其变动趋

[①] 劳动报酬统计口径存在两次变化。2004 年前,"我国将个体劳动者的收入全部视为劳动者报酬"(国家统计局,2003)。2004 年后,"个体经济业主的劳动报酬和经营利润视为营业利润"(国家统计局国民经济核算司,2007,2008)。在调整 2004—2007 年的劳动收入份额时,本书既剔除了生产税净额,也采用个体经济就业数据和两种个体经济划归方法,并把测算的均值作为最后结果。2008年后,"个体经营户的混合收入分劈为业主劳动报酬和营业盈余,并将业主劳动报酬计入劳动者报酬"(许宪春,2011;蒋萍、许宪春,2014)。不少学者指出,2008 年的这种调整将劳动报酬统计口径重新调回 2004 年之前的状态(张车伟、张士斌,2012;吴凯、范从来,2013;周明海,2014)。根据这一论断,考虑到劳动者报酬中已包含业主劳动报酬,本书在估算 2008 年后的劳动收入份额时,只是简单地计算剔除生产税净额后的劳动收入份额,没有进一步利用个体经济收入划归的调整方法。所以本书把相关测算结果称为粗略的。

势也受到广泛关注。国内外众多学者就准确度量劳动收入份额开展了一系列深入的讨论和研究。总体而言,可以从测算思路、使用数据、口径调整、混合收入分劈等多个维度对我国劳动收入份额测算文献加以归纳整理(见图3.1)。

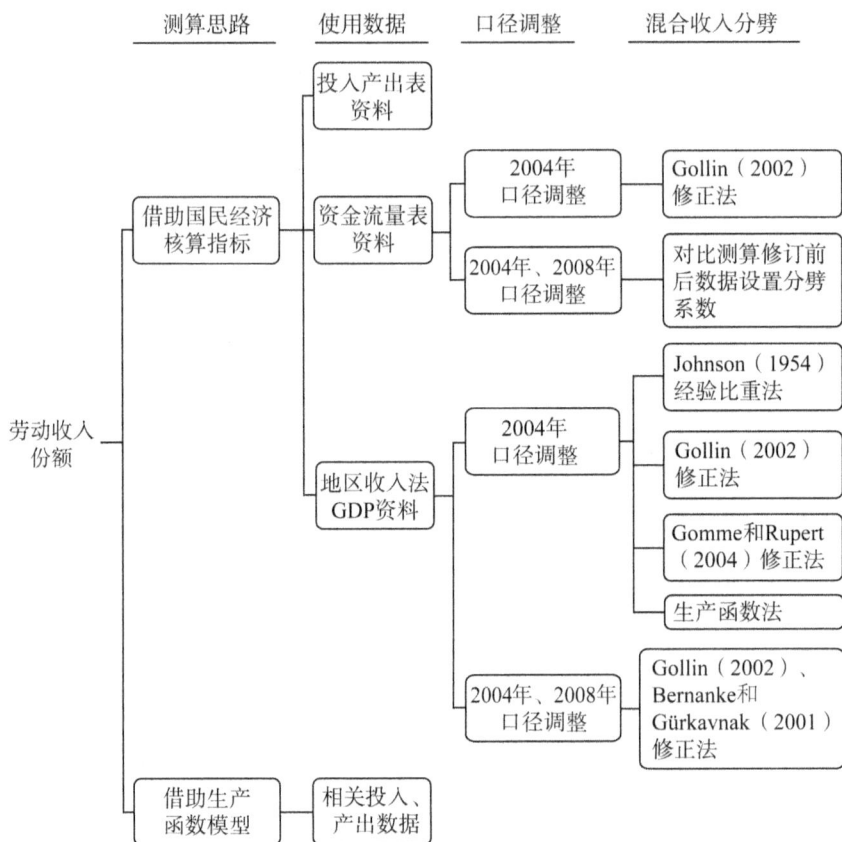

图 3.1　劳动收入份额的测算方法

一、测算思路

在劳动收入份额的测算思路上,国内主要是借助国民经济核算指标,计算劳动者报酬与总增加值的比值,对总增加值中生产税净额的主要处理方法有两种。

一些学者倾向使用按生产者价格计算的增加值(张车伟、张士斌,2010;李琦,2012),即国内生产总值 GDP,基于此计算的劳动收入份额是劳动者报酬与总增加值的比值(本章以下称其为"劳动收入份额Ⅰ");而另一些学者则使用按基本要素价格计算的增加值(白重恩、钱震杰,2009a;吕光明,2011),即将生产税净额从GDP中扣除,基于此计算的劳动收入份额是劳动者报酬与总增加值的比值(本章以下称之为"劳动收入份额Ⅱ")。劳动收入份额Ⅰ与劳动收入份额Ⅱ的差别主要体现在所使用分母的差别上。

此外,一些学者也提出较为不同的有关劳动收入份额的测算思路。白重恩和钱震杰(2009b)提出通过生产函数来估算劳动收入份额的初步设想。章上峰和许冰(2010)利用《中国统计年鉴》《中国国内生产总值核算历史资料》《新中国五十五年统计资料汇编》等核算资料,得到历年国内生产总值、资本存量、劳动力投入、技术水平等相关投入与产出的数据,并利用时变弹性生产函数模型估算初次分配中的资本产出弹性 $\alpha(t)$,将产出弹性 $1-\alpha(t)$ 视为劳动收入份额。这种估算在一定程度上可以规避统计口径改变对劳动收入份额测算的影响,但测算结果的准确性会随着投入产出数据质量、模型设定以及模型估计准确性的变化而发生较大波动。国内利用生产函数估计劳动收入份额的研究尚不多(吕光明、李莹,2015)。

二、使用数据

在借助国民经济核算指标测算劳动收入份额的过程中,主要有三大国民经济核算基础资料或数据可以利用。

其一是基于生产法的投入产出表数据。投入产出表反映了国民经济各部门之间的投入产出关系,体现了一定时期国民经济系统的实际运行情况。投入产出表分为四个象限:第一象限反映部门间的生产技术关联,第二象限反映各部门产品的最终使用,第三象限反映国民收入的初次分配,第四象限则反映国民收入的再分配。其中,测算劳动收入份额主要用到第三象限部分的内容。该数据的优点是准确全面,不仅能够测算全国的劳动收入份额,而且能够进一步细分计算出不同行业的劳动收入份额;缺点是目前仅编制了若干年份,数据连续性不足,且存在数据滞后问题,采用的学者不多(张车伟、张士斌,2012;章上峰、许冰,2010)。

其二是基于支出法的资金流量表实物交易数据。资金流量表记录了政府、住户、非金融部门和金融部门以增加值为起点,经过初次分配形成初次分配总收入的过程以及初次分配中的各种要素收入,随后经过再分配形成可支配收入以及具体转移支付的情况(张车伟、张士斌,2012)。根据《中国资金流量表历史资料:1992—2004》和历年《中国统计年鉴》中提供的资金流量表,加总初次分配中各个部门劳动者报酬得到劳动收入报酬,进一步测算得出全国、分部门的劳动收入份额。相较投入产出表,资金流量表具有数据连续的优点,但缺少1992年前的数据,并且由于编制过程中非经济普查年份的劳动报酬数据常依据假设劳动者报酬增长率与居民可支配收入增长率相同的推算得到,存在高估劳动者报酬的可能性,资金流量表在初次分配中的要素分配份额并不准确(白重恩、钱震杰,2009b)。

其三是地区收入法 GDP 核算数据。收入法 GDP 是从生产过程创造收入的角度,根据生产要素在生产过程中应得的收入份额以及因从事生产活动向政府支付的份额的角度来反映最终成果的一种计算方法(赵红,2003)。我国按收入法 GDP 核算将增加值划分为劳动者报酬、生产税净额、固定资产折旧和营业盈余四部分,能够较为简便地计算得到劳动收入份额。具体资料包括《中国国内生产总值核算历史资料 1952—1995》《中国国内生产总值核算历史资料 1996—2002》《中国国内生产总值核算历史资料 1952—2004》,以及 1996 年以来历年的《中国统计年鉴》,具有时间连续且跨度长等诸多优点,可以测算全国、分省的劳动收入份额,尽管地区生产总值核算易受到地方干预等问题可能会对地区加总法测算得到的全国劳动收入份额的准确度产生影响(章上峰、许冰,2010;张车伟、张士斌,2012),但总体而言,依据地区收入法 GDP 核算资料对劳动收入份额进行测算,是一种简明而误差相对较小的方法,因而为众多学者所使用。

三、口径调整和混合收入分劈

在准确测算劳动收入份额时存在两个需要注意的问题:口径调整和混合收入分劈。

劳动报酬的核算指标发生过两次口径调整。根据国家统计局对劳动报酬的定义,前述三种核算资料中我国的劳动报酬数据,既应包括职工等工资领取者的劳动报酬,也应包括个体经济业主等混合收入中的劳动收入。但需要指出的是,在核算实践中劳动报酬的统计口径发生过两次重大调整,其中主要反映在混合收入,特别是个体经济收入的归属变化上。2004 年前"我国将个体劳动者的收入全部视为劳动者报酬"(国家统计局,2003),2004 年后我国将"个体经济业主的劳动报酬和经营利润视为营业利润"(国家统计局国民经济核算司,2007,2008),2008年后又"将个体经营户的混合收入分劈为业主劳动报酬和营业盈余,并将业主劳动报酬计入劳动者报酬"(许宪春,2011;蒋萍、许宪春,2014)。统计口径变化问题的存在,会使得对劳动收入份额是否呈现大幅度下降以及近年劳动收入份额变动状况等问题存在较大争议。已有研究较为充分地考虑了第一次口径调整的影响,一致认为其导致了按国民经济核算资料直接计算的劳动收入份额在2004年后出现明显的向下跳跃,而第二次口径调整使按国民经济核算资料直接计算的2009年以来的劳动收入份额,在数值上表现为大幅回升(张车伟、张士斌,2012;吴凯、范从来,2013;周明海,2014),进一步凸显在一致口径基础上分析劳动收入份额变动态势的重要性。在口径调整问题上,白重恩和钱震杰(2009a)通过2004年《中国经济普查年鉴》中个体经济的营业盈余对劳动收入份额进行调整,发现全国劳动收入份额因统计口径变化降低了6.3个百分点。然而在非经济普查年份的统计年鉴中,我国只给出总体营业盈余,并没有单独列出个体经济的营业盈余,因此该方法不能用于修正后续年份的劳动收入份额。更一般地,可以考虑对混合收入的分劈来加以调整或修正。

劳动收入份额测算中混合收入的分劈问题即混合收入在劳动和资本两要素间的归属划分问题。Gomme和Rupert(2004)将总增加值按收入归属划分为四个部分:一是明确归属劳动者的收入,即包括工资、奖金和福利等劳动者报酬;二是明确归属资本的收入,如公司利润、租金收入、净利息收入和折旧,即营业盈余和固定资产折旧之和;三是政府对企业征收税收和进行补贴的差额,即生产税净额;四是不能明确肯定归属资本或劳动的混合收入,比如自我雇佣个体工商户收入中,一部分是其作为劳动所得之收入,另一部分则是其作为投资者产生的经济回报。由于国民经济核算并不是严格按照要素收入的归属情况划分的,劳动报酬核算存在偏差,许多学者强调通过修正数据还原真实的劳动收入份额,具体来说是对混合收入进行分劈,并且尤为关注对个体经济混合收入的调整。国内现有修正方法主要有以下方式。

(1)采用以Johnson(1954)为代表的经验比重法。Johnson(1954)发现,美国个体经济收入中2/3为劳动报酬,农业混合收入中64%为劳动报酬。国内学者运用该方法得出的个体经济劳动份额测算结果在59%~66%,而农业混合收入中劳动报酬比重差异较大。但使用这种方法较为重要的前提是劳动收入份额数据稳定,这同我国现实的吻合度上可能存在问题(张车伟、张士斌,2010;李琦,2012;徐蔼婷,2014)。

(2)采用 Gollin(2002)的三种修正方法。一是假设个体经济收入均为劳动报酬,这种方法计算简单直观,但将个体经济混合收入全部计入劳动报酬,忽略了资本投入的作用,存在高估劳动收入份额的可能性;二是假设个体经济与正规经济的劳动报酬占比相同,计算也相对简单,同时包含部分资本收入的假定较为符合实际,但由于不考虑企业规模、性质等对劳动收入份额的影响,个体经济中劳动收入份额可能会被低估,但相较第一种方法误差更小;三是假设个体经济从业人员与其他从业人员的劳动报酬相同,通过反映我国个体经济发展真实情况的数据对劳动报酬加以调整,较为合理。已有文献较多采用第二、三种方法对个体经济混合收入进行调整(吕光明,2011;李琦,2012)。

(3)Gomme 和 Rupert(2004)的修正法。Gomme 和 Rupert(2004)假定混合收入中劳动收入比例同其他经济中的比例相同,由此计算得到整个经济的劳动收入份额,基本思路同 Gollin 的第二种修正方法相同,但适用面更广,其修正的内容既包括个体经济,也可能包括其他混合经济成分(吕光明,2011)。

上述方法中,采用资金流量表资料开展估算的研究主要利用 Gollin(2002)的一种或几种修正方法调整个体经济混合收入中的劳动收入(吕光明,2011),而一些文献也提出了不同的修正方法,其中吕光明和李莹(2015)通过 2000—2003 年资金流量表修订前后数据的对比测算,将个体经济混合收入的分劈比例设定为1/3进行调整;利用收入法 GDP 资料开展劳动收入份额估算的研究,使用的调整方法较为丰富,经验比重法、Gollin(2002)、Gomme 和 Rupert(2004)修正方法等都得到充分应用,徐蔼婷(2014)虽然进行了采用生产函数法调整个体经济混合收入中劳动收入的尝试,但有学者认为其测算结果存在随选定样本的区域和时间段的变化而变化的问题(吕光明、李莹,2015)。

在混合收入分劈问题上,尽管不同学者依据不同年份数据,采用不同调整方法,计算而得的劳动收入份额的具体数值存在差异,其中 GDP 中未扣除生产税净额的劳动收入份额Ⅰ估算结果明显更小(张车伟、张士彬,2010;

李琦,2012),而扣除生产税净额的劳动收入份额Ⅱ则相对更大(吕光明、李莹,2015;徐蔼婷,2014),但所呈现出的劳动收入份额变动的基本趋势是一致的——劳动收入份额先上升后下降。不过,吕光明和李莹(2015)利用资金流量表资料,得出了劳动收入份额在1992—2012年先平稳变动而后不断下降的结论(见图3.2);由于缺乏1992年之前的数据,该研究所得出的关于整体变动趋势的判断有待进一步验证。

在笔者看来,就两次统计口径调整变化对劳动收入份额的影响而言,虽然已有学者考虑到并进行了初步修正,但仍应进一步关注。特别是,现阶段劳动收入份额变动所呈现出来的特征或特点,更有待我们深入研究。

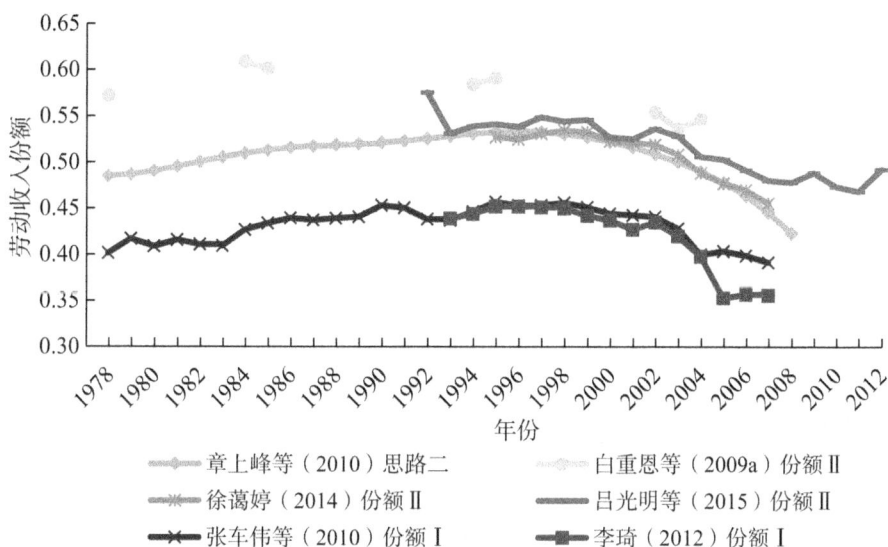

图3.2　不同文献中劳动收入份额的变动趋势

第二节　我国劳动收入份额的测度及修正

为考察改革开放至今我国劳动收入份额的整体变动趋势,本章采用了借助国民经济核算指标的测算思路,使用时间更长且更为详尽的地区收入法GDP资料,细致区分了由于生产税净额处理差异呈现出的劳动收入份额Ⅰ和份额Ⅱ;借鉴Gollin(2002)和Bernanke和Gürkaynak(2001)两种调整方法对个体混合收入进行调整,获得了剔除生产税净额和调整个体经济统计口径变化后较为粗略但相对可比的 1978—2015 年劳动收入份额序列。周明海等(2010b)针对劳动收入份额估算存在的偏差,提出了相关的改进方法①,就 2004 年以前我国劳动收入份额变动趋势的判断,基本与现有研究相一致,即劳动收入份额呈现出先上升后下降的态势。本书采用周明海等(2010b)方法,考察更长年份区间(1978—2015 年)内劳动收入份额的变化趋势。

一、对生产税净额的处理

劳动收入份额的第一个测量问题是生产税净额的处理。既然生产税净额是既非劳动收入也非资本收入的"楔子",那么将其剔除后的劳动收入份额是否能更真实地反映资本与劳动之间的分配关系?表 3.1 列出了我国 1978—2015 年劳动收入份额和税收份额的数据。我们发现,1978—1991 年生产税净额占 GDP 比重略有增加,1992—2003 年该比重从 13.4% 逐步上升至 15.8%,2004—2015 年又从 14.1% 下降为 13.2%。因此,生产税净额比重的上升,将使研究结果高估劳动收入份额的变动幅度,反之亦反是。因而在估算劳动收入份额时,我们直接将生产税净额从 GDP 中扣除,得到劳动收入份额Ⅱa。具体地,令 Y_L 为劳动收入,Y_K 为资本收入,Y_T 为政府征收的生产税净额,总收入 Y 为三者之和,那么劳动收入份额②为:

$$\alpha_L = \frac{Y_L}{Y - Y_T} \tag{3.1}$$

根据上述公式,我们发现剔除"楔子"影响后,劳动收入份额Ⅱa仍呈现出一致的下降趋势,从 1992 年的 57.8% 波动下降至 2003 年的 54.8%,下降幅度为 3 个百分点,较同期劳动收入份额Ⅰ的下降幅度小 1 个百分点;而 2004—2015 年劳动收入份额Ⅱa的变动幅度为 7.9 个百分点,较同期劳动收入份额Ⅰ的变动大 1.6 个百分点。

---

① 本课题组成员针对劳动收入份额估算存在的偏差,早在 2010 年就提出相关的改进方法。此处参考周明海等(2010b)。

② 剔除生产税净额后的劳动收入份额的计算方法同联合国统计司"国民经济核算统计数据库"中 lshare2 的计算方法一致。

表 3.1 1978—2015 年生产税净额对劳动收入份额的影响

年份	劳动收入份额 I	生产税净额比重	劳动收入份额 II a
1978	0.497	0.128	0.570
1979	0.510	0.128	0.585
1980	0.508	0.128	0.582
1981	0.523	0.126	0.598
1982	0.531	0.124	0.606
1983	0.531	0.124	0.606
1984	0.532	0.126	0.609
1985	0.529	0.121	0.602
1986	0.524	0.132	0.604
1987	0.516	0.132	0.594
1988	0.512	0.139	0.595
1989	0.510	0.141	0.594
1990	0.534	0.131	0.614
1991	0.522	0.133	0.601
1992	0.501	0.134	0.578
1993	0.495	0.117	0.560
1994	0.503	0.120	0.572
1995	0.514	0.123	0.586
1996	0.512	0.129	0.588
1997	0.510	0.136	0.591
1998	0.508	0.143	0.593
1999	0.500	0.149	0.587
2000	0.487	0.153	0.575
2001	0.482	0.156	0.572
2002	0.478	0.156	0.566
2003	0.462	0.158	0.548
2004	0.416	0.141	0.484
2005	0.414	0.149	0.482

续表

年份	劳动收入份额 I	生产税净额比重	劳动收入份额 II a
2006	0.406	0.144	0.473
2007	0.397	0.142	0.466
2008	0.465	0.135	0.537
2009	0.466	0.135	0.550
2010	0.450	0.129	0.531
2011	0.449	0.129	0.532
2012	0.456	0.129	0.542
2013	0.459	0.126	0.525
2014	0.465	0.129	0.551
2015	0.479	0.132	0.563

注:数据由笔者根据相关资料计算所得。

二、个体经济的划归及修正

劳动收入份额的第二个测量问题是个体经济的划归及修正。若不调整国民经济核算的统计口径变动对劳动收入份额的影响,我们从表3.1可知,无论是否剔除生产税净额,劳动收入份额在2004年前后均出现明显的向下跳跃。为了更明晰地讨论2004年前后统计口径变化带来的影响,我们按照Gomme和Rupert(2004)的方法进一步区分个体经济收入和非个体经济收入。令 Y_{UL} 为明确归属劳动者所有的收入,Y_{UK} 是明确归属资本所有的收入,Y_A 是不能确定归属的收入即个体经营者的收入。2004年前"我国将个体劳动者的收入全部视为劳动者报酬"(国家统计局,2003),这实际上是将所有个体经济收入划归为劳动收入。因此,劳动收入份额 II 可表示为:

$$\alpha_L = \frac{Y_{UL} + Y_A}{Y - Y_T} \tag{3.2}$$

2004年后我国将"个体经济业主的劳动报酬和经营利润视为营业利润且劳动者报酬仅包括个体经济中的雇员报酬"(国家统计局国民经济核算司,2007,2008)。因而,劳动收入份额 II 可表示为:

$$\alpha'_L = \frac{Y_{UL}}{Y - Y_T} \tag{3.3}$$

统计口径变化的结果是 2004 年劳动收入份额显著低于 2003 年,并高估劳动收入份额的下降幅度,因而从数值上表现为 2004 年的陡降。我们可以根据个体经济就业数据用两种方法对此进行调整。第一种方法利用就业数据处理劳动报酬中属于个体经济的部分(Gollin,2002;Ruiz,2005)。将明确归属劳动者的收入除以非个体经济就业人员得到平均劳动报酬,然后将平均劳动报酬乘以总就业人数即得到包括个体经济在内的劳动报酬总额。具体地,令个体经济就业人数为 L_A,总就业人数为 L,则修正后的劳动收入份额可表示为:

$$\alpha_L = \frac{Y_{UL} \times L/(L - L_A)}{Y - Y_T} \tag{3.4}$$

第二种方法则利用就业数据对总体盈余进行调整(Bernanke and Gürkaynak,2001)。用总营业盈余除以总就业人数得到平均营业盈余,然后将平均营业盈余乘以个体经济就业人数得到个体经济营业盈余。将个体经济营业盈余与明确归属劳动者收入相加即得到包括个体经济在内的劳动报酬总额。具体地,令总体营业盈余为 Y_O,个体经济的就业人数为 L_A,总就业人数为 L,则修正后的劳动收入份额可表示为:

$$\alpha_L = \frac{Y_{UL} + Y_O \times L_A/L}{Y - Y_T} \tag{3.5}$$

两种修正方法都有各自的隐含假设,前者假设个体经济从业人员与其他从业人员的劳动报酬相同,后者假设个体经济与非个体经济的单位资本收入相同。当个体经济与其他经济单位存在显著差异时,两者都存在一定程度的偏误。

我们按照上述两种方法对 2004—2007 年的劳动收入份额进行进一步调整。鉴于两种方法取舍困难,我们将调整均值作为最后结果,得到调整口径变化的劳动收入份额Ⅱb(见表 3.2 中的第 8 列)。比较《中国经济普查年鉴》和《中国统计年鉴》,我们发现存在大量未登记的个体经济就业人数。如 2004 年个体就业人数在统计年鉴中为 4587.1 万人,而在经济普查年鉴中则为 9422.4 万人,未登记注册的个体就业人数达到 4835.3 万人。在计算后续年份未登记注册的个体就业人数时,我们参照登记注册的个体就业人数在 2004—2007 年的增长率得到相应年份的数值(见表 3.2 中的

第 4 列)。由表 3.2 可知,两种方法分别使调整后的劳动收入份额提高了
6~7 个和 4~5 个百分点,调整幅度与白重恩和钱震杰(2009a)基本一致,
表明两种修正方法的稳健性。

表 3.2　2004—2007 年按照就业结构调整的劳动收入份额

年份 (1)	总就业 人数/人 (2)	个体就业 人数/人 (3)	未登记 人数/人 (4)	劳动收入 份额Ⅱa (5)	调整 1 (6)	调整 2 (7)	劳动收入 份额Ⅱb (8)	变动 (9)
2004	75200	9422	4835	0.484	0.553	0.528	0.541	−0.057
2005	75825	10066	5166	0.482	0.556	0.528	0.542	−0.060
2006	76400	10599	5439	0.473	0.549	0.523	0.536	−0.063
2007	76990	11291	5794	0.466	0.546	0.520	0.533	−0.067

注:数据来自 2005—2008 年《中国统计年鉴》。

　　2008 年后劳动报酬统计口径再次调整,以第二次全国经济普查资料为
依据,将个体经营户的混合收入分劈为业主劳动报酬和营业盈余,并将业主
劳动报酬计入劳动者报酬。不少学者指出,这种劳动报酬统计口径重新调
整的方法导致按照省际收入法 GDP 计算的 2009 年及其后的劳动收入份额
在数值上表现为大幅回升(张车伟,2012;吴凯、范从来,2013;周明海,
2014)。考虑到 2008 年后的劳动者报酬中已包含业主劳动报酬,我们在估算
2008 年后的劳动收入份额Ⅱb 时,简单地按照(3.1)式计算。

　　总结来说,本章应用上述劳动收入份额的测度及修正方法处理后,加长
分析劳动收入份额变动趋势的时间段,估算了改革开放迄今(1978—2015
年)的劳动收入份额变化状况。综合国家统计局的数据资料,可以得到三套
收入法 GDP 数据:第一套为修订前数据,时间跨度为 1978—2002 年;第二套
根据 2004 年经济普查年鉴修订的数据,时间跨度为 1993—2004 年;第三套
是根据《中国统计年鉴》修正和补充 2004—2015 年的数据,最终得到较为粗
略但相对可比的 1978—2015 年劳动收入份额序列(见图 3.3)。对劳动收入
份额的测度明确区分了由生产税净额处理差异呈现出的劳动收入份额Ⅰ和
劳动收入份额Ⅱ[①],并通过与已有的各种估算方法和估算结论进行对比,得
出相对比较可信的劳动收入份额结果。通过文献对比,我们不难发现,本章

---

　　① 劳动收入份额Ⅱ的计算方法同联合国统计司"国民经济核算统计数据库"中 lshare2 的计算
方法一致。

就 2007 年以前我国劳动收入份额变动趋势做出的判断,同以往研究的结论
基本一致,即劳动收入份额呈现出先上升后下降的态势(见图 3.4)。但是,
不同的是,我们使用了涵盖更长时期的相关资料,从而可以得到更为完整且
口径相对一致的劳动收入份额变化趋势。此外,我们还将劳动收入份额变
动放在经济发展方式转变和工业化发展阶段的共同作用的框架下,对
1978—2015 年劳动收入份额变动进行了新的阶段性划分。

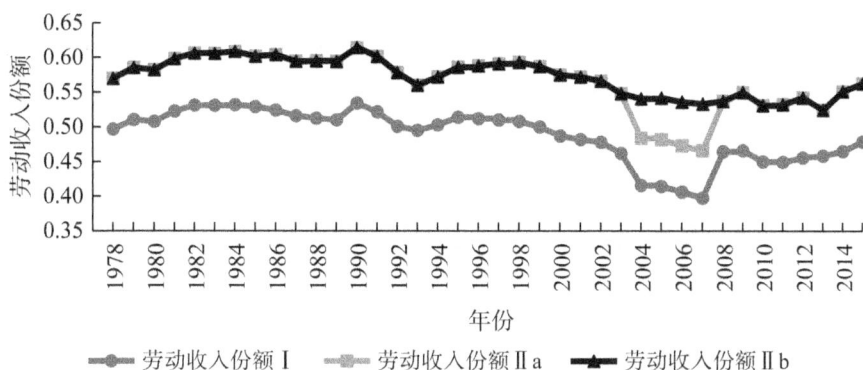

图 3.3　1978—2015 年我国劳动收入份额的估算结果

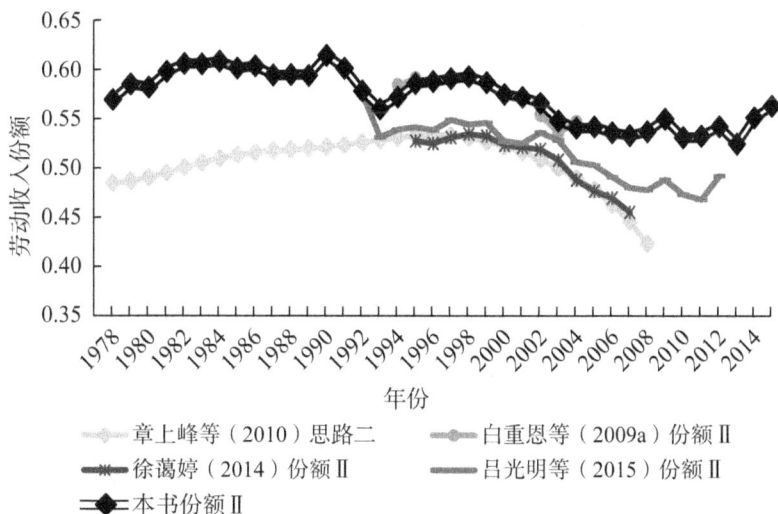

图 3.4　1978—2015 年我国劳动收入份额估算结果对比

第三节 我国劳动收入份额变动趋势

一、我国工业化阶段的划分

阶段划分的类别及其运用的一些量化指标,对于揭示工业化的本质特征、界定工业化发展阶段,进行国际、区际比较,在理论与实践上都具有重要的意义。研究工业化阶段判断标准的代表性学者有钱纳里、克拉克、库兹涅茨、霍夫曼、罗斯托等,此外联合国工业发展组织和世界银行也提出了一些标准。他们划分工业化阶段的标准各不相同,在具体的数量上和内容上的划分标准也各不相同。概括说来,经济学界广泛认同的用于衡量工业化不同阶段的指标,主要有人均 GDP 水平、产业结构、就业结构、工业内部结构等方面。

钱纳里等(1989)提出的人均 GDP 划分方法是最常用、最具典范意义的"标准结构",因具有现实可操作性而成为大多数学者测度工业化水平的首选。钱纳里分析了 101 个国家和地区 1950—1970 年的有关数据,根据人均 GDP 与经济发展阶段之间的关系,提出了工业化进程三大六小阶段的划分标准,具体来说可以分为准工业化阶段(初级产品生产阶段)、工业化实现阶段(包括工业化初级阶段、工业化中级阶段、工业化高级阶段)和后工业化阶段(包括发达经济初级阶段、发达经济高级阶段)。人均 GDP 水平越高,工业化水平也就越高。

库兹涅茨(1985)依据产业结构划分工业化阶段的方式,也具有一定的现实可操作性。库兹涅茨根据实证研究指出,工业化进程中存在着产业结构最为迅速、及时的变动。工业化的演进阶段通过三次产业结构的变动过程表现出来:在工业化初期,第一产业的比重较高,第二产业的比重较低;由于市场经济国家在工业化开始时市场化已得到较大发展,因此在其三次产业中,以商业、服务业为基础的第三产业比重较高。随着工业化的推进,第一产业的比重持续下降,第二产业的比重迅速上升,而第三产业的比重只是缓慢提高。在工业化中期,第一产业的比重降低到 20% 以下,第二产业的比重上升到高于第三产业,并且在 GDP 结构中占最大比重。而在工业化结束阶段,即工业化后期,第一产业的比重降低到 10% 左右,第二产业的比重上升到最高水平,一般来说,此后第二产业的比重会转为相对稳定或有所下降(郭克莎,2000)。

克拉克根据劳动力的就业结构划分经济发展阶段。克拉克认为,随着经济发展,人均国民收入水平提高,劳动力呈现出逐步从第一产业向第二产业转移,进而从第二产业向第三产业转移的态势。他将工业化阶段分为初级产品生产阶段(工业化准备期)、工业化阶段(工业化初期、工业化中期、工业化成熟期)、经济增长稳定阶段(工业化后期)。但一些学者也指出,克拉克提出的就业结构指标并不符合所有国家或地区的工业化情况。

科迪等(1990)在联合国工业发展组织和世界银行联合主持的一项研究中,提出根据工业内部结构指标来划分工业化阶段的方法。根据工业的主体部分——制造业——的增加值在总商品生产部门增加值中所占的份额来衡量工业化水平。具体来说,把工业化阶段分为农业经济阶段(占比小于20%)、工业初兴阶段(占比大于等于20%且小于40%)、工业加速阶段(占比大于等于40%且小于60%)、工业化阶段(大于等于60%)。

上述各种工业化划分方法的共同之处在于:把产业结构特征、就业结构特征等作为工业化阶段划分的重要依据,强调国民经济的物质技术基础在划分工业化阶段中的重要作用。本书结合上述有关理论并参考陈佳贵等(2012)构造工业化水平的评价体系及其工业化不同阶段的标志值。具体来说,在经济发展水平层面,主要选择钱纳里等(1989)提出的人均 GDP 水平指标;在产业结构层面,主要依据库兹涅茨(1985)有关三次产业产值占国民收入比重变动的论述,选择第一、二、三产业增加值比为指标;在就业结构层面,依据库兹涅茨(1985)和 Clark(1958)有关劳动力在产业间分布结构变化的观点,选择第一产业就业人员占比为指标。据此我们可以对我国目前所处的工业化阶段进行基本的判定(见表 3.3)。

表 3.3　工业化阶段划分标准

阶段描述	人均 GDP/美元			三次产业产值结构	第一产业就业人员占比
	1964 年	1990 年	1996 年		
工业化初期阶段	200～<400	1080～<2160	1240～<2480	$A>20\%$ 且从 $A>I$ 到 $A<I$	45%～<60%
工业化中期阶段	400～<800	2160～<4320	2480～<4960	$A<20\%$ 且 $I>S$	30%～<45%

续表

阶段描述	人均 GDP/美元			三次产业产值结构	第一产业就业人员占比
	1964 年	1990 年	1996 年		
工业化后期阶段	800～<1500	4320～<8100	4960～<9300	$A<10\%$ 且 $I>S$	10%～<30%
后工业化阶段	≥1500	≥8100	≥9300	$A<10\%$ 且 $I<S$	<10%

注：①钱纳里等(1989)提出以 1964 年不变价美元衡量的人均 GDP 的标志值,而其他学者基于研究需要,通过计算其他年份与 1964 年的换算因子,得到以其他年份不变价美元衡量的人均 GDP 的标志值。由于本书采用的麦迪森数据库(Maddison Project Database)提供的是以 1990 年不变价美元衡量的人均 GDP 数据,因而本书进一步换算得到以 1990 年不变价美元衡量的人均 GDP 的标志值。1964 年与 1996 年的换算因子由郭克莎(2000)根据美国 GDP 平减指数计算调整得出;1996 年与1990 年的换算因子为 0.871,系笔者根据美国经济研究局(BEA)提供的美国实际 GDP 数据计算得到。②A、I、S 分别代表第一、二、三产业增加值在 GDP 中所占的比重。

从人均 GDP 看,1978 年我国人均 GDP 只有 379 元,按汇率换算低于 223 美元(1970 年不变价),明显低于作为工业化起点的人均收入水平(郭克莎,2000),20 世纪 90 年代的人均 GDP 已达到工业化初期阶段水平,人均 GDP 在 200～400 美元(1964 年不变价)(赵昌文等,2015)。陈佳贵等 (2012)的研究进一步指出,2000 年我国进入工业化初期的后半阶段,2005 年进入工业化中期的前半阶段,而 2010 年处于工业化中期的后半阶段。而赵昌文等(2015)根据 2013 年经济普查调整后的人均 GDP 数值,计算出 2012 年我国按加权平均计算的人均 GDP 已经高于 900 美元(1964 年不变价)。参照工业化发展阶段指标,该数值已经超过了工业化后期 800 美元的标志值,表明我国已经进入工业化后期阶段。

在工业化进程深化过程中,产业结构演变的基本特征是,第一产业向第二、三产业转变。分析三次产业产值结构变动情况可以发现:第一产业产值比重持续下跌。尽管新中国成立初期优先发展重工业的发展战略导致农业比重较低,但到了 1984 年其比重仍高于 30%;而随着工业化进程的展开,以农业为代表的第一产业比重大幅下降,在 1990—1999 年从 26.7%不断下降至 16.1%,并持续下跌至 2011 年的 10%左右。第二产业比重在 1978—2011 年始终最高,且 2000—2011 年保持在 44.3%～47.4%,在此期间第三产业产值比重也不断提升。尽管从三产比重稳定性看,我国已经进入工业化中后期,但是各产业内部的结构调整尚未深化,电力、钢铁、化工和机械制造业等资本密集型产业在经济发展中起着主导作用(见图3.5)。

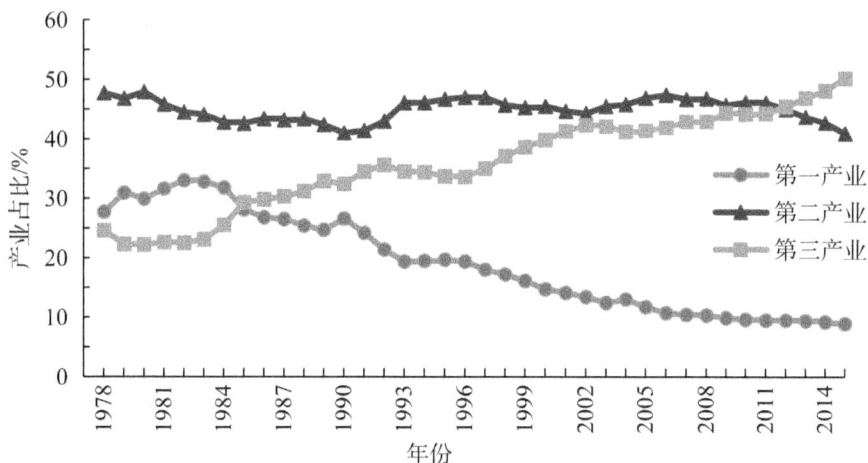

图3.5　1978—2015年我国三次产业产值结构

从三次产业的就业结构看,图3.6描述了我国改革开放以来就业结构变迁的基本现象:第一产业就业比重持续下降,第二产业和第三产业就业比重上升;2011年以来第三产业就业比重超过第一产业,2014年第二产业就业比重首次超过第一产业。进一步分析第一产业就业比重的变化可以发现,改革开放以来,我国第一产业的就业比重持续下降,1978—1984年从70.5%下降至64%,始终大于前工业化阶段的标准值60%;1985—2003年比重继续下降约16个百分点,但仍在工业化初期49.1%～60%的范围内,第一产

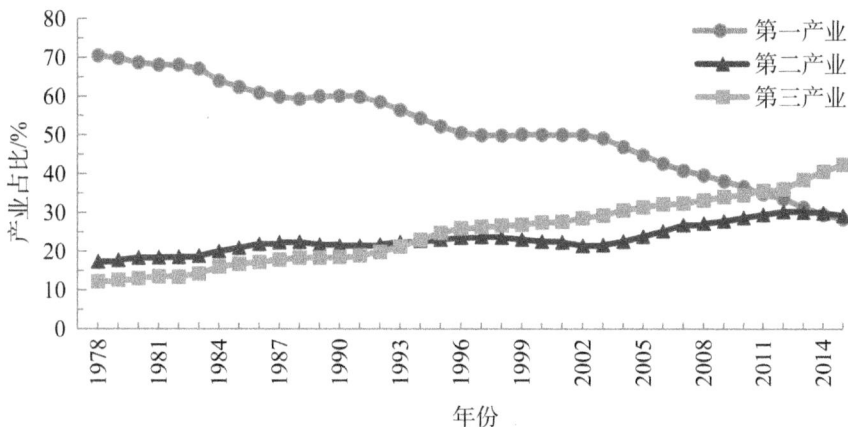

图3.6　1978—2015年我国三次就业结构

业就业比重未降至 45% 主要可以用该时期工业优先和城乡二元经济对劳动力转移的限制来解释;2004—2013 年,第一产业就业比重进一步从 46.9% 下降到 31.4%,达到了工业化中期阶段水平,但第一产业就业比重仍相对较高,高于第二产业;2014 年第一产业就业比重第一次低于 30% 的标准值,降至 29.5%。

总结来说,改革开放以来我国的工业化进程可以分为:1978—1984 年为准工业化阶段,1985—2004 年为工业化初期,2005 年至今为工业化中后期阶段。不少学者认为,我国已快速地走完工业化中期阶段,而"十二五"期间进入工业化后期是我国工业化进程的重要里程碑(冯飞等,2012;赵昌文等,2015;陈佳贵等,2012)。

二、劳动收入份额变动的阶段性特征

我们依据人均 GDP、三次产业产值结构、第一产业就业人员占比等指标及其相应的标志值,对我国工业化进程进行了阶段性划分。但劳动收入份额变动趋势的阶段性划分与工业化阶段并不完全重合,这主要是因为我国劳动收入份额的变动,除受工业化影响之外,还受到经济转型等经济发展方式转变的作用。劳动收入份额的趋势特征是工业化进程和经济发展方式综合叠加的结果。笔者依据两个维度对劳动收入份额变动趋势进行阶段划分:其一是考虑既有数据呈现情况(从数据上看,比现有研究的分析年份长);其二是结合工业化发展阶段和经济发展方式转变过程中的标志性历史事件。具体如图 3.7 所示。

第一阶段(1978—1991 年),劳动收入份额总体上呈上升态势,从 1978 年的 57% 上升至 1991 年的 60.1%,表现为国民收入分配向个人倾斜,这与李扬(1992)的观察基本一致。从工业化阶段来看,这是我国从准工业化阶段①向工业化初期过渡的时期。通过分析该时期产业结构变动,我们不难发现:第一产业比重仍高于 20%,尽管从 1978 年的 27.9% 下降至 1991 年的 24.2%,下降了 3.7 个百分点,但下降幅度相对较小,并且第一产业就业人员比重均值在 64% 左右;而同期,第二产业比重均值为 44%,虽然比重较高,但经历了从 1978 年的 47.6% 到 1991 年的 41.1% 的下降过程。工业化阶段对

---

① 1978—1984 年,我国人均 GDP、产业结构等指标尚未达到工业化初期的水平。

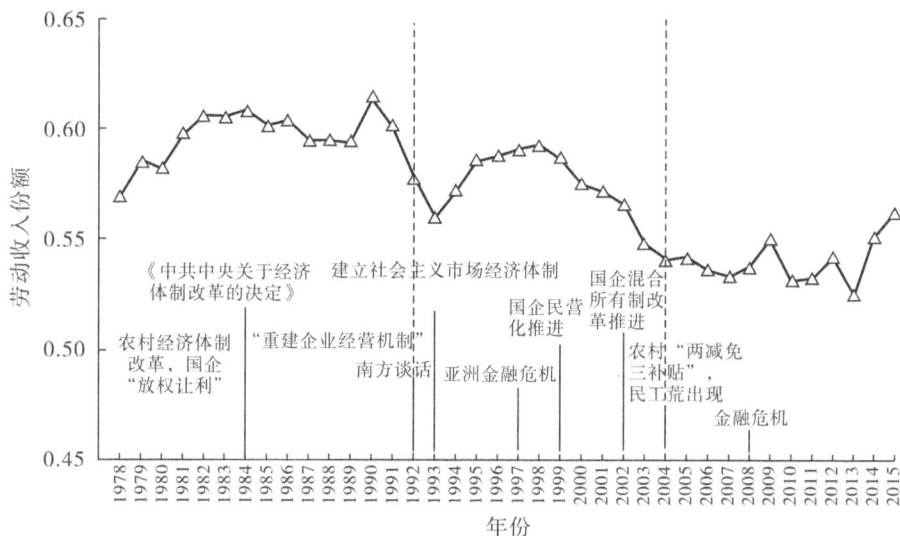

图 3.7 1978—2015 年我国劳动收入份额变动趋势

劳动收入份额的下降作用并不显著。从经济体制改革看,这一时期我国经济还是处于初步调整阶段,1978—1991 年,改革重心经历了从农村向城市的转移,经济发展也取得了比较好的效果。改革之初,农村改革关注治贫,在政府提升农产品的价格的同时,农村经济体制也实现了由"农业集体化"向"家庭联产承包责任制"的转变,这充分调动了农村的劳动积极性,带来了农民收入的快速提高。1984 年《中共中央关于经济体制改革的决定》的通过,标志着改革开始从局部试点转向以市场为取向的全面改革。1984 年后异军突起的乡镇企业,是在农村经济中引入市场机制、成功发挥市场机制作用的典范,通过利用廉价劳动力优势进入长期受压抑的轻工业部门,推动农村就业结构转换(林毅夫等,2009)。而国有企业改革则走上了一条从"放权让利(1978—1984 年)"向"增强企业活力、重建经营机制(1985—1991 年)"转变的道路。"放权让利"阶段重在治懒,通过实施增加工资、发放奖金、企业利润留成等手段,激发职工的生产积极性,调整国家与企业的利益分配关系;而"重建经营机制"阶段以承包经营责任制为关键,实施企业所有权与经营权适当分离。为解决国有企业经营效率问题采取的系列措施,使得职工人均收入不断上升,国有企业资金利税率相应下降,20 世纪 80 年代末和 90 年代初国有企业分配关系呈现出"工资侵蚀利润"[①]的现象（杨瑞龙等，1998）。通过具体分析第一阶段的经济体制改革，笔者认为其对劳动收入份额的提升存在正向作用。

第二阶段（1992[②]—2003年），劳动收入份额呈显著下降趋势，波动变动至2003年的54.8%，下降约5.3个百分点。发达国家的工业化发展历程表明，工业化初期以农业为代表的第一产业地位逐渐降低，往往会导致劳动收入份额下降，而我国工业化进程和经济发展方式的叠加作用，使得劳动收入份额下降。第二阶段工业化进程中的产业结构变动不利于劳动收入份额的上升。以农业为代表的、劳动收入占比最高的第一产业地位进一步降低，第一产业比重从1992年的21.4%下降至2003年的12.4%，降低了9个百分点；而同期以工业为主的第二产业的比重始终最高，且经历了约3个百分点的上升，均值保持在45.6%。而该阶段经济体制改革对劳动收入份额存在向下的作用。1992年，邓小平南方谈话确立了我国的市场化方向，党的十四大明确提出我国经济体制改革的目标是建立社会主义市场经济体制；1993年党的十四届三中全会通过《中共中央关于建立社会主义市场经济体制若干问题的决定》，将建立现代企业制度作为国有企业改革的基本方向。国有企业改革随之不再限于经营权的调整，而是深入产权制度层面，开展现代企业制度建设。1997年亚洲金融危机，使我国经济进入需求不足的经济周期，国有企业不佳的财务状况倒逼国企进一步改革。20世纪90年代中期后，国有企业战略性退出使民营化加速，传统体制下"工资侵蚀利润"的状况被扭转，而在"抓大放小"过程中产生的大批下岗工人、进入城市劳动力市场的农村劳动力，造成了劳动收入份额的下降。此外，自1994年开始的分税制改革，加强了地区间的招商引资竞赛，地方政府财政收入的资本依赖、财政支出的GDP增长动机和资本化偏向，抬高了资本的要价能力，弱化了劳动者

---

① 有学者认为收入分配领域的"工资侵蚀利润"现象主要发生在20世纪80年代末和90年代初，就具体时期存在不同的看法（戴园晨、黎汉明，1988；戴园晨、诸建芳，1995），也有学者通过揭示国有企业双层分配合约的性质质疑"工资侵蚀利润"命题，认为其只是对国有企业分配关系的一个简单化的描述（杨瑞龙等，1998）。笔者主要利用"工资侵蚀利润"来解释统计数据呈现出的劳动收入份额上升现象的产生原因。

② 国内有关我国劳动收入份额变动趋势的文献，对于下降节点的判断集中在20世纪90年代。笔者结合测算结果呈现出的变动趋势，选取1992年作为劳动收入份额的下降节点，同其他学者的判断差别不大。

的谈判力量,使得要素收入分配结构朝不利于劳动者的方向发展(周明海,2010a)。

第三阶段(2004 年至今[①]),劳动收入份额呈现低水平的徘徊状态,2004—2015 年劳动收入份额在 53.8% 上下徘徊。从发达国家工业化进程中劳动收入份额变动的一般规律看,在工业化中后期产业结构以第二产业为主导,同时生产性服务业等第三产业比重随之提高,人力资本的重要性不断凸显,劳动收入份额可以实现较快提升。但现阶段经济发展方式尚在转变之中,体制转型推进缺乏较好的外部环境契合,经济体制改革进入深水区,要素流动存在明显障碍,产业结构难以顺利提升,劳动收入份额回升缺乏有力支撑。在第三阶段我国进入工业化中后期,已经进入刘易斯转折时期,或者正在跨越"刘易斯拐点",二元经济下的劳动力从过剩向相对紧缺转化,人口红利逐渐消失(周燕、佟家栋,2012;蔡昉,2013)。2004 年以来沿海地区出现"民工荒"[②],随后迅速蔓延到其他城乡地区,成为全国性的劳动力短缺现象,普通劳动者工资随之持续提高。但这种用工成本上涨的现象很难持久,或将随着低成本优势不再、经济增长停滞而止步,或随企业采用资本偏向的技术进步、压缩雇佣规模、压制工资水平而不再。而在经济体制改革方面,2008 年全球金融危机后市场化改革深化存在阻滞问题。政府出台"四万亿"刺激计划,试图通过投资的乘数效应来弥补外部需求的下降,但是由于地方政府与中央政府博弈同国企与地方政府博弈并存,政府部门过度加杠杆,企业部门过度上产能,经济结构并未能在刺激政策下实现良好的转变,甚至进一步恶化。此外,民营企业的融资约束未能得到有效缓解。在上述因素作用下,我国的产业结构呈现制造业重度资本化、服务业略有发展却相对滞后的状况,产业结构难以顺利升级,影响劳动要素份额的提升。

本章主要考察改革开放至今我国劳动收入份额的长期变动趋势,并结合工业化进程,将我国劳动收入份额变动状况划分成三个阶段:第一阶段(1978—1991 年),为我国从准工业化阶段向工业化初期过渡的时期,劳动收

① 国内一些研究将劳动收入份额下降的阶段划分到 2007 年,而笔者通过两个维度的判断,结合工业化阶段变化、民工荒出现、农业税取消等事件或现象,认为将下降的阶段划分至 2004 年更加合理。实际上,就劳动收入份额而言,一直到 2007 年,仍有惯性下降并体现在统计数据中。

② 这在一定程度上与 2004 年中央开始实施对于农村取消农业税政策相关,但更重要的是工业化阶段演进中的一个重要表现。

入份额总体上呈抬升态势。第二阶段(1992—2003年),为工业化初期,我国劳动收入份额经历相对长期和快速的下降,这与工业化进程中产业结构的变动以及经济体制改革存在密切关联。第三阶段(2004年至今),我国进入工业化中后期,劳动收入份额呈现低位徘徊特征。表3.4整理了国内有关劳动收入份额变动趋势的文献。

表3.4　国内有关劳动收入份额变动趋势的文献

文献	数据	劳动收入份额变动趋势判断	下降节点
章上峰和许冰 (2010)	相关投入、产出数据	1978—2008年劳动收入份额呈现出先上升后下降的倒U形变化趋势	1996年
李扬和殷剑峰 (2007)	资金流量表数据	20世纪90年代以来不断下降,1992年以后下降幅度有所加大	1992年
罗长远和张军 (2009)	地区收入法GDP资料(未调整口径变化的官方数据)	20世纪90年代中期之后劳动收入占比下降趋势明显	20世纪90年代中期后
李稻葵等 (2009)	地区收入法GDP资料	1990—2006年劳动收入份额从53%下降到40%左右	1990年
白重恩和钱震杰(2009a)	地区收入法GDP资料	1978—1984年上升,1985—1994年基本不变,1995—2004年逐渐下降(1995—2003年降低5.48%,由于统计口径变化2004年降低6.3%)	1995年
张车伟和张士斌(2010)	地区收入法GDP资料	1978—1998年劳动收入份额略微上升,1999—2007年略微下降,呈现出长期低水平的稳定状态	1999年
白重恩和钱震杰(2009b)	资金流量表资料	作为居民部门主要收入来源的劳动收入份额,在1996—2005年下降了5.99%,2005—2007年下降3.49%	1996年
吕光明(2011)	资金流量表资料	1993—1999年呈上升态势,1999年后逐渐下降,到2007年累计下降6.41%	1999年
李琦(2012)	地区收入法GDP资料	劳动收入份额从1995年开始呈现出下降的趋势,并且在2002年之后加速下降	1995年

文献	数据	劳动收入份额变动趋势判断	下降节点
徐蔼婷(2014)	地区收入法 GDP 资料	1995—1999 年逐年上升,而 2000—2007 年呈现下降趋势	2000 年
吕光明和李莹 (2015)	资金流量表资料	1992—2012 年劳动收入份额先平稳变动而后不断下降。1993—1997 年基本稳定在 54%,1997—2011 年由 54.87%下降到 46.81%	1997 年

第四章 工业化进程中劳动收入份额演变趋势考察

我国改革开放 40 余年来,尽管创造了经济高速增长的奇迹,但国民收入分配格局中劳动收入份额偏低的问题引发了学界和社会的关注和担忧。我国劳动收入份额的未来趋势会怎样? 40 余年间,工业化进程对我国劳动收入份额有着怎样的影响?笔者试图探寻工业化过程中劳动收入份额的一般性变动规律以回答这些问题。这一方面有助于理解和解释我国既有的劳动收入变化趋势,另一方面通过比较我国现阶段劳动收入份额状况与处于类似阶段国家的劳动收入份额,对客观评价我国的国民收入分配格局并汲取提高劳动收入份额的启示大有裨益。

国内外研究就劳动收入份额的变动趋势存在广泛争议。20 世纪前半叶,西方学者开展的要素份额研究(Bowley,1920;Cobb and Douglas,1928;Hicks,1932;Keynes,1939;Solow,1958;Kaldor,1961)支持劳动收入份额在长期内保持稳定的论断,并被归为广为熟知的"卡尔多特征事实"之一,但也有学者指出,多数研究使用的是个别国家特定时期的数据,劳动收入份额稳定性规律的适用时段并不明确(皮凯蒂,2014)。而 20 世纪 70 年代末以来,随着主要发达国家劳动收入份额的观测数据偏离上述事实,更多人开始质疑劳动收入份额稳定的论断,劳动收入份额的演变趋势再次成为学界关注和讨论的话题。Blanchard 等(1997)发现,欧洲大陆国家的劳动收入份额在 20 世纪 80 年代后开始不断下降。Guscina(2006)分析了 18 个工业化国家 1960—2000 年的数据,发现平均劳动收入份额从 1975 年的 57% 下降至 2000 年的 52%。

国内一些学者也开展了关于劳动收入份额演进趋势的研究。李稻葵等(2009)在分析了 1960—2005 年 122 个国家和地区的人均 GDP 与初次分配中劳动份额数据后发现,经济发展水平与劳动收入份额呈 U 形关系,劳动收入份额将随工业化进程中劳动力不断地由农业部门向非农产业部门转移，出现先下降后上升的情况。但张车伟和张士斌（2010，2012）认为，早期工业化国家经济发展过程中劳动报酬占 GDP 份额仍表现出相对稳定的卡尔多特征事实，而非 U 形趋势。

对于工业化进程中劳动收入份额变动问题，通常的研究方法是基于多国统计数据的计量分析，但该方法存在以下不足：一是变量间的因果关系值得商榷。一些研究在控制其他因素的条件下，选取反映经济增长或工业化过程的人均 GDP 指标作为自变量，寻求其与劳动收入份额之间的因果关系，但人均 GDP 与劳动收入份额实际上是一种协变关系[1]，而关注因果分析的计量方法难以适用[2]。在我们看来，人均 GDP 并非推动劳动收入份额变化的根本原因，工业化阶段才是研究中需要关注的重点。二是数据覆盖时段的局限。相关数据倘若不能覆盖一国工业化的整个过程，就无法追踪该国劳动收入份额在工业化过程中的完整变动轨迹。三是无法有效区分劳动收入份额的差异究竟是源于工业化阶段差异，还是源于不同国家的制度文化因素带来的绝对水平差异。无论是截面数据，还是面板数据（考虑到个体效应无法完全控制），都无法将两种原因区分出来。

鉴于此，本章尝试运用另一种分析方法——对若干典型工业化国家完整工业化过程相关数据进行时序追踪分析。使用这种方法的关键工作，一是要对典型工业化国家官方公布的数据、权威研究机构收集的数据及诸多经典文献中所蕴含的数据，在可比口径下系统集成。二是以多维判定原则表征产业结构的变迁，通过考察工业化进程中产业结构变化对分配结构的影响，将工业化阶段同劳动收入份额趋势分析结合起来。以一种略显粗糙却不失精要的方式捕捉具有普遍意义的劳动收入份额变动规律。

---

①　人均 GDP 和劳动收入份额均受到工业化进程中某些因素的共同影响，都是工业化进程的结果变量。不同工业化阶段存在的不同经济结构、不同市场和技术特征，才是推动劳动收入份额演绎出变化路径的根本原因。单纯考察人均 GDP 与劳动收入份额之间的函数关系，容易迷失于表面关系而忽视内在关联。

②　Xie（2011）所采用的计量方法存在不可避免的内生性问题，制约着回归系数估计和显著性检验结果的可靠性，所得三次曲线有可能是计量偏误所致。此外，三次曲线特征还暗示劳动收入份额在第二个转折点后存在持续下降甚至趋于零的可能。

第一节　工业化进程中发达国家的
劳动收入份额"羹匙曲线"

一、工业化进程的阶段划分

本节以英国、美国、法国、德国、日本这五个已完成工业化的国家为分析对象,在划分各国工业化阶段的基础上,利用纳入自雇者劳动报酬的口径可比的劳动收入份额数据,梳理出发达经济国家的工业化阶段与劳动收入份额变动之间的对应关系。考虑到数据的可获得性和可比性,本书综合运用人均 GDP 水平指标、三产结构和就业结构指标,来界定各国的经济发展阶段。利用麦迪森数据库中的人均 GDP 数据(1990 年不变价美元)以及搜集整理而得的各国三产结构、就业结构数据,依据推算调整得到的1990 年不变价美元的人均 GDP 标志值以及陈佳贵等(2012)提出的产业结构和就业结构标志值(见表 3.3),开展对各国工业化各阶段的综合判断,如表 4.1 所示。

表 4.1　发达国家工业化各阶段的划分

时期	英国		美国		德国		法国		日本	
	文献时点	本书区间	文献时点	本书区间	文献时点	本书区间	文献时点	本书区间	文献时点	本书区间
工业化初期	1760	1760s—1840s	1790/1830	1830s—1860s	1850	1850s—1870s	1830	1820s—1860s	1870	1870s—1920s
工业化中期	1860	1850s—1910s	1860	1870s—1910s	1870	1880s—1920s	1860/1870	1870s—1920s	1920	1930s—1950s
工业化后期	1920	1920s—1950s	1915	1920s—1940s	1925	1930s—1960s	1930	1930s—1960s	1952	1960s—1970s

续表

时期	英国		美国		德国		法国		日本	
	文献时点	本书区间	文献时点	本书区间	文献时点	本书区间	文献时点	本书区间	文献时点	本书区间
后工业化阶段①	1960	1960s—	1955	1950s—	1970	1970s—	1965	1970s—	1970	1970s—

注:各国家每个工业化阶段的文献时点是多篇文献的平均(见表 4.2)。国外文献中关于美国工业化初期划分存在两个时间节点,主要是考虑到美国南方和北方的工业化开启时间存在差异,1790 年为北方进入工业化初期的节点,而 1830 年则为美国整体进入工业化初期的节点。

表 4.2　国内外文献关于各国工业化阶段划分的判断

国家	文献	指标	初期	中期	后期	后工业化
英国	文献时间节点		1760	1860	1920	1960
	王金照(2010)卞靖(2014)	产业结构:工业增加值占 GDP 比重峰值	1760s			1970
	Morris(1960)	主导产业、就业	1770—1830			
	罗斯托(1962)	资本积累水平和主导部门	1783—1802	1850	1930s—1950s	
	霍布斯鲍姆(2016)	主导产业、就业	1780—1840	1840—1895		
	厉以宁(2010)		18 世纪后期—1830s	1840s—1900s		
	张培刚(1984)	工业内部结构:霍夫曼系数	1760—1851	1871—1901	1924	1963
	Hoffmann(1969)	工业内部结构:霍夫曼系数	1812、1851	1871、1901	1924	1963

① 工业增加值占 GDP 比重变动情况被许多学者视为反映工业化进程的一项重要指标,比较认可的关于工业化完成(进入后工业化阶段)的判断依据是,第一产业比重降到 10% 左右,第二产业比重上升到最高水平。英国、美国、德国、法国、日本的工业增加值占 GDP 比重的峰值年份分别是 1970 年、1955 年、1970 年、1965 年、1970 年(卞靖,2014;顾强等,2015)。不难发现,本书划分的各国后工业化阶段,基本与工业增加值占 GDP 比重的峰值年份相符。

续表

国家	文献	指标	初期	中期	后期	后工业化
	文献时间节点		1790/1830	1860	1915	1955
美国	王金照(2010)卞靖(2014)	产业结构：工业增加值占GDP比重峰值	1840			1950/1955
	高德步(2006)		1820—1860	1860—1919	1919—1945	
	马亚华(2010)		1790—1860	1860—1925	1925—1955	1955
	波斯坦和哈巴库克(2002)		1789—1820 1820—1860	1860—1914		
	黄群慧和贺俊(2015)		1830s			
	罗斯托(1962)	投资率和主导部门	1843—1860		1913/1914—1945/1956	
	Hoffmann(1969)	工业内部结构：霍夫曼系数	1850	1870—1890	1914—1927	1958—1966
	Meyer(2003)	主导产业、就业	1790—1860	1850s—1900s		1950s
	韩毅(2007)		1790s/1800s—1860s/1880s			
	文献时间节点		1850	1870	1925	1970
德国	王金照(2010)卞靖(2014)	产业结构：工业增加值占GDP比重峰值				1970
	罗斯托(1962)	投资率和主导部门	1850—1873	1910		
	厉以宁(2010)		19世纪中期			
	波斯坦和哈巴库克(2002)		1850	1890		
	黄群慧和贺俊(2015)		1848			
	张培刚(1984)	工业内部结构：霍夫曼系数	1870		1925	
	Kocka和Ritter(1978)			1871—1910		

国家	文献	指标	初期	中期	后期	后工业化
法国	文献时间节点		1830	1860/1870	1930s	1965—
	王金照(2010) 卞靖(2014)	产业结构：工业增加值占GDP比重峰值				1965
	罗斯托(1962)	投资率和主导部门	1830—1860	1910		
	厉以宁(2010)	1830				
	Hoffmann(1969)	工业内部结构：霍夫曼系数		1921		
日本	文献时间节点		1870	1920	1952	1970
	王金照(2010) 卞靖(2014)	产业结构：工业增加值占GDP比重峰值	1868	1920		1970/1973
	高德步(2006)		1870—1906	1907—1945	1945—1975	
	罗斯托(1962)	投资率和主导部门	1878—1914	1940		
	波斯坦和哈巴库克(2002)		1868	1929—1952		
	Taira(1970)	就业结构	1880s—1910s			

结合判断标准,本书认为,各国进入工业化初期、中期、后期、后工业化阶段的对应时点依次为:英国 18 世纪 60 年代,19 世纪 50 年代,20 世纪 20 年代、60 年代;美国 19 世纪 30 年代、70 年代,20 世纪 20 年代、50 年代;德国 19 世纪 50 年代、80 年代,20 世纪 30 年代、70 年代;法国 19 世纪 20 年代、70 年代,20 世纪 30 年代、70 年代;日本 19 世纪 70 年代,20 世纪 30 年代、60 年代、70 年代。上述划分与国内外学者利用不同指标得出的工业化阶段节点的判断基本一致。

二、口径可比的劳动收入份额数据

考虑到统计口径对劳动收入份额跨国长期变动趋势比较的可能影响,本书着重关注了劳动收入份额的不同测算口径。早期文献(Bowley,1920;King,1915;Kalecki,1939;Keynes,1939)将工资或者包含工资薪金的雇员报酬计为"劳动报酬总额",并不包括自雇者劳动报酬(个体经济中的劳动收入部分),随后西方学者广泛讨论个体经济收入调整问题,更多地关注进一步包含自雇者劳动报酬的"劳动报酬总额"。本书将劳动收入份额的分子分为工资、雇员报酬、进一步纳入自雇者劳动报酬的劳动收入三类,分母分为按生产者价格计算的国民收入、按要素价格计算的国民收入两类。一般来说,在工业化发展初期,自雇劳动者就业比重较大,随着工业化进程的推进,雇员就业比重会提升至较高水平。为了更完整地反映典型工业化国家劳动收入份额的真实变动,本书认为包含雇员报酬和自雇者劳动报酬的宽口径劳动收入占按要素价格计算的国民收入的比重(表4.3中的口径F),是一个更合适的测算口径。

表4.3　劳动收入份额的测算口径

分母	工资	雇员报酬	雇员报酬＋自雇者劳动报酬
按生产者价格计算的国民收入	A	B	C
按要素价格计算的国民收入	D	E	F

　　由于联合国国民账户体系仅提供20世纪中后期以来的雇员报酬份额数据,各国官方核算资料也未能提供工业化早期的宽口径劳动收入份额数据,这在一定程度上增加了开展跨国比较的难度和工作量。本书收集整理了有关劳动收入报酬研究的诸多经典文献(见表4.4),特别注意不同来源数据的口径一致性,经审慎取舍和衔接,得到较为可靠且可比的、覆盖各国完整工业化过程的宽口径劳动收入份额数据。

表4.4　不同口径劳动收入份额数据的来源

国家	口径A	口径B	口径E	口径F
英国	Bowley(1920) Kalecki(1939) Brown和Weber(1953)	Brown 和 Weber(1953) 国际统计年鉴[1]	范斯坦(2004) 达格穆(1995)	Kuznets(1966) 范斯坦(2004) 皮凯蒂(2014) AMECO Database[2]

---

　　[1]　国家统计局网站提供的国际数据,将国内生产总值分为劳动者报酬、税减产品补贴、营业盈余和混合收入。

　　[2]　数据来源于欧盟委员会年度宏观经济数据库。

国家	口径 A	口径 B	口径 E	口径 F
美国		国际统计年鉴	King(1915) Schuller(1953) Kravis(1959) 美国商务部人口普查局(1975) 达格穆(1995)	Kravis(1959) Kuznets(1966) 皮凯蒂(2014) AMECO Database
德国		国际统计年鉴	Kuznets(1966)	Hoffmann(1965) Kuznets(1966) 皮凯蒂(2014) AMECO Database
法国		国际统计年鉴	Kuznets(1966)	Kuznets(1966) AMECO Database
日本		国际统计年鉴	Ohkawa 等(1979)	Ohkawa 等(1979) Minami 和 Ono (1981)① 皮凯蒂(2014) AMECO Database

注：“统计革命”后国民经济核算的统一标准才得以建立，国民收入或国民生产总值的概念得以明确。1940 年前的研究对作为劳动收入份额分母的国民收入的定义因学者和文章而异，其中 Bowley(1920)、Brown 和 Weber(1953)计算的是剔除资本折旧的国内生产净值，Kalecki(1939)核算的国民收入是纳入资本折旧的国内生产总值。而之后的研究大多按要素成本计算国民收入(Kuznets，1966；Ohkawa et al.，1979；达格穆，1995；皮凯蒂，2014)。

　　具体来说，在宽口径劳动收入份额存在多种来源的情况下，优先选择各工业化阶段中能覆盖较长时段的数据来源，并以其他来源补充校正缺失年份数值。英国 1920—1960 年数据来自范斯坦(1968)的研究，其他年份数据来源自皮凯蒂(2014)的研究。美国 1850—1870 年、1910—1950 年数据来自 Kravis(1959)的研究，1900 年数据来自 Kuznets(1966)的研究，1970—2010 年数据来自皮凯蒂(2014)的研究。德国 1850—1950 年劳动收入份额数据来自 Hoffmann(1965)，1970—2010 年数据主要来自皮凯蒂(2014)的研究。法国 1910 年、1920 年、1950 年数据来自 Kuznets(1966)的研究，其他年份数据

---

　　① Minami 和 Ono(1981)参照 Ohkawa 和 Miyohei(1979)分劈混合收入的思路，核算非农部门的劳动份额。

来自皮凯蒂(2014)的研究。日本 1910—1960 年数据来自 Ohkawa 等(1979)的研究,1970—2010 年数据根据皮凯蒂(2014)的相关资料整理而得。

为了考察劳动收入份额变动轨迹的稳健性,本书进一步整理各国雇员报酬份额数据(口径 B、E)和其他宽口径劳动份额数据(口径 F),其中口径 B 数据源于 Brown 和 Weber(1953)以及国际统计年鉴,口径 E 数据主要源于 King(1915)、Schuller(1953)、Kravis(1959)的研究、美国商务部人口普查局(US Bureau of the Census,1975)、Ohkawa 等(1979)、达格穆(1995)的研究,口径 F 下的其他数据来源为 AMECO 数据库、Minami 和 Ono (1981)的研究。

三、工业化进程中劳动收入份额的变动轨迹

世界工业化进程最早开始于 18 世纪 60 年代的英国。其劳动收入份额变动曲线呈现出先降后升又稍有回落的特征(见图 4.1):工业化初期,劳动收入份额从 1770 年的 64%降至 1840 年的 58%;中期经历明显上升,增加 14 个百分点;在工业化后期均值为 72%,增幅不足 5 个百分点,图中曲线斜率由较为陡峭变得更为平缓,本书将其视为短期相对稳定状况;步入后工业化阶段出现小幅下降,但仍高于工业化初期水平,2010 年的劳动收入份额为 73%。美国和德国的劳动收入份额也经历了相似的变动过程。美国的劳动收入份额在初期下降 3.7 个百分点,中期从 1870 年的 63%增至 70%以上,之后均值保持在 75%水平,进入后工业化阶段下降态势凸显。德国劳动收入份额于 1890 年降至历史低值 64%,中期有 13 个百分点的回升,后期曲线较为平稳,后工业化阶段又经历大幅度下降,现阶段份额同历史低值相近。美、德两国在后工业化阶段经历更大幅度的下降,可能与两国的移民比例高有关。由于法国和日本的工业化发展晚于英国,两国在工业化阶段的年份时点上略有滞后。法国劳动收入份额从 1820 年的 70%降至 57%,而中期增幅高达 14 个百分点,但 1930—1960 年变动趋缓,进入后工业化时期劳动收入份额略有下降。日本工业化初期的劳动收入份额存在明显下降,中期从 1930 年的 60%跃升至 1950 年的 70%,在工业化后期均值为 70%,后工业化阶段略有下降[①]。

----

① 日本数据缺失较多,本书依据现有数据做出劳动收入份额变动趋势的粗略判断。

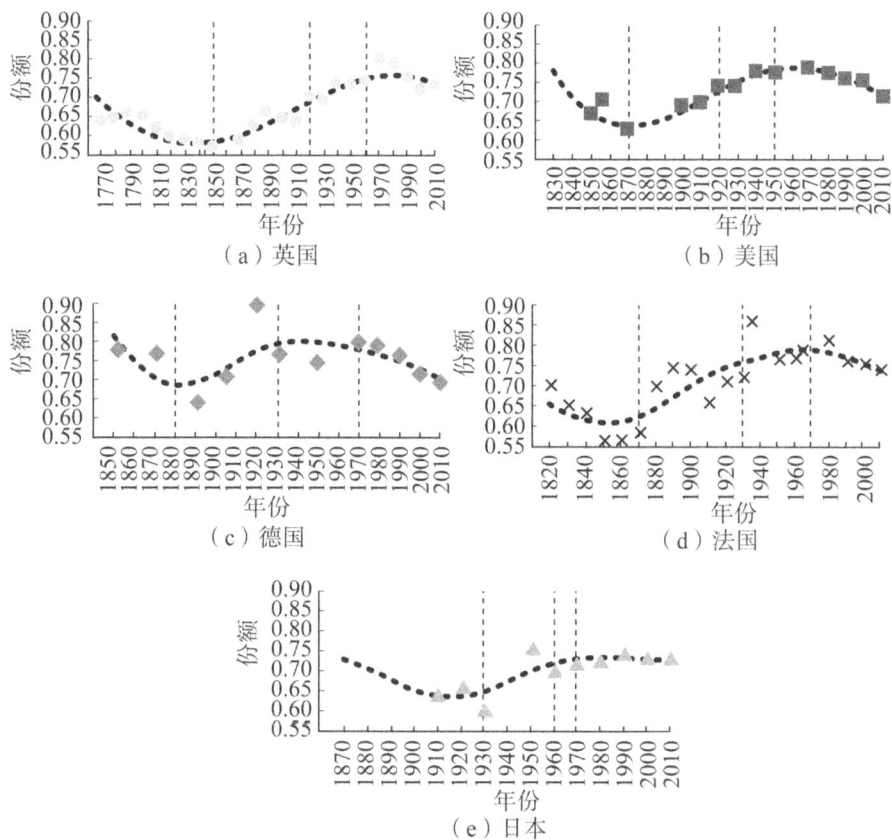

图 4.1　各国劳动收入份额变动轨迹

注：以黑色竖直虚线界定不同的工业化阶段，趋势线根据各国劳动收入份额数据在 excel 中直接拟合绘制。

总体上看，在工业化初期，英国、美国、德国、法国和日本劳动收入份额的平均降幅为 8%，工业化中期的平均回升幅度为 12%。工业化后期平均增幅仅为 4%，本书将其视为短期稳定。而进入后工业化阶段，劳动收入份额呈现回落趋势，平均回落 6%，从水平值上看，该阶段劳动收入份额高于工业化初期。

值得一提的是，不同国家在历史文化背景、社会制度安排等方面存在的差异，会导致劳动收入份额绝对水平的国别差异。具体来看，在工业化初期，劳动收入份额的阶段均值从高到低依次为德国（0.73）、美国（0.65）、日本（0.64）、英国和法国（0.62）；在工业化中期，依次为德国（0.75）、法国（0.69）、日本（0.68）、美国（0.67）、英国（0.61）；到了工业化后期，则为法国（0.78）、德国（0.76）、美国（0.75）、英国（0.72）、日本（0.70）；进入后工业化阶段(截至 2010 年),依次为法国(0.77)、美国和英国(0.76)、德国(0.75)、日本(0.73)[①]。除后工业化阶段以外,劳动份额的均值极差高达 8～14 个百分点。而完整工业化阶段的时序追踪分析可以在相当程度上剥离各国绝对水平差异的影响。

从图 4.1 给出的 5 个工业化国家的劳动收入份额变动轨迹中可以看出,工业化阶段与劳动收入份额之间存在着一种比较稳定的、非线性的关系,形似羹匙。

图 4.2 非常直观地展现了工业化阶段与劳动收入份额之间的关系。劳动收入份额在工业化初期经历下降,即图 4.2 中"羹匙曲线"的 AB 段;在工业化中期出现显著回升,且在后期相对稳定,形成了图 4.2 中的 BD 段;而在后工业化阶段虽呈现回落,但高于工业化初期的份额,表现为图 4.2 中的 DE 段。从完整的工业化过程看,并非所有阶段的劳动收入份额都是稳定的,初期劳动收入份额稳定的结论显然不成立,而后工业化阶段劳动收入份额也存在明显波动。

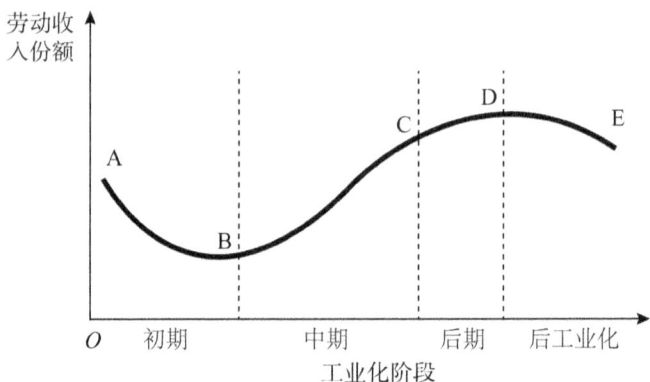

图 4.2　工业化阶段和劳动收入份额的"羹匙曲线"

注:以黑色虚线界定不同的工业化阶段。

我们之所以用"羹匙曲线"来表征工业化阶段与劳动收入份额之间的关系,是考虑到劳动收入份额曲线和"羹匙曲线"之间存在有机联系。首先,两者在形状上相似,劳动收入份额的变动趋势看上去与羹匙的形状颇为类似;其次,两者在含义和意象上具有关联性。在生活中我们一般会用羹匙作为

　　[①]　由于上述数据是各国工业化各阶段的劳动收入份额均值,因此在趋势表现上会与各国劳动收入份额变动轨迹略有出入。不过,变动趋势的判断当然还是应以变动轨迹为准。

吃奶酪的工具。劳动收入份额在工业化初期的下降,就好比是资本所有者用羹匙挖走了一部分劳动者的奶酪。那么,工业化过程中劳动者的奶酪有没有可能失而复得呢?事实上,从本书研究发现的劳动收入份额变动趋势来看,劳动者的奶酪在工业化中后期是失而复得的,即便在后工业化阶段又略有减少,但从水平值看,劳动者分到的奶酪份额仍略高于工业化前。也就是说,劳动者是受益于工业化的,不仅绝对收入水平提高了,他们的相对收入水平也略有提高(至少未降低)。

四、"羹匙曲线"的稳健性考察

接下来,通过不同统计口径和相同口径下劳动收入份额的横向比较,在统计口径视角下开展对"羹匙曲线"的稳健性考察(见图 4.3)。不同口径具体比较的是雇员报酬份额数据(口径 B、E)和笔者衔接得到的包含自雇者劳动收入的劳动收入份额数据(口径 F),而相同口径下比较的是采用不同自雇者劳动报酬调整方法得到的宽口径劳动收入份额数据(口径 F)。结果发现,虽然既有文献主要是对劳动收入份额变动的片段性呈现,而本研究是在工业化完整进程下对劳动收入份额变动的整体性探讨,但能够与其他文献的数据相互印证,也就是说,以往研究也隐含着笔者发现的形如羹匙的劳动收入份额变动曲线。考虑到对于劳动收入份额在工业化初期的下降,学界并不存在争议,本节主要考察工业化中后期及后工业化阶段的变动趋势。

在工业化中后期,先比较的是英国不同统计口径和相同口径下的劳动收入份额数据。尽管不同口径下各项研究中劳动份额的相对水平存在明显差距,即雇员报酬份额略低于宽口径劳动收入份额,但其变动趋势基本一致。在工业化中期,英国的劳动收入份额变动幅度接近 10%,而雇员报酬份额水平虽相对略低,但呈现出大于 10% 的上升。虽然各研究中宽口径劳动收入份额数值并不相同,但本书所得到的劳动收入份额数据的变动趋势同多数文献的趋势高度一致。其他国家劳动收入份额的横向比较也有力支持了以上论断。以不同口径下的横向比较为例,美国劳动收入份额在 1870 年为 63%,

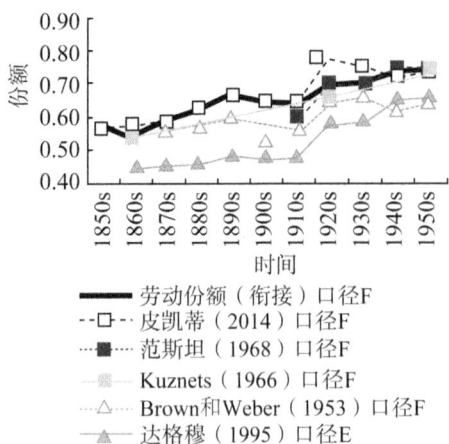

(a)英国工业化中后期

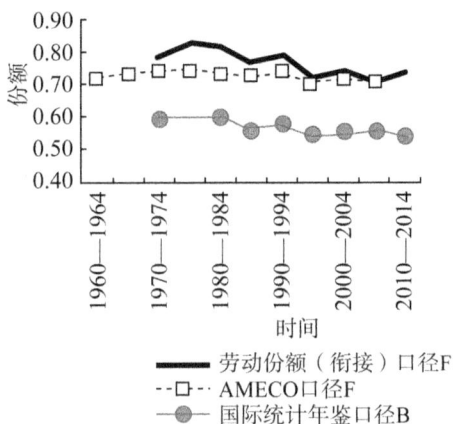

劳动份额（衔接）口径F
皮凯蒂（2014）口径F
范斯坦（1968）口径F
Kuznets（1966）口径F
Brown和Weber（1953）口径F
达格穆（1995）口径E

(b)英国后工业化

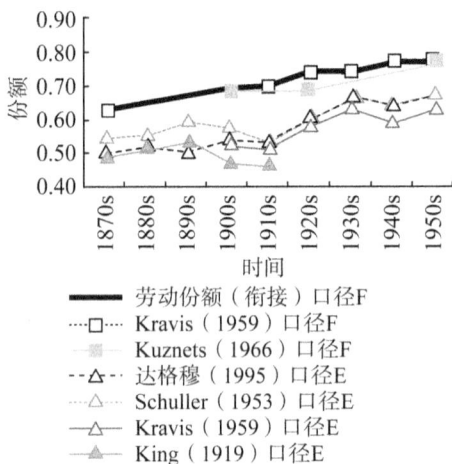

劳动份额（衔接）口径F
AMECO口径F
国际统计年鉴口径B

(c)美国工业化中后期

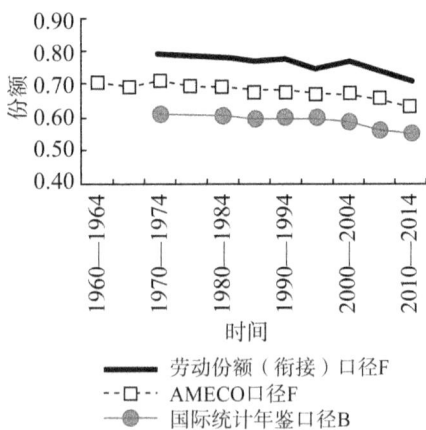

劳动份额（衔接）口径F
Kravis（1959）口径F
Kuznets（1966）口径F
达格穆（1995）口径E
Schuller（1953）口径E
Kravis（1959）口径E
King（1919）口径E

(d)美国后工业化

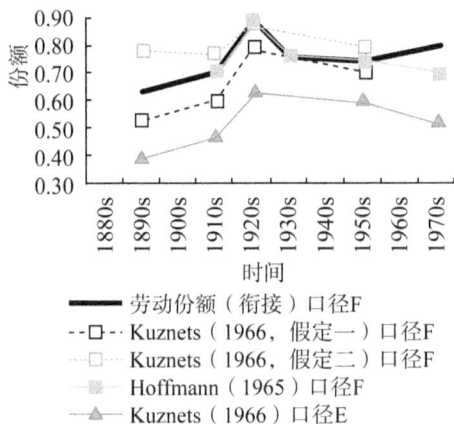

劳动份额（衔接）口径F
AMECO口径F
国际统计年鉴口径B

(e)德国工业化中后期

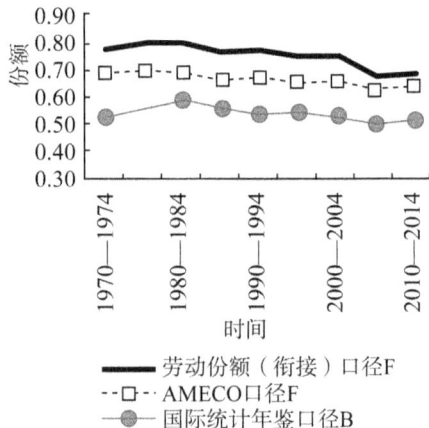

劳动份额（衔接）口径F
Kuznets（1966，假定一）口径F
Kuznets（1966，假定二）口径F
Hoffmann（1965）口径F
Kuznets（1966）口径E

(f)德国后工业化

劳动份额（衔接）口径F
AMECO口径F
国际统计年鉴口径B

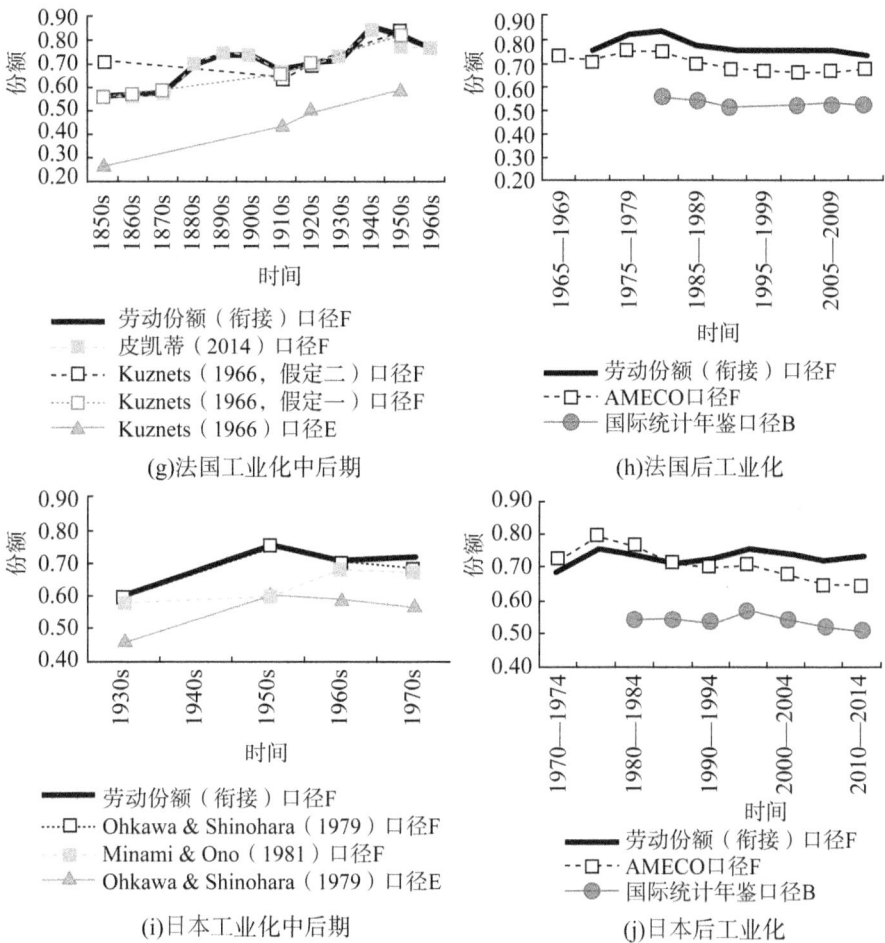

(g)法国工业化中后期

(h)法国后工业化

(i)日本工业化中后期

(j)日本后工业化

图 4.3 工业化中后期及后工业化阶段的劳动收入份额的横向比较

1920 年高达 74%，而其他核算资料也表明，与 19 世纪相比，1910 年以来美国雇员报酬份额也实现了显著增长（King，1915；Kravis，1959；Schuller，1953）。根据 Kuznets（1966）[①]、Ohkawa 等（1979）的研究，1895—1924 年德国劳动收入份额和雇员报酬份额增幅均大于 20 个百分点，而 1937—1964 年日本相应增幅大于 10 个百分点。

就后工业化阶段而言，国际统计年鉴雇员报酬份额数据从不同口径的视角支持劳动收入份额呈现下降趋势的结论。从相同口径分析看，根据欧

[①] Kuznets(1966)将个体经济收入在劳动和资产之间进行分割，根据个体经济中劳动报酬比重的高低假设提出两种不同划分方法。

盟年度宏观经济数据库,后工业化阶段各国劳动收入份额减少幅度基本大于5%,同样存在明显的下降态势。

综上所述,纵观完整工业化进程中各国劳动收入份额的变动,虽然各国在不同阶段的水平值各有高低,但无论是从横向比较的角度(雇员报酬份额也存在类似的趋势),还是从纵向比较开展的分析(其他文献也有类似的趋势,只是由于阶段选取和阈值界定的不同,忽略了这一事实),都支持劳动收入份额变动趋势形如"羹匙曲线"的结论。具体来说,劳动收入份额在工业化初期经历下降,在工业化中期出现显著回升,在工业化后期相对稳定,在后工业化阶段呈现小幅回落,但数值总体上高于工业化初期。

第二节 劳动收入份额羹匙变动的成因分析

由于历史文化背景、社会制度安排等方面存在差异,工业化过程中不同国家劳动收入份额的绝对水平有高有低,具体反映在各阶段劳动收入份额均值及变动幅度的标准差上,但劳动收入占比数值不一并不影响规律性变动趋势"羹匙曲线"的呈现。笔者认为,劳动收入份额的变动趋势是由产业间国民收入结构变动和产业内劳动收入占比变化共同决定的,而工业化进程中产业结构的动态变化又同需求弹性、分工深化、技术进步、工会力量等因素存在密切的关联。

一、工业化过程中劳动收入份额变动的内在机理

在工业化推进过程中,经济的高速增长总是同产业结构的迅速变动联系在一起,换而言之,工业化演进可以通过产业结构[①]的变动过程表现出来。产业结构变动指的是,随着经济的发展,生产要素在产业间的重新配置和产业间产值比重的变动。一些经济学家较早对产业结构变迁的规律进行了分析,他们发现自工业革命以来,农业部门产值比重和劳动力就业比重不断下降;工业和服务业部门的产值比重及劳动力就业比重趋于上升,这被称为

---

① 产业结构与作为工业化阶段总体性判别指标的人均GDP间存在关联。产业结构的转变始终伴随着人均GDP的增长。随着人均GDP的增长,居民的物质文化生活条件改善,劳动力素质优化,劳动生产率提高,一定程度上为推动产业结构升级奠定了重要的物质技术基础。

"Kuznets 事实"(Clark,1958;Kuznets[①],1957;Chenery,1960)。而随着工业化进程的深化,产业结构变动出现了新的特征,工业部门的产值比重和就业比重逐渐下降,也就是说其经历了倒 U 形的变化过程。与此同时,服务业相应比重进一步快速提升,成为国民经济的支柱产业,这种反映经济结构变化的现象又被归纳为"后工业化事实"(Bell,1973;徐朝阳,2010;Mao and Yao,2012)。

　　此外,我们认为,在讨论产业结构变迁对劳动收入份额的影响机制问题时,还需要将产业内劳动收入份额的情况纳入考量范畴,总体劳动收入份额的变化也可能由产业内部劳动收入份额变化引起(见图 4.4)。一般而言,农业属于传统的典型劳动密集型行业,农业生产受自然条件局限较大,内部分工的交易效率较低致使大规模分工难以推进,自动化、机械化水平不高,资本有机构成低,在三大产业中农业的劳动报酬占比仍是最高的。工业属于资本密集型行业,尽管产业内部的劳动生产率高,但由于存在较大的人均资本占有量和较高的专业化分工水平,其劳动报酬占比水平相较其他产业而言更低。而服务业除了与居民日常生活息息相关的传统服务业外,也包括一系列与新科技紧密结合的现代服务业,生产率水平和资本密集程度存在较大的差异,因而服务业的劳动收入份额会随着内部构成变动而发生改变。一国的劳动收入份额并不是各产业劳动收入份额的简单加总,而是按照各产业产值比重的加权平均。总体劳动收入份额的计算公式可以表示为:

$$LS = \sum_i \frac{Y_i}{Y} \cdot \frac{W_i}{Y_i} = \sum_i \frac{Y_i}{Y} \cdot \frac{\omega_i \cdot L_i}{Y_i} = \sum_i \frac{Y_i}{Y} \cdot \frac{\omega_i}{Y_i / L_i} \qquad (4.1)$$

其中,ω_i、L_i、Y_i 分别为第 i 个产业的平均工资、从业人数和产值,W_i 为第 i 个产业的劳动收入总额,Y 为总产出。上式表明,产业间国民收入结构变动和产业内劳动收入占比变化共同决定了一国劳动收入份额的变动趋势,同时受产业结构 Y_i/Y、产业工资水平 ω_i 和表征产业劳动生产率的劳均产出 Y_i / L_i 的影响。本书通过聚焦需求弹性、分工深化、技术进步和工会力量四个方面,以分阶段方式开展有关劳动收入份额变动的理论探讨。

---

　　① 库兹涅茨收集和整理了欧美主要国家长期统计数据,提出了国民收入和劳动力在各产业间分布结构的演变趋势及其形成原因的学说。

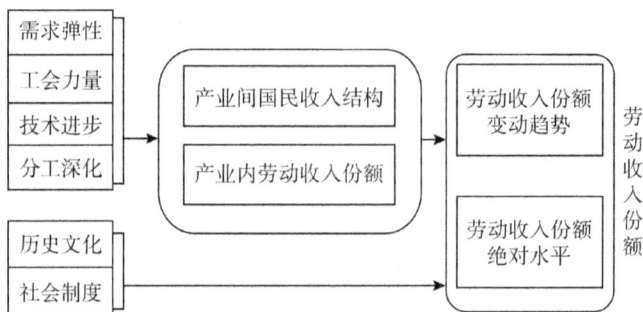

图 4.4　劳动收入份额羹匙变动的内在机制

在工业化之前,作为主导经济的农业部门产值占比较高,农业生产过程的人力投入高于资本投入,存在偏高的产业内劳动报酬份额,社会总体劳动收入份额较高。在工业化初期,人们对产品需求结构的变动带来各国产业结构的演变。农产品需求收入弹性低,工业产品需求收入弹性高,随着人均国民收入水平的提高,产业结构重心由农业转向工业,工业产值比重不断提升。与此同时,与技术进步和分工演进密切相关的劳动生产率也发生改变。工业部门受益于机械化和专业化程度的快速提高,其劳动生产率增速最快,而农业部门受制于有限土地剩余劳动力,增速较慢。在劳动力无限供给和成熟工会力量缺乏的背景下,农业部门劳动者获得维生收入,相应劳动收入份额变动不大,而工业部门劳动者的工资虽略高于农业劳动者收入,但实际所得远低于其自身边际产出。劳动生产率提高的好处大多为资本所有者获得,带来相应劳动收入份额的下降。总体来说,工业化初期劳动收入份额较低的工业部门产值比重增加对总体劳动收入份额产生负向影响。

进入工业化中后期,虽然工业仍是经济增长的主要支柱,但服务业需求弹性较高,工业内部分工深化诱发对中间服务的需求,收入水平提高也增加对最终服务的需求。受制于有限的物质资本积累和人力资本水平,劳动密集且技术构成较低的流通服务业和生活性劳务服务得以快速发展。该阶段同样存在产业间劳动生产率差异,工业劳动生产率增速快于服务业,换言之,工业人均产出进一步提升,而服务业人均产出相对较低。此外,随着二元经济结构的结束和工会谈判力量的增强,劳动者工资跨越停滞拐点,整体工资水平快速提升,而技术门槛较低的服务业,由于存在激烈的内部竞争和劳动力在部门间自由流动的可能,相应的工资水平也水涨船高。工资与劳均产出间差异的缩小带来产业内劳动收入份额的增长,总体劳动收入份额显著回升。

在后工业化阶段,从产值结构看,工业让位于服务业,且产业结构的变动进一步延伸至第三产业内部,专业化程度高、知识技术密集型的生产性服务业部门取代与工业产品生产融通相关的流通服务业成为支柱产业(邓于君,2009;何传启,2016)。从产业内劳动收入份额看,一方面,服务业内部结构的变动相对增加对技能劳动的需求,相对减少对非技能劳动的需求,在提升技能劳动者工资的同时,会降低非技能劳动者的工资,进一步考虑技能劳动同资本之间的互补关系,技术进步在分配上偏向资本,会导致服务业整体劳动收入份额的降低;另一方面,在经济全球化背景下,发达国家往往通过将劳动密集型的生产过程外包给工资水平较低的国家以降低对本国的劳动需求,国际贸易份额的增加使要素收入分配倾向于对劳动不利,而该阶段工会力量的弱化会进一步对工人的谈判地位和议价能力产生不利影响,劳动生产率同工人工资差距拉大,使工业部门的劳动收入份额降低。在上述因素的综合作用下,总体劳动收入份额趋于下降。

二、劳动收入份额绝对水平不影响规律性变化的呈现

工业化过程中,不同国家劳动收入份额绝对水平和变动幅度的数值虽然不一,但并不影响"羹匙曲线"的呈现。那么,应该如何理解劳动收入份额的国别差异呢?我们认为,不同国家在历史文化背景、社会制度安排等方面存在的差异,会对劳动收入份额的水平及变动产生影响。

考虑到工业化开展先后等历史因素,工业化初期阶段各国的要素禀赋结构并不完全相同。世界工业化进程最早开始于 18 世纪 60 年代的英国,随着 19 世纪 20 年代英国机器输出禁令的结束,法国、德国、美国相继步入工业化发展进程(王永平,2006)。早期欧洲移民带来的资本和技术,使得美国农业的劳动收入份额比重相对其他国家要小,因而农业向工业的转变可能对总劳动收入份额的不利影响相对弱一些,从而使得工业化初期美国劳动收入份额的变动幅度相对较小,而均值水平较高。

在工业化中后期,英国和美国等国通过公共教育改善劳动力构成、优化劳动力素质,作为人力资本表征的教育水平得以提高,在增加劳动边际产出的同时,还增强了劳动力的流动性,从而有利于劳动力相对回报和劳动收入

份额的提升,但各国教育体系设置在落实上也存在差异。英国从 1870 年开始普及初等教育,通过国家财政经费拨款推动基础教育的发展,成为实现全民教育的工业化国家。但德国在教育质量和教育种类范围上都表现出突出的优势,除建立一流综合大学体系外,还建成了完善的技术与商务教育体系,终身学习成为其工业文明的重要组成部分。"1900 年德国工人在 9 年初级学习教育中每周花费 32 小时,英国工人则在 7 年的初级学校中每周花费 20 小时,而德国工人在离开学校后还可能继续参与 2～4 年不等的继续教育。"①劳动力素质的不断提高为德国工业化培养了大量劳动技术大军,从而可能使得工业化中后期德国的劳动收入份额水平相对来说更高。

而在后工业化阶段美国和德国的劳动收入份额下降幅度更大,其原因在于两国的高移民率。第二次世界大战以来的德国在经历多次移民潮后成为典型的移民国家,其中第一类迁入的外来移民主要是来自土耳其、意大利、西班牙和希腊等国的大量外国劳工,是德国针对战后本国劳动力极度缺乏的问题,通过相继与其他国家签署引进劳工协议或双边协议所引进的劳动力;第二类迁入的移民大军为大量流离于中东欧地区的德国侨民,是随着冷战结束、东西德统一,经德国有关部门确认后回归的"陌生的德国人";第三类不断增加的移民由 1980 年以来来自伊拉克、土耳其等国的经济战争难民和政治避难者构成。有学者研究指出,自二战后到 2005 年,德国人口构成中外国人口所占比例从 1%上升到接近 9%(宋全成,2005),而德国人口普查②数据显示,2011 年具有移民背景的人口占德国总人口的 18.9%。低教育程度移民的大量涌入,加剧了德国劳动力市场供求关系的失衡,对低技能本国劳动者的就业和工资存在负面影响。

而美国一直以来都是世界上吸收国际移民数量最多的国家之一,且自 20 世纪 60 年代中期以来,外来移民又掀起了新一轮入境浪潮,拉美和亚洲移民迅速增加并成为主要来源。但外来移民的整体受教育水平略低于美国劳动者,其中拉美和东南亚移民的平均学历普遍偏低,高中以下的低学历移民比例还呈现增长之势(梁茂信,2011)。究其原因,一方面,拉美和亚洲国家在确立了市场经济机制的前提下工业化蓬勃开展,但各国人口增长对其

---

① 蒋尉.德国工业化进程中的农村劳动力流动:机理、特征、问题及借鉴[J].欧洲研究,2007(1):101-114.

② 资料来源:http://www.mofcom.gov.cn/article/i/jyjl/m/201306/20130600153315.shtml.

就业市场造成前所未有的压力;另一方面,随着美国移民政策的改变,包括废除歧视有色种族条款、确立以国籍为基础的移民限额制度以及家庭团聚条款等,美国存在着的大量低技能就业机会的拉力作用以及经济全球化的发展,都为低技能外来移民从低收入国家向高收入国家的跨国流动,创造了可能。但正如大多数实证研究所表明的(Freeman,2006;Kristal,2010),移民对低技能本地工人的就业和工资存在负面影响,故而较高的移民率会降低劳动收入份额。

第三节　对卡尔多特征事实和李稻葵 U 形曲线的再解读

一、"羹匙曲线"与卡尔多事实

20 世纪上半叶的系列经验研究归纳得到了劳动收入份额稳定的结论,随后卡尔多(Kaldor,1957,1961)将劳动收入在国民收入中所占份额稳定归纳为经济增长的特征事实之一。尽管要素收入份额稳定成为深入人心的经济学主流观点,但不乏学者质疑。库兹涅茨(Kuznets,1957)基于截面数据分析经济发展水平与国民收入分配之间的关系,按人均收入水平分组后,发现人均收入更高的国家其雇员报酬比重更高,欠发达国家的相应比重更低。换而言之,库兹涅茨认为经济发展水平同劳动收入份额变动存在正相关,这一结论佐证了劳动收入份额的不稳定性。此外,皮凯蒂(2014)指出,1950—1970 年出版的教科书将劳动收入份额的稳定描述成无可争议的事实,然而该定律的适用时段却从未被明确界定。

劳动收入份额稳定的研究论据集中于工业化中后期,这与"羹匙曲线"中后期劳动收入份额上升的判断存在冲突。为此,笔者对卡尔多事实进行考察,发现两者的出入主要是由于稳定阈值设定的差异。20 世纪前半叶研究得出劳动收入份额稳定规律,主要与考察期的时段长短以及稳定阈值的界定密切相关。Kaldor(1957,1961)提出劳动收入份额稳定的特征事实,所依据的基本文献数据来自 Brown 和 Weber(1953),其将 1870—1950 年英国雇员份额围绕 60% 上下波动的状态视为稳定(Krämer,2011)。实际上,可以发现,在完整工业化的时间跨度上,1870—1910 年的英国正处于工业化中后期,雇员报酬份额从 55% 增长至 66%,图 4.5(a)中变动趋势线呈明显上升态势,波动幅度高于10%。结合图4.5(b)不难发现,该雇员报酬份额曲线和本书提出的劳动收入份额曲线的变动趋势一致。

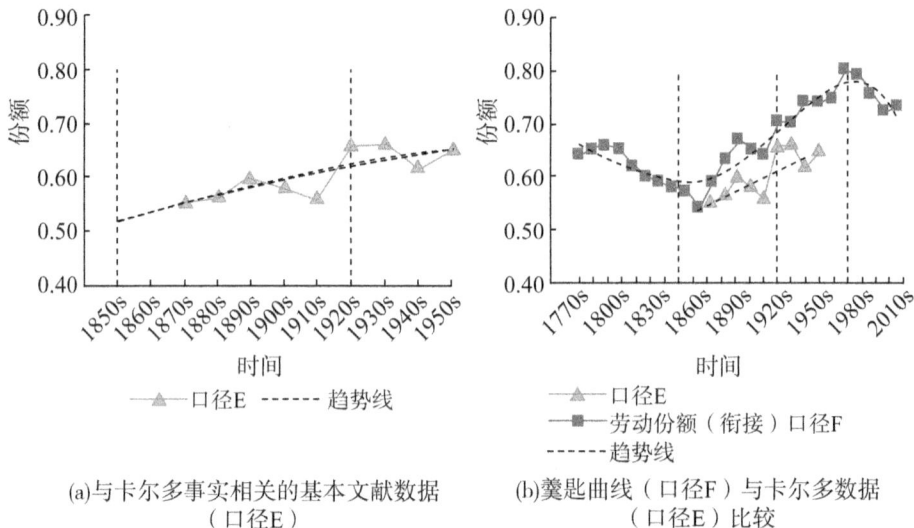

(a)与卡尔多事实相关的基本文献数据
（口径E）

(b)羹匙曲线（口径F）与卡尔多数据
（口径E）比较

图 4.5　卡尔多事实所依据的基本数据及其比较

注:口径 E 为 Brown 和 Weber(1953)中的英国雇员报酬份额,口径 F 为英国劳动收入份额。以黑色竖直虚线界定不同的工业化阶段。

从稳定阈值判断标准看,稳定是相对的,多数文献将要素份额在某一时期内围绕某一水平的波动视为相对稳定。如果将阈值设定为10%左右,那么,固然可认为该时期英国的劳动收入份额稳定。但若进一步考虑所有要素份额总额为1,劳动收入份额 10%的波动幅度较大,则笔者认为此阈值可以进一步推敲。如果将阈值降至10%以下,则在符合卡尔多特征事实的国家中,劳动收入份额事实上呈现出形如"羹匙曲线"的变化。

总结来说,本书基于覆盖完整工业化进程的劳动收入份额数据,与以往研究相参照的阶段划分和更为合理的相对稳定阈值设定的前提下,得到了被以往研究所忽视的、看似颇为不同的判断——劳动收入份额呈现出形如"羹匙曲线"的变动。

二、"羹匙曲线"是对 U 形曲线的涵盖与补充

就劳动份额演进路径而言,提出并论证劳动收入份额变动呈现 U 形曲线,体现了学者们良好的学术直觉和素养。李稻葵等(2009)根据 122 个国家

和地区 1960—2005 年的平均劳动份额和 2000 年人均 GDP 数据,通过散点图模拟绘制出 U 形趋势线,发现劳动收入份额随人均 GDP 增长呈现出先降后升的变动趋势,并基于刘易斯二元经济理论探讨劳动力转移同劳动收入份额变动的关系。他们发现我国劳动份额变动趋势也基本符合这一规律。而陈宗胜和宗振利(2014)运用刘易斯—费景汉—拉尼斯模型分析劳动收入份额的 U 形演变趋势,并利用我国 1997—2011 年省际面板数据一定程度上证实了 U 形曲线的存在,论证我国处于 U 形曲线的下降段。

李稻葵等(2009)对跨国劳动份额开展截面比较,由此得出的劳动收入份额演进特征只是对真实变动趋势的简单模拟(曹静,2013)。以对某时刻处于不同工业化阶段的国家的横向观察代替对完整工业化过程的纵向时序观察,会带来两方面的问题:其一,忽视不同国家由历史制度因素导致的劳动收入份额绝对水平的差异;其二,无法完整追踪一国劳动份额在不同阶段的变化,尤其是忽略后工业化阶段以来发达国家劳动收入份额向下走的事实。而陈宗胜和宗振利(2014)在一定程度上利用我国数据实证了 U 形曲线,但考虑到我国仍处于工业化进程之中,相应数据无法呈现完整工业化阶段的变化,更具普遍性的结论需要有更强的多国时序数据的支撑。

上述学者就 U 形曲线的分析部分逼近或契合了"羹匙曲线"A—B—C 段(转折点见图 4.2 中的 B 点)。只不过,本书所提出的"羹匙曲线"更完整地呈现了劳动收入份额的变动特征,存在着两个显著的转折点(见图 4.2 中的 B 点、D 点)。"羹匙曲线"在工业化中后期的上升阶段与 U 形曲线右半支类似,但以更充分的论据支持劳动收入份额将在工业化中后期上升的结论。此外,本书的研究视域更广阔,发现在向后工业化转变过程中还存在第二个转折点,劳动收入份额还存在一个回落的趋势。

第四节　一个新启发:提升我国劳动收入份额的窗口期

通过考察自 18 世纪中后期至 21 世纪初英国、美国、法国、德国、日本等国家口径可比的劳动收入份额的演进历程,笔者发现工业化过程中发达国家劳动者的奶酪在经历下降后显著回升,尽管在后工业阶段又略有减少,但劳动收入份额仍保持在较高水平。这意味着工业化过程中劳动者在工业化初期失去的奶酪可以失而复得,至少在西方国家劳动者失去的奶酪实现了复得。

那么,劳动者的奶酪何以实现复得呢?回顾已完成工业化的发达国家的发展历程,不难发现工业化中后期产业结构的变动带来了劳动份额的增加。在市场化经济条件下,需求结构、技术进步、制度环境以及分工深化在诱致产业结构升级调整的同时,有利于劳动收入份额的增长。从产值比重看,虽然第二产业仍是该阶段经济的主要支柱,但随着分工深化和基础设施的改善,劳动密集型服务业的产值比重得以提升;从就业比重看,与技术进步相关的产业间技术进步率差异和各产业的要素份额差异,通过价格效应诱致劳动力更多地流向服务业部门;从工资水平看,良好的制度环境为工会得以在更加势均力敌的劳资合作博弈背景下发挥作用准备了契机,维生工资框架被打破。劳动收入份额较高的服务业产值比重的上升,对整体劳动收入份额起到了较为明显的向上拉动作用。上述因素的综合作用带来了劳动收入份额的可持续回升,这也是这些国家至今能保持较高劳动收入份额的重要原因。我们将工业化中后期劳动收入份额上升的这一黄金阶段称为机会窗口。

但就后发国家而言,考虑到后发国家面临更为宽广的技术选择、快速转型升级的消费结构、步伐加快的技术更新,在这样的工业化发展情境下,产业结构演替速度加快,中后期持续时长趋于缩短,并且存在劳动密集型产业中劳动者的就业机会被人工智能替代的可能,劳动收入份额变动速率上升的概率变小,甚至可能下降。后发国家呈现出不同于先发国家的经济发展特点和工业化模式。从表4.5中可以看出,英国、美国、德国从工业化初期开始到后工业化阶段分别用了200年、125年和120年。日本的工业化起步较晚,明治维新时期其工业才逐步开始发展,历时100年实现了工业化。韩国工业化速度较快,仅用了30~40年的时间就完成了工业化过程。工业化进程的压缩意味着劳动收入份额上升的"机会窗口"持续期间缩短。

表 4.5　若干国家的工业化完成历时年数

国家类型	国家	开始年代	结束年代	历时/年
先发国家	英国	1760	1960	200
	美国	1830	1955	125
	德国	1850	1970	120
后发国家	日本	1870	1970	100
	韩国	1950—1960	1995	35～45

改革开放以来,我国开启了从高度集中的计划经济体制向社会主义市场经济体制的过渡转型,与此同时工业化发展进程也得以深化。正如国家发改委①在"十三五"规划解释材料中所指出的,我国正处于从工业化中期向后期过渡的关键时期。更多学者认为,我国已快速地走完工业化中期阶段,步入工业化后期是我国工业化进程的重要里程碑,我国总体处于工业化中后期的判断更为准确、更符合我国的实际情况(冯飞等,2012;赵昌文等,2015;陈佳贵等,2012)。根据工业化进程中西方国家劳动收入份额的羹匙变动规律,抓住工业化中后期的机会窗口,我国的劳动收入份额也可以经历上升期。

但是,规律的适用性取决于条件的相适性。结合我国劳动收入份额的实际变动,不难发现,在由工业化早期向工业化中后期转变的过程中,我国的劳动收入份额呈现出快速下降后低位徘徊的明显的阶段性变动特征。工业化初期的产业结构变动不利于劳动收入份额,以国企改革为重点的经济体制改革进一步扭转了改革初期"工资侵蚀利润"状况,共同导致了1992—2003年劳动收入份额相对较长时间的快速下降。而进入工业化中后期的新阶段以来,我国经济虽得以不断增长,但制度改革并不完全,要素市场尚存在诸多的制度性障碍,无法充分发挥产业结构变动对劳动收入份额增长的提升作用,使我国劳动收入份额在低谷徘徊的时间增加。但随着技术转移扩散,以我国为代表的后发国家会呈现出"压缩式的工业化"成长模式(Whittaker et al.,2010),劳动者"奶酪"失而复得的"机会窗口"的持续期间极可能会大大缩短。"羹匙曲线"的意义在于提示以我国为代表的发展中国

① 全国人大财政经济委员会、国家发展和改革委员会.2016—2020《中华人民共和国国民经济和社会发展第十三个五年规划纲要》解释材料[M].北京:中国计划出版社,2016.

家及时把握调整劳动收入份额的"机会窗口"。

总之,本书从典型工业化国家劳动收入份额变动事实中抽象出"羹匙曲线",发现工业化进程中存在劳动者"奶酪"失而复得的"机会窗口",但由于后工业化阶段劳动收入份额会下降,这种"机会窗口"稍纵即逝。进一步考虑后发国家呈现不同的工业化模式,其相应的工业化进程高度压缩且面临劳动收入份额变动速率难以提升的困境,由此可以推断出,"羹匙曲线"所隐含的"机会窗口"在缩小。

工业化是影响我国要素分配格局的重要因素。改革开放以来,中国经历了从高度集中的计划经济体制向社会主义市场经济体制的转型,同时也经历了工业化早期阶段向工业化中后期转变的过程。在工业化初期阶段,我国的劳动收入份额确实出现了下降的情况,而进入工业化中后期的新阶段以来,劳动收入份额终于止住了下滑态势,但相对份额稳定在低位。发达市场经济国家劳动收入份额的演变历史,揭示了我国劳动收入份额可能的变化趋势,即在涉及资源配置的市场化改革顺利推进的基础上,工业化中后期实现产业结构转型升级后,我国劳动收入份额的提高就能够得到支撑。但需要指出的是,在"压缩式的工业化"成长模式下,劳动者奶酪失而复得的"机会窗口"的持续期间极可能会大大缩短,这提示我国要及时把握调整劳动收入份额的机会窗口。

第五章 经济转型国家劳动收入份额变动趋势考察

本书中的经济转型指的是由计划经济向市场经济的转型。自 20 世纪 80 年代末 90 年代初以来,亚洲和东欧的一些国家,开始从计划经济转向市场经济。经济体制的转型意味着各种生产要素逐渐按照市场规则进行配置,而随着生产要素配置方式的改变,社会生产函数的自变量和形式都会产生相应的变化,劳动收入份额也必然会受到影响。本章将考察在由计划经济转向市场经济的过程中,经济转型国家的劳动收入份额是否出现了较为一致的变动趋势。

第一节 转型国家劳动收入份额变动状况

一、劳动收入份额的数据来源、测算口径

为保证跨国数据的可比性,联合国统计司牵头,与世界银行、国际货币基金组织等机构在 1993 年重新修订了国民经济核算体系(SNA,1993),而我国也自 1993 年以来参照国民经济核算体系(SNA)核算分配数据。在开展转型国家劳动收入份额的比较时,笔者主要利用的是联合国统计司"国民经济核算统计数据库"(National Accounts Official Country Data)中的数据,最终选择 16 个国家作为经济转型国家的代表,为获得相对完整的各国时间序列数据,将跨国比较分析时段限定在 1993—2007 年。在"国民经济核算统计数据库"中,劳动收入份额的核算方法有以下四种,分别是:

$$\text{lshare1} = \text{劳动者报酬/GDP} \tag{5.1}$$

$$\text{lshare2} = \text{劳动者报酬/(GDP −税收)} \tag{5.2}$$

$$\text{lshare11} = \text{(劳动者报酬＋个体经济收入)/ GDP} \tag{5.3}$$

$$\text{lshare21} = \text{(劳动者报酬＋个体经济收入)/(GDP −税收)} \tag{5.4}$$

由于该数据库还提供一些国家个体经济收入的数据,因此可进一步获得调整个体经济收入后的劳动收入份额。本书采取(5.4)式 lshare21[①] 的计算方法来测算劳动收入份额并得出相应的变动趋势。

二、转型经济国家劳动收入份额的变动状况

表 5.1 呈现 16 个经济转型国家的具体变动状况,可以发现,大部分经济转型国家劳动收入份额都有过下降的过程。其中,阿塞拜疆下降最为严重,劳动收入份额从 1993 年的 57% 下降为 2007 年的 16%,下降了 41 个百分点。应该说,这也从一个侧面反映了阿塞拜疆从 1991 年独立后经济状况急剧恶化的状况。阿塞拜疆的经济改革没有持续性地推进,各个生产部门处于半瘫痪状况,并且通货膨胀率居高不下,国内生产总值比苏联解体前下降了 40%,国民收入分配中劳动收入份额不断降低。而 1993—2007 年劳动收入份额下降幅度大于 10% 的国家,还包括哈萨克斯坦(15%)、爱沙尼亚(15%)、保加利亚(14%)。

与此同时,也有若干国家的劳动收入份额实现了提升。其中,摩尔多瓦的劳动收入份额从 1993 年的 39% 提升至 2007 年的 67%,增加了 28 个百分点。总体说来,作为一个以农业为主的国家,摩尔多瓦的经济状况比苏联时期糟糕,而劳动收入份额之所以未经历下降,可能同其未转向工业化经济存在关联。此外,劳动收入份额的上升幅度大于 10% 的转型国家还有吉尔吉斯斯坦(10%)、乌克兰(14%)、克罗地亚(15%)、波兰(10%)。

就我国而言,自 1993 年社会主义市场经济体制建设正式开启以来,劳动收入份额呈现下降趋势且水平较低,从 1993 年的 66% 下降到 2004 年的 55%,而后于 2005 年回升至 60%,1993—2005 年经历约 6 个百分点的下降。需要指出的是,联合国"国民经济核算统计数据库"中有关我国劳动收入份额的核算结果,要略高于第三章测算修正后的我国劳动者报酬份额(但两者的变动趋势高度一致),这可能与两者所采用的个体经济收入分劈方法存在差异有关。

[①] 联合国统计司"国民经济核算统计数据库"中 lshare21 的计算方法是直接将所有的个体经济都归入劳动者报酬,2004 年我国劳动收入份额的显著向下跳跃可能与劳动报酬核算口径变动有关。而第三章在修正我国劳动收入份额时,进一步处理了劳动报酬口径变动的问题,并采用两种个体经济分劈方法均值作为最后的结果。为了便于开展经济转型国家劳动收入份额变动的跨国比较,笔者直接使用联合国原始数据。

表 5.1 1993—2007 年经济转型国家的劳动收入份额变动

单位：%

国家	1993年	1994年	1995年	1996年	1997年	1998年	1999年	2000年	2001年	2002年	2003年	2004年	2005年	2006年	2007年	变动
阿塞拜疆	56.84	28.95	24.57	21.10	21.49	20.29	22.04	23.28	21.97	22.82	24.81	27.19	24.57	18.27	16.38	-40.47
保加利亚	—	—	—	—	—	64.19	61.11	52.41	52.56	50.18	53.08	52.38	51.46	50.64	—	-13.55
白俄罗斯	68.36	60.29	61.60	63.63	61.36	65.74	65.44	65.56	68.72	68.90	66.12	65.64	67.12	66.90	64.93	-3.44
克罗地亚	0.00	0.00	0.00	61.76	80.83	82.30	85.13	83.05	80.02	79.93	79.09	76.85	—	—	—	15.10
捷克共和国	63.26	52.13	62.69	62.43	63.60	60.25	60.60	60.61	60.50	61.05	62.26	61.15	60.36	59.91	59.37	-3.90
爱沙尼亚	—	75.16	70.47	66.64	63.17	60.92	58.54	58.26	56.89	56.48	55.64	55.80	55.30	56.43	60.62	-14.54
匈牙利	—	—	71.13	69.95	66.58	65.47	64.64	65.86	67.07	66.35	66.34	66.35	66.88	64.44	64.62	-6.51
哈萨克斯坦	69.98	70.17	75.58	75.23	76.02	72.15	70.52	64.49	64.60	58.00	60.51	56.93	55.34	50.55	55.24	-14.74
吉尔吉斯斯坦	72.74	78.31	91.27	93.91	89.80	89.23	86.34	83.77	81.38	85.73	85.05	77.89	79.71	85.92	83.13	10.39

续表

国家	1993年	1994年	1995年	1996年	1997年	1998年	1999年	2000年	2001年	2002年	2003年	2004年	2005年	2006年	2007年	变动
拉脱维亚	—	64.47	73.45	76.72	64.87	62.83	59.04	59.85	57.21	55.85	57.02	58.86	59.71	60.92	63.52	−0.95
立陶宛	—	—	61.34	61.84	62.81	65.34	66.66	59.77	56.11	55.53	55.22	55.24	55.38	56.33	57.29	−4.05
摩尔多瓦	39.41	51.65	52.51	51.43	50.17	76.29	66.61	67.14	68.19	72.53	74.98	71.16	70.79	70.83	66.96	27.55
波兰	51.28	49.85	72.51	73.35	73.75	74.29	73.42	72.08	73.92	72.34	70.34	67.48	67.56	67.36	66.37	15.10
俄罗斯	49.61	54.47	51.43	59.16	60.48	57.01	47.51	48.51	51.06	56.65	56.18	55.56	54.55	55.76	—	6.15
斯洛伐克	71.46	66.65	62.30	62.59	67.75	68.55	67.80	68.77	68.69	69.35	68.75	65.91	67.49	66.30	66.53	−4.93
乌克兰	41.62	48.00	53.76	61.16	60.28	59.23	54.04	50.84	48.91	51.93	51.53	50.67	56.37	57.17	55.59	13.97
中国	66.17	65.81	66.44	61.32	62.82	62.75	62.85	60.36	59.45	61.13	59.38	55.25	60.51	—	—	−5.66

注：数据来源为联合国统计司"国民经济核算统计数据库"。

第二节　典型国家经济转型路径
与劳动收入份额变动关系分析

　　由前文所得结果可知,经济转型国家的劳动收入份额并没有出现一致的变动趋势,部分国家的劳动收入份额上升,如俄罗斯、波兰、乌克兰、吉尔吉斯斯坦等;部分国家的劳动收入份额下降,如阿塞拜疆、斯洛伐克等。目前没有直接的经济学理论能够很好地解释经济转型与劳动收入份额变动之间的关系,经济转型会带来劳动收入份额的变动,但劳动收入份额会呈现何种走势并不明确。图5.1分别刻画了1993—2007年波兰、俄罗斯、斯洛伐克和中国的劳动收入份额变动趋势。

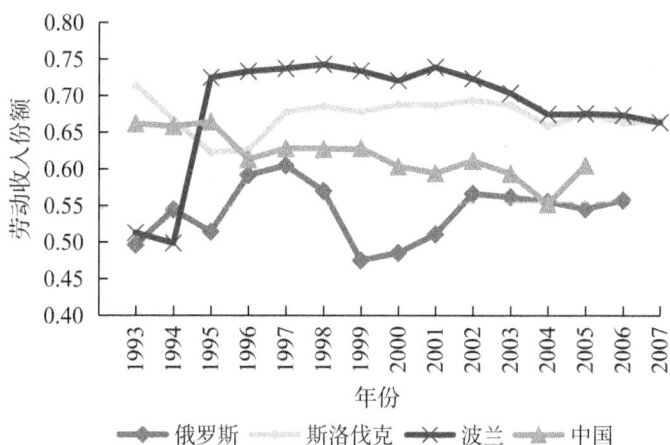

图5.1　1993—2007年俄罗斯、斯洛伐克、波兰及我国劳动收入份额变动情况

　　转型国家的劳动收入份额变动规律不一,并未呈现出如同发达国家在工业化进程中的"羹匙曲线",是因为这些国家的经济发展还多了一个额外的背景,即经济体制转型,每个国家在转型过程中所选择的路径往往不一,使其产生各自不同的变动趋势。经济转型本身是朝着市场化配置的方向前行,但是不同国家政府在转型道路、政府作用以及经济增长方式等方面都存在一定程度的差异。

一、波兰的经济转型路径

波兰政府实行激进式转型,注重缩减政府作用,在实现经济高速发展的同时,劳动收入份额先下降后上升随后波动,稳定在相对高位。20 世纪 80 年代末期,随着东欧剧变、苏联解体,中东欧地区发生了历史性的剧变,该地区实行计划经济体制的国家开始了向市场经济转轨的进程。1989 年波兰的"圆桌会议"开启了东欧变革的先河。1990 年 1 月 1 日,波兰开始了其转轨之路。转型之后的波兰建立起了市场经济体制,成为中东欧国家中率先摆脱经济衰退实现增长并恢复到转轨前水平的国家。而 1989 年的波兰,商品匮乏,物价高涨,通货膨胀严重,GDP 下降,外债高企,国家几乎丧失支付能力。在严峻的经济形势下,政府主要采取了三方面措施:首先,实行了一系列的稳定性政策,采取了紧缩性的货币政策和财政政策,通过减少政府开支、抑制过热需求等措施实现宏观经济的稳定。其次,政府实行了一系列经济自由化政策,主要包括价格自由化和外贸自由化两个方面,大幅放开商品价格管制,解除进口数量限制,统一关税税率,取消出口数量限制,促进了经济结构转型。最后,政府部门大力推进私有化改革,在不断推进国有企业私有化改革的同时,鼓励私营经济的发展,提升了私营经济在国民经济中的地位(孔田平,1992,2005,2010)。当前波兰可以说已经是脱胎换骨。从产业结构的角度来看,传统产业逐渐衰落,而现代信息通信技术等新兴产业逐渐成为波兰的主导产业。从经济增长的情况来看,1980 年至 1989 年波兰的平均增长率仅为 0.11%,转型之后从 2000 年至 2007 年经济增长率高达 4.06%。特别值得一提的是,2007—2012 年,波兰是欧盟 27 国中经济增长最快的国家,GDP 与欧债危机前相比累计增长18.1%,而欧盟经济同期则萎缩了 0.8%(李增伟,2013)。

在经济发展方式上,波兰在实行稳定化、自由化、私有化改革的同时,还注重缩小政府规模,大力减少政府对经济的过度干预,并积极参与欧洲经济一体化和经济全球化进程,自由和开放使得波兰的产业结构实现提升,也为其经济发展带来了良好的机遇。随着经济制度的转轨,波兰也特别注重建立国家区域发展战略,明确界定中央和地方的责权。从图 5.1 中可以看到,在经济转型成功、经济较快发展的同时,波兰的劳动收入份额呈现先下降后上升随后波动保持在相对高位的趋势,1993 年劳动收入份额仅为约

51.28%,1994 年进一步降低,而 1995 年劳动收入份额急剧增至 72.51%,1998 年进一步攀升至 74.29%,而后略有下降,稳定在 67% 的水平上。2007 年劳动收入份额为 66.37%,比 1993 年增加 15.09 个百分点。

二、俄罗斯的经济转型路径

从激进式转型到渐进式改革,从负增长走向正增长,俄罗斯政府对经济保持较大干预,奉行资源依赖的粗放式经济增长方式,劳动收入份额先下降后回升,但相对水平不高。

俄罗斯于 1992 年 1 月 2 日起正式启动"休克疗法",开始从计划经济向市场经济转型。价格自由化主要是大幅放开商品价格管制,改由市场供求关系决定。产权制度的变革主要体现在国家资产的私有化上,1992 年《俄罗斯国有和市有企业私有化纲领基本原则》付诸实施,私有化政策迅速推行。俄罗斯等国虽然都推行了一系列的私有化改革措施,但这种改革并不彻底,仍然保留了许多政府对于经济的干预(彭小倩,2011)。"休克疗法"对俄罗斯经济发展危害巨大,经济指标大幅下降,主要实体经济部门严重衰退,劳动收入份额状况恶化。以 1989 年国内生产总值为基准,1997 年俄罗斯的国内生产总值仅为 1989 年的 57%,GDP 总量的下降主要源于工业产量的下降,1997 年工业总产值只达到 1989 年的 40.9%。该期间名义工资负增长的年份也较多(1991 年为 -3%,1992 年为 -34%,1994 年为 -9%,1995 年为 -26%),在高水平的通胀率之下,实际工资的增长也经常为负(程伟,2004),同期俄罗斯的劳动收入份额出现较为显著的波动。

1999 年开始,俄罗斯政府开始探索适合自身特点的渐进的经济改革道路。把解决社会问题和发展生产放在首位,逐步调整国家经济政策,包括调整私有化相关政策,加强对国有资产的管理;削弱金融寡头对国民经济的垄断;改革税制,整顿金融市场等。这些政策的实施使得 2000—2007 年俄罗斯经济强劲复苏,居民的收入实现增加,劳动收入份额得以回升。

从经济发展方式看,受苏联末期和 20 世纪 90 年代加工工业的结构性危机影响,俄罗斯的经济发展对原料和能源出口依赖强烈。这种高度依赖原料和能源的经济增长方式是值得探讨的:一方面,原料开采规模下降;另一方面,主要原料部门的大型企业由于内部危机而无法进一步发展,粗放型发展已经难以持续,经济结构亟待优化。为了俄罗斯的长期可持续发展,2008

年时任总统普京制订了"普京计划",其实质在于转变经济增长方式,从严重依赖原材料、能源逐渐转向依赖创新的发展道路,由此开启了俄罗斯经济的第二次转型(李新,2014)。从图5.1中可以看到,俄罗斯在经济转型后其劳动收入份额呈现先上升、后下降,在1999年后又重新回升的特征,到了2002年后俄罗斯劳动收入份额基本稳定在55%左右。

三、斯洛伐克的经济转型路径

斯洛伐克经历了从激进式道路到更符合国情的改革方式的转变,依赖出口导向型的经济增长,致力于优化滞后的经济结构,在此期间劳动收入份额虽经历下降但相对水平较高。

捷克斯洛伐克于1991年开始实行经济自由化改革,旨在建立完全的市场经济体制,最小化国家对于经济活动的干预。但由于一系列内外部原因,捷克斯洛伐克在激进转型战略实施不久后就开始衰退(姜琍,2010)。由于对国家体制和经济改革步调无法达成共识,在改革两年之后的1993年1月1日,捷克斯洛伐克解体为两个国家,分别为捷克和斯洛伐克。

独立之后的斯洛伐克继续向市场经济转型,在政策上既与联邦时期的改革政策保持了一定的连续性,又对原来的一些改革措施进行了一定的修正(赵乃斌、孔田平,1996)。改革的进一步深化要从1998年祖林达政府上台开始。祖林达政府采取了一系列的政策措施,通过推行制度创新、结构改造和增强企业竞争力等,私有化进程进入新阶段并加速推进,斯洛伐克在转型的后半程取得显著进步,实现了宏观经济稳定发展(姜琍,2010)。

从经济增长方面看,从分裂到2007年,斯洛伐克以不变价格计算的人均国内生产总值增加了2倍(姜琍,2010)。此外,加入欧盟也对斯洛伐克的经济增长产生了显著的推动作用:2000—2003年,斯洛伐克年均国内生产总值增速为3.6%;而2004—2008年,斯洛伐克国内生产总值年均增速则提升至7.4%,与欧盟的经济差距不断缩小。在劳动收入份额方面,1993年后斯洛伐克的劳动收入份额先下降后逐渐上升并趋于稳定。大体上来看,在经济转型过程中,斯洛伐克的劳动收入份额并没有出现很大的波动,在观察的这些年份中,基本稳定在0.65和0.7之间。

四、我国的经济转型路径

我国采取了自上而下的、由政府推动的渐进式改革方式,在整个转变过程中政府始终居于主导地位和发挥着导向性作用。由于体制和政策问题没有得到根本解决,在获得经济高速增长和规模扩张的同时,资源性、结构性问题仍然突出。

从趋势上看,我国劳动收入份额呈现出较大幅度的下降,而同期波兰经历劳动收入份额的初期下降后实现了较快回升,增长 15.1 个百分点,俄罗斯在波动中实现劳动收入份额的增长,增长约 6 个百分点,而斯洛伐克虽经历下降但幅度相对较小,下降约 5 个百分点;从水平上看,在此期间波兰的劳动收入份额均值为 68.4%,俄罗斯为 54.1%,斯洛伐克为 67.3%,相对而言,我国的劳动收入份额均值并不高,仅为 61.9%。

结合对典型经济转型国家的分析,笔者认为,在考察转型国家劳动收入份额的变动时,还需要特别关注制度演进路径。各国差异化的制度演进路径,会导致差异化的要素分配格局,转型国家劳动收入份额的变化并未呈现出规律性的变动趋势。

第三节 我国经济发展方式与劳动收入份额关系分析

我国采取了自上而下的、由政府推动的渐进式改革方式,政府处于主导地位。政府推动的经济发展方式在促进经济增长的同时,也影响着要素收入分配格局。改革开放以来,我国经济发展方式特别是在发展战略、制度安排和增长方式上的变革和调整,自然会衍生出不同的收入分配格局。虽然以往有关我国国民收入分配结构的研究,尤其是关于劳动收入份额变动趋势和原因的分析,考虑了国外学者强调的"开放"因素,纳入了经济和制度结构迅速转变的"经济转型"因素,不同影响因素之间还隐约显现出某种不可分割的关联,但在某种程度上仍然可以说是一种"碎片化"的分析。本节结合我国的特殊现实,将收入分配结构放置在转型过程中经济发展方式转变的背景下进行分析,探讨由此对劳动收入份额产生的影响(见图 5.2)。

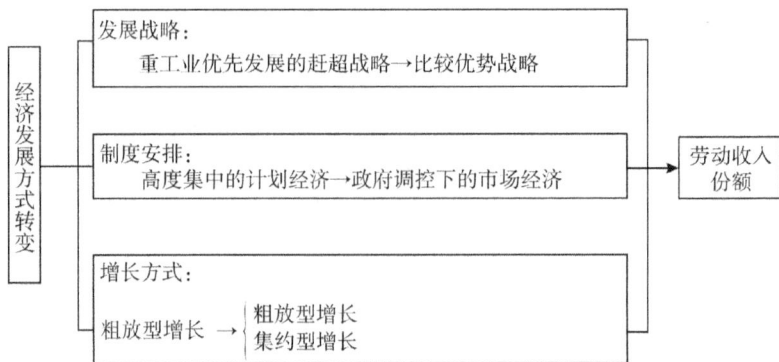

图 5.2　经济发展方式转变对劳动收入份额的影响

一、发展战略转变与劳动收入份额

在经济发展过程中,我国发展战略方面经历了从重工业优先发展的赶超战略到比较优势战略的转变过程。

新中国成立之初,出于国际竞争、国际政治经济环境制约以及工业化积累方式约束的综合考虑,政府选择了优先发展重工业的赶超战略,所提出的发展经济的建设方针,有其存在的合理性和价值。重工业优先发展战略的推行,解决了把积累率提高到 15% 以上的问题(The Word Bank,1993),以较快的速度建成较为完整的工业经济体系,实现了重工业优先于其他部门的增长。但产业结构背离资源比较优势也造成了产业结构严重失调,重工业太重、轻工业太轻,建筑业、运输业和服务业占国民收入的份额有的处于徘徊状态,有的处于下降态势。整体经济增长效率相对低下,人民生活水平提升相当缓慢。

1978 年以来,我国走上了改革开放的道路。为了解决经济结构严重失衡的矛盾,政府逐步放弃了优先发展重工业战略。鉴于改革开放初期我国资本相对稀缺、劳动力相对丰富的现实状况,政府强调遵循比较优势让自身发展适应所处的国际地位,大力发展劳动密集型的轻工行业,并且积极以劳动密集的低成本优势参与国际分工(罗长远,2014)。发展战略的调整使得产业结构、就业结构和国民收入结构都得到了一定程度的矫正。产业结构得到调整,资源配置逐渐向劳动力较为密集的产业倾斜,较好地发挥中国劳动力资源丰富的比较优势,建筑业、运输业和商业占国民收入的份额都有上升的趋势,背离比较优势的产业结构得到初步的矫正。与此同时,政府在城市和农村推行了一系列改革措施。在城市,通过对国有企业"放权让利"增强其活力,改善微观激励机制,提高工资、奖金激发职工的生产积极性。在农村,推行家庭联产承包责任制,调动农民劳动积极性,提高农民收入。在这样的背景下,我国劳动收入份额在一定时期内实现了提升。

在比较优势的发展战略下,政府大幅降低了对重工业的补贴和保护,大量资源得以释放,经济开始按照其自身逻辑发展。发达国家的经济演进史表明,劳动收入份额在工业化进程中的变动规律形似"羹匙曲线":工业化初期下降,工业化中后期上升,后工业化阶段又会有所下降。工业化初期,总产出中劳动收入份额相对较高的农业比重下降,工业比重上升,经济结构变化使得劳动收入份额下降。因此,20世纪90年代以来(直至刘易斯拐点前),我国劳动收入份额的下降很大程度上是发展战略调整后经济自身演化发展的结果,是比较符合经济发展自然规律的。

二、制度安排转变与劳动收入份额

资源配置不外乎两种基本方式:一种是以市场为资源的基础性配置者,通过自由市场上能够灵活地反映各种资源的相对稀缺程度的价格体系进行配置;另一种是由政府充当稀缺资源的基本配置者,通过行政命令进行配置。我国经历了从高度集中的计划经济到政府调控下的市场经济之转变,劳动收入份额也发生了相应的变动。

在新中国成立之初,迫于当时的国际环境和国内状况,为快速实现强国自立目标,政府选择了优先发展重工业的赶超战略。当时我国经济发展水平低下,资本供给不足,劳动力资源丰富,同时资源动员能力较弱,无法通过市场机制使资源配置有利于重工业的发展。为配合赶超战略,由此内生诱发形成产品和要素价格扭曲的宏观政策环境、以计划为基本手段的资源配置制度和没有自主权的微观经营制度,即三位一体的传统经济体制(林毅夫等,2009)。在政府利用计划手段配置资源的条件下,可以超越发展阶段地安排国民收入分配和使用。

有学者指出,在高度集中的计划经济体制下,价格机制失去对资源配置的引导作用,劳动力报酬作为劳动要素的价格被人为压低(权衡、李凌,2015)。政府通过低收入和平均分配的方式把众多劳动力组织起来,纳入统一宏观计划中,劳动者收入是外生决定的(张平,2003)。一方面,城市中的就业人员受低工资和冻结工资水平政策的制约,收入水平以及消费水平都处于增长缓慢乃至停滞的状态;另一方面,被城乡隔绝政策强行滞留在农业中的农村居民受就业不足和集体生产中劳动激励不足的制约,难以实现人均产出的增加,更是失去了增加收入、提高生活水平的机会(林毅夫等,2009)。在这种资源配置方式下,国民收入更多用于积累,重工业得以超常规发展,但劳动收入份额难以提升,居民收入和生活水平也长期得不到提高。

改革开放以来,政府逐步放弃了优先发展重工业的赶超战略,内生于经济发展方式的经济体制也随之变化,主要体现在针对"三位一体"制度安排的市场化改革上。在宏观经济政策的改革方面,主要涉及物资价格、产品价格、利率价格、外汇和工资等方面(林毅夫等,2009)。在资源配置的改革方面,改革开放以来,国家对市场在资源配置中的作用的认识不断深化,在物资管理体制、外贸管理体制、金融管理体制等方面进行了一系列改革。在微观激励机制的改革方面,其一为1978—1984年的"农村经济体制改革",该次改革从推行农村家庭联产承包责任制开始,随后扩大到农村工商业的民营化与市场化,以及农村劳动力的自由流动;其二为始于1995年前后的企业经营机制改革,从乡镇企业和小型国有企业改制,扩大到大中型国有企业的产权改革,遵循"调整利益关系—放权让利—明晰产权"的线索展开(林毅夫等,2009;曹正汉,2009)。

在此过程中,劳动力的配置方式也经历了从计划到市场的变化。城乡分割的户籍制度改革的逐步开展,使得劳动力流动的约束趋于放松;非国有经济的迅猛发展创造了大量就业机会,随着第二产业和第三产业的迅速发展,滞后于产业结构转换的就业结构也得到了改善。生产要素配置方式的改变会带来社会生产函数的变化,进而对劳动收入份额产生影响。

改革开放以来,一系列经济制度的变革是政府经济发展战略转变的结果。我国作为社会主义国家,政府在社会经济各方面有着重要的影响力。有为政府和有效市场的结合使我国经济在转型变革中仍能运行稳健,经济发展成就举世瞩目。改革开放后,我国遵循比较优势的发展战略,不断深化对市场资源配置作用的认识,经历了从强调其"基础性作用"到发挥其"决定性作用"的转变。政府调节下的市场张力不断增强,大量资源涌向体现我国禀赋优势的低成本劳动密集型产业,经济得以快速增长。当然,有为政府和有效市场的结合并不能一蹴而就,其结合模式并非一成不变,市场和政府的关系不仅需要在实践中不断磨合和探索,更需要顺应社会经济环境的变化做出适应性的调整。为了维持变革下社会经济生活的稳定,政府一直对重要资源和重点行业加以控制。部分控制措施在一定程度上也影响了要素市场,尤其是资本市场的发育和成长。数十年的经济高速增长使得社会财富大量积累。新世纪以来,一方面,我国资本要素的丰裕度在不断提升;另一方面,受制于人口老龄化和低生育率的影响,过往的人口红利在消减。发展滞后的要素市场不能及时准确地反映出比较优势的这种新变化,许多企业尤其是民营企业仍面临较高的融资成本。扭曲的要素价格体系在一定程度上束缚了我国经济的发展,使经济结构无法按照工业化既有路径自然演进,制约了工业化中后期我国劳动收入份额的有效提升。

三、增长方式转变与劳动收入份额

在经济增长方式方面,我国经历了从依靠要素投入、出口拉动的粗放型增长方式,到粗放型增长和集约型增长两种经济增长方式并存的转变。

1995年,党的十四届五中全会提出了两个具有全局意义的根本性转变,其一即为"实现经济增长方式从粗放型向集约型转变"。我国过去的经济增长方式是粗放型的,以资源高消耗和环境高污染为特征,建立在低成本优势基础上,经济的增长主要依靠的是要素的投入。这种粗放的增长方式尽管能够提高生产能力,但居民收入水平难以相应提高,居民消费需求被抑制。在消费不足的情况下,政府要进一步促进经济增长,自然将高投资作为最主要的拉动力量,而大量投资形成的生产能力只能依靠低成本优势出口,由此投资驱动、出口拉动的粗放型增长模式得以固化,也造成了国内严重的产能过剩、环境污染、国际收支失衡等一系列不良后果(李文溥、龚敏,2010;权衡、李凌,2015)。2007年党的十七大明确提出了以从转变经济增长方式到转变经济发展方式为主要内容的进一步转变我国国民经济发展方式的重要方针。中央提出和强调转变经济发展方式,并不是取代更不是否定转变经济增长方式,而是强调经济发展方式转变的内容比经济增长方式转变要更丰富,且经济增长方式转变仍是经济发展方式转变的重要组成部分。

吴敬琏(2006)指出,经济增长存在起飞前、初级发展和高级发展三个不可逾越的阶段,不同的增长方式对应不同的发展阶段,要素投入驱动是前两个阶段经济增长的主要形式。在经济增长的高级发展阶段,我国面临实现经济增长模式转型的重要任务,就是从依靠要素投入和出口拉动实现增长,转变为依靠技术进步和效率提高实现增长,实现集约式的增长。李文溥和龚敏(2010)认为,在正常的市场机制作用下,随着经济增长,劳动力和土地、环境和自然资源的相对价格会上升,将迫使企业采用新技术以资本替代劳动力和土地,加快产业结构升级,同时逐步实现经济增长从粗放向集约的转化。

我国经济发展的粗放型特征集中表现为"四重四轻":重投资轻消费,重规模扩张轻结构优化,重成本优势轻自主创新,重经济核算轻环境核算(胡家勇、陈雪娟,2010)。我国经济增长方式难以向集约型转化的主要原因是,引领转型升级目标实现的发展战略没有转换,相应的体制机制调整也没有到位,自主创新能力较弱。一方面,社会主义市场经济体制还不完善,资源性产品和要素价格机制改革滞后于经济发展,过低的要素价格削弱企业提高资源利用效率的压力,粗放型增长的微观激励难以消除;另一方面,体制机制未能给技术创新提供充分的空间、保障和支持,扭曲的生产要素价格固化低成本优势,企业缺乏自主创新的激励,表现为大中型国有企业创新动力不足和中小企业存在技术创新融资难等问题(关丽洁,2013)。

为了促进经济发展方式的转变,政府部门出台大量产业政策推动企业技术创新和产业升级。政府着眼于当前产能过剩的结构性现象和绝大多数传统工业品市场日趋饱和的格局,提出通过行业技术进步、淘汰落后产能、企业兼并重组、产业衰退转移等途径从存量上改造升级(金碚,2011;黄颖,2011)。政府部门还通过一些直接干预型产业政策,主要包括市场准入、项目审批、供地审批、贷款的行政核准、目录指导、政府直接投资经营、强制性淘汰落后产能等,实现对特定企业、特定产品和特定技术的选择性支持。技术创新和产业升级充满风险,企业面临的不确定性增加。对于那些可以借鉴发达国家先进经验的产业和技术领域,政府凭借其拥有的信息和资源以及强大的调配协调能力,助力企业创新和升级。当今世界上大多数国家实行的都是混合经济模式,政府在其间发挥着或多或少的作用,许多国家的经济发展史上也都出台过形形色色的产业政策和技术政策。不过,直接干预型的产业政策涉及大量的资源调配,确实也会影响到要素市场的培育和发展,影响要素的流动方向和价格,从而对劳动收入份额产生影响。此外,若产业升级已达全球产业前沿,技术创新已涉及尖端前沿技术,干预型产业政策的效力相对有限,这时可能更需要依赖市场自身的试错和探索。

总结来说,本章考察了以经济体制市场化转型为特征的转型国家之劳动收入份额变动状况,发现其劳动收入份额并未呈现出一致的变动规律。这可能与各自差异化的转型路径有关,较为突出地反映在经济转型方式、政府的作用等方面。波兰实行激进式的转型,注重缩小政府作用;俄罗斯的转型经历了从激进式到渐进式的改变,政府对经济保持较大干预;斯洛伐克从激进式道路转向更符合国情的改革,力图减少政府对经济的干预。伴随着经济转型方式的进一步发展,各国的经济增长和产业结构亦呈现不同特点,劳动收入份额呈现出多样的变动趋势。各国差异化的转型路径内生于各国的社会经济环境,也与各国的历史文化传统密切相关。对我国而言,政府主导和政府推动的经济发展方式的转变是影响我国要素分配格局的另一大因素。新中国成立之初,政府选择了优先发展重工业的发展战略,利用计划手段进行资源配置,内生诱发与此适应的高度集中的传统经济体制,以较快的速度建成较为完整的中国工业经济体系。20世纪70年代末以来,中国逐步放弃优先发展重工业的赶超战略,开始实行改革开放政策。由于我国的改革采取的是自上而下的、由政府推动的渐进式改革方式,因而在整个转变过程中政府始终居于主导地位。这种政府主导的经济发展方式,被经验证明确实曾经对推动国内生产总值增长和基础设施建设产生过积极影响,有为政府和有效市场的结合使得整个变革期的社会经济处于较为平稳的状态,为广大人民的福祉提供了保障。不过,有为政府和有效市场的关系还需不断磨合探索,结合方式也需要随着国际国内社会经济环境的变化而调整。在政府主导的经济发展方式下,部分经济控制性措施和干预性政策未能顺应经济发展新变化而做出相应调整,要素市场发展滞后,影响要素流动和价格,也制约了工业化中后期劳动收入份额的有效提升。

第六章　我国现阶段劳动收入份额低位徘徊的成因分析

　　从发达国家经验数据总结出的"羹匙曲线"规律表明,劳动收入份额虽然在工业化初期会有明显的下降,但是经过工业化中后期的回升,劳动者奶酪可以失而复得,即便后工业化时期小幅回落,劳动收入份额水平仍整体高于工业化早期,这是这些国家至今仍能保持相对较高的劳动收入份额水平的重要原因。经过改革开放40余年的发展,我国已经进入工业化中后期,然而,我国的劳动收入份额却没有出现上述西方发达国家在工业化中后期曾发生的劳动收入份额稳中有升的现象,而是从2004年开始表现出低位徘徊状态。显然,出现在我国的劳动收入份额低位徘徊状态并不是工业化进程中的固有问题。结合前文对转型国家的考察,转型中的经济制度是必须加以关注的重要影响因素。

　　为什么我国的劳动收入份额会陷入低位徘徊状态,未能出现回升? 为解开这个谜题,本章从经济体制转型和产业结构变化两个视角切入,依托要素流动—产业结构调整—劳动收入份额这一纵向研究路径,通过理论层面的分析探寻其中的缘由。作为一个转型经济体,我国的要素市场健全吗? 要素流动具有怎样的特点? 要素流动过程中出现的问题又会怎样影响产业结构调整? 我国产业结构转变中存在什么问题? 这些问题如何影响劳动收入份额? 这些都是本章将要重点回答的问题。

第一节　劳动收入份额影响因素的研究综述

　　通过对国内外文献的阅读,我们发现劳动收入份额相关文献数量很庞大,实证文献中劳动收入份额的影响因素众多。因此,本书对文献的梳理分成两步。第一步,对文献做初步梳理,大致涉及技术进步、市场偏离完全竞争的程度、产业结构变动、市场所有制结构变动、国际贸易以及跨国直接投资等因素。第二步,梳理与本书研究视角更密切相关的文献。

在初步梳理出的文献中,我们发现国外研究主要利用跨国数据分析影响劳动收入份额变动的因素,突出国际贸易和技术进步的影响等(Harrison,2002;Guscina,2006);而国内学者主要利用企业和省级面板数据开展分析,更强调产业结构和所有制结构变动等经济转型因素对劳动收入份额状况造成的影响(白重恩、钱震杰,2009a;李稻葵等,2009;罗长远、张军,2009)。考虑到国际贸易等因素会通过生产技术或者市场不完全竞争程度间接影响劳动收入份额,以下主要梳理技术进步、市场偏离完全竞争的程度、经济转型等影响因素的相关文献。

一、技术进步

Bentolila 和 Saint-Paul(2003)认为,在资本产出不变的情况下,技术进步可以通过平移 SK 曲线改变劳动收入份额。Acemoglu(2009)指出,不同类型的技术进步对劳动收入份额的影响是不同的。在新古典经济理论中,当经济运行在平衡的均衡增长路径时,技术进步为哈罗德中性技术进步,这类技术进步将不改变劳动收入份额。然而,大多数情形下,均衡中的技术进步并非纯劳动增强型技术进步,因此平衡的均衡增长路径不总是存在。黄先海和徐圣(2009)通过引入希克斯要素偏向型技术进步的思想,分解劳动收入份额变化率,发现我国劳动收入份额的下降相当大部分可用劳动节约型技术进步进行解释。杨俊和邵汉华(2009)的研究表明,具有资本增强型的技术进步和过快的资本深化,偏离了现阶段我国要素禀赋结构,显著地降低了我国劳动收入份额。但是由于在技术进步测度方面,不同研究的差异性较大,有的学者选择用全要素生产率作为表征,有的倾向于用科研费用投入比例、新产品销售比例表示,关于技术进步对劳动收入份额的效应并没有达成共识。

在内生经济增长理论中,资本深化会影响技术进步的方向,但需要进一步考虑要素间的替代弹性。而在跨国、跨地区数据的实证研究中,一般通过引入资本产出比或资本劳动比作为资本深化程度变量,反映要素相对丰裕程度的变化,通过分析其对劳动收入份额的影响得出有关技术进步偏向的判断(Bentolila and Saint-Paul,2003;白重恩、钱震杰,2009b;罗长远、张军,2009;王晓霞、白重恩,2014)。罗长远和张军(2009)利用中国各省(区、市)

1987—2004 年的数据,发现资本产出比与劳动收入份额显著正相关,他们认为中国由于劳动力丰富,资本积累促进劳均资本拥有量和劳动边际产出提高,这意味着资本与劳动之间存在互补而非替代关系。戴天仕和徐现祥(2010)运用全国数据进行要素替代弹性的估算,也得出了资本与劳动之间存在互补关系的结论。由此可见,讨论技术进步对劳动收入份额的影响,要关注要素间的替代弹性。

此外,技术进步方向同时也受到外生因素的影响,技术提供方的竞争程度、国际贸易等因素均能够影响技术进步偏向性,从而最终影响劳动收入份额(Acemoglu,2002)。

二、市场偏离完全竞争的程度

在完全竞争条件下,要素分配由生产技术决定(Bentolila and Saint-Paul,2003),但无论是要素市场的扭曲,还是产品市场的不完全竞争,都会对劳动收入份额的变动产生影响。不少学者指出,产品市场的垄断、要素市场的扭曲等都是市场偏离完全竞争的表现(Diwan,2000;Blanchard and Giavazzi,2001;Harrison,2002;Stockhammer,2013;王晓霞、白重恩,2014)。

产品市场的不完全竞争会带来垄断利润。Blanchard 等(1997)以及 Blanchard 和 Giavazzi(2001)的研究指出,在存在劳资谈判的情况下,产品市场不完全竞争对要素分配份额的影响由劳资双方的相对谈判能力决定;给定谈判能力等条件不变,劳动收入份额将随垄断程度降低而增加(白重恩、钱震杰,2009a;王晓霞、白重恩,2014)。白重恩等(2008)引入 Dixit-Stiglitz 垄断竞争框架构建工业部门的劳动和资本收入份额的决定模型,其研究结果表明,市场垄断力量加强对工业部门劳动收入份额变化的贡献率为 30%。

完全竞争要素市场的一个重要特征是生产要素自由流动,而我国正处于完善社会主义市场经济体制的过程之中,生产要素偏离自由流动的程度较高。国内学者就要素不完全竞争影响进行的研究,集中在资本市场不完全竞争对劳动收入份额的作用上。罗长远和陈琳(2012)使用私人企业的负债资产比作为融资约束的代理变量进行实证研究,结果表明面临融资约束的私人企业,获得流动资本的能力受限,会倾向于减少劳动雇佣或降低工资水平,从而给劳动收入份额带来负面冲击。金融深化和市场化可以改变资本市场的扭曲。

　　而国外就要素市场扭曲的讨论主要集中在劳动和资本谈判能力上。从劳动的谈判能力看,工会力量的强化和市场管制的加强能提升劳动收入份额,反之则会降低劳动收入份额;从资本的谈判能力看,经济开放和资本管制的放松,能扩大企业和资本的决策范围,进而降低劳动收入份额(Diwan,2000;Blanchard and Giavazzi,2001;Harrison,2002)。

　　此外,也有研究指出,国际贸易对中国劳动收入份额产生影响是以要素市场作为介质的。赵秋运等(2012)通过一个理论模型发现,国际贸易会提高世界水平的劳动与资本之间的替代弹性。同时,工资刚性促使要素在部门间重新配置,导致资本密集型部门扩张、劳动密集型部门收缩,这使得国际贸易对劳动收入份额产生负面影响。他们的实证研究也验证了理论推导。赵秋运和张建武(2013)还分析了国际贸易背景下最低工资的扭曲对劳动收入份额的影响。他们认为,转型时期的中国劳动力市场中存在法律管制,这是最低工资扭曲存在的原因。最低工资扭曲将导致资本和劳动要素在部门间再分配,使得我国资本密集型部门不断深化发展,劳动密集型部门渐趋萎缩,最终造成我国总体劳动收入份额持续下降。

三、经济转型

　　周明海(2014)认为,包括产业结构和制度变动在内的转型因素会使劳动收入份额偏离初始的 SK 曲线,产生"偏移"效应。改革开放 40 余年来,中国的工业化进程不断深化,而在产业结构上,其显著特征是农业部门比重的持续下降和工业部门比重的迅速上升,并且劳动力在此期间实现了从农业向工业的大量转移。不少学者认同,中国劳动收入份额下降的主要原因是,中国经济转型中非农化产业结构和农村劳动力转移(李稻葵等,2009;龚刚、杨光,2010;白重恩、钱震杰,2009a;罗长远、张军,2009)。

　　作为一个经济转型国家,在讨论劳动收入份额变动时,我们不能忽视制度变革所产生的影响,而经济转型中的制度因素包括国企改制、民营化和外资进入的所有制变动以及财政体制改革等。

　　周明海等(2010b)考虑了企业异质性,从不同所有制企业的劳动收入份额存在差异的角度出发,认为所有制结构变动将通过减少要素扭曲、提升经济效率对劳动收入份额下降产生冲击作用。国有企业由于存在政策负担和预算软约束,其效率相对较低。白重恩和钱震杰(2009a)使用工业企业数据进行实证研究发现,国有企业改制导致工业企业中劳动收入份额下降了7个百分点。罗长远和张军(2009)使用1987—2004年省级面板数据,分析发现民营化对劳动收入份额存在负效应。一方面,民营化后企业报酬支付更能反映市场的供求关系,企业以利润最大化为目标,消除了计划经济时代"工资侵蚀利润"的所有制基础;另一方面,国有企业改制后,大批冗员被推向市场,增加了劳动力供给,削弱了劳动者的谈判力量(翁杰、周礼,2010)。罗长远和陈琳(2012)指出,相较国有企业和外资企业,民营企业更易受融资约束困扰,倾向于减少劳动雇佣或降低工资以摆脱流动资本短缺,必然助推劳动收入份额的降低。外资企业由于其母国具有先进技术和资金支持而相对高效(Decreuse and Maarek,2008)。随着我国经济对外开放程度不断提高,国际资本大量进入,外资企业通过压低工资、规避税收,打压了中资企业特别是民营企业的收入空间和劳动报酬份额,外资进入对劳动收入份额存在负效应(郑志国,2011)。

财政分权的经济治理结构对我国的劳动收入份额也有着较大的影响,自1994年开始的分税制改革产生了一些负面影响。地区之间的招商引资竞赛弱化了劳动者的谈判力量,引起要素收入分配结构朝不利于劳动者的方向发展(周明海等,2010a)。为保证经济增长和扩大收入来源,政府呈现出财政收入上的资本依赖和财政支出上的资本偏向,优先发展重化工等资本密集型产业,间接导致劳动收入份额的下降趋势(方文全,2011)。还有一些研究讨论税收对要素收入分配的影响。郭庆旺和吕冰洋(2011)通过区分税收的替代效应和收入效应,分析了分税制改革以来诸税种对要素分配的实际影响。李文溥等(2012)基于参数模拟,发现内资和外资企业所得税合并有利于降低劳动要素对企业所得税的实际负担率,改善要素分配结构。由于我国税负并不是由各种要素平均承担,也有研究讨论税负水平对收入分配的影响。吕冰洋和台航(2013)通过测算我国个人所得税的要素结构,发现个人所得税对资本征税的比例远高于居民收入的资本所得比例,认为个税能够抑制要素收入分配向资本倾斜。而金双华(2014)在测算比较劳动所得和资本所得的税收负担情况的基础上,提出针对劳动所得的平缓税率政策的设计建议,同时指出应加大对高资本所得的税收征管力度,并适时提高其适用税率。

第二节　从要素、产业结构视角研究劳动收入份额变动

本部分是文献梳理的第二步,在既有的劳动收入份额影响因素综述文献的基础上,尝试对影响因素加以归纳总结,并进一步梳理相关文献。罗长远(2008)对劳动收入份额相关的理论和经验研究文献进行了梳理。他认为,对劳动收入份额决定的理论探讨主要有四个层次:一是基于新古典经济学分析框架,从要素替代弹性的角度考察劳动收入份额与资本深化之间的关系;二是通过对新古典经济学假设进行修正,考察技术进步和不完全竞争的市场结构对劳动收入份额的影响;三是产业结构演变和劳动收入份额的产业差异,寻找总量水平下劳动收入份额变化的动因;四是关注全球化条件下不同要素"讨价还价"能力的不对称变化对劳动收入份额的影响。在对经验研究中影响劳动收入份额的因素进行归纳时,他认为涉及的因素主要包括资本产出比、技术进步、全球化、经济发展水平、非正规部门规模、对劳动力的保护程度、人力资本积累以及财政收支等。白重恩和钱震杰(2010)指出,在罗长远(2008)对影响劳动收入份额因素的归纳中,全球化或者其他一些因素(如工会力量、人力资本问题、财政收支等)实际上是通过影响生产技术或者市场不完全竞争程度间接地对要素分配产生影响的。这些因素可以视为生产技术或市场不完全竞争程度的代理变量。他们把影响劳动收入份额的因素归为技术因素、市场偏离完全竞争的程度和经济发展影响三个方面。王晓霞和白重恩(2014)也把影响劳动收入份额的因素归纳为经济结构转型、有偏技术进步、产品和要素市场扭曲三个方面,认为其他因素可通过它们间接地作用于劳动收入份额。

我们综合上述学者的观点,并进一步加以归纳,认为要素和技术是决定劳动收入份额的关键因素。经济理论表明,要素收入份额内生于生产函数,而社会生产函数由要素和技术两大因素决定。抓住了要素和技术这两个因素,可以说是切中了劳动收入份额问题的要害。套用王晓霞和白重恩(2014)所言,影响劳动收入份额的因素可以归纳为要素和技术两个方面,其他因素可以通过它们间接地作用于劳动收入份额。以要素和技术的视角切入,有利于我们全面又不失重心地把握和解决我国目前所面临的劳动收入份额过低这一问题。由于产业结构(产业内和产业间结构)一定程度上可以

看成技术选择的表现和结果,因此要素和技术的视角转化为要素和产业结构视角。而从这两个视角研究劳动收入份额变动的文献也有很多,在此进一步加以梳理,以便为后面的研究做准备。

一、基于要素角度的文献梳理

基于要素角度对劳动收入份额变动展开研究的文献通常选取以下视角:农村劳动力转移、劳动力保护、融资约束、金融抑制、要素价格扭曲、要素市场市场化程度等。我们把这些视角粗略地归为劳动、资本以及要素市场特征三方面并逐一进行梳理。

(一)劳动要素角度的文献

基于劳动要素视角进行研究的文献主要有农村劳动力转移和劳动力保护等视角。

从农村劳动力转移视角进行研究的主要有李稻葵等(2009)、龚刚和杨光(2010)、翁杰(2011)、杨昕(2015)等若干文献。李稻葵等(2009)以刘易斯的二元经济理论为背景建立了劳动力转移模型,分析在经济发展过程中,当劳动力不断从农业部门向工业部门转移时,总产出不断上升,劳动份额会出现先下降后上升的正U形变化规律。他们指出这是由于劳动力在不同部门间转移时面临的摩擦力大于资本,其转移速度慢于资本的转移速度。因此造成劳动力获得的回报在经济发展过程中低于其边际产出,而资本则相反。当劳动力转移完成后,劳动收入份额会开始上升。龚刚和杨光(2010)认为,我国二元经济结构下劳动力的无限供给是导致劳动收入份额下降的主要原因。随着经济增长,剩余劳动力供给将逐渐消失,工资将逐渐恢复对劳动力市场上供求关系的反映。这意味着当经济社会发展到一定程度时,工资率会随经济的增长更快上升,从而使劳动收入份额下降的趋势得到逆转。翁杰(2011)认为,农村劳动力转移对劳动收入份额的影响主要通过两条路径实现:一是农村劳动力从劳动收入份额相对较高的农业部门转移到劳动收入份额较低的非农部门;二是农村劳动力转移改变了非农部门中资本和劳动的相对谈判能力,使之向资本方倾斜,进而影响劳动收入份额变动。杨昕(2015)主要探讨了二元户籍制度下农村劳动力流动对劳动收入份额变动的影响。其认为,农村转移劳动力的户籍身份转换滞后,其结果就是农村转移劳动力的价格大大低于正常的市场价格,造成劳动报酬总体被压低。不过,近年来我国劳动力资源丰富的比较优势已经开始发生重大变化,身份转换滞后对我国劳动收入份额的负面影响将逐步减弱。

从劳动保护视角出发展开研究的文献主要有罗长远和张军(2009)、王贤彬和徐现祥(2009)、祁毓和李祥云(2011)等。罗长远和张军(2009)认为,地方政府在招商引资时,将低劳动力成本和低劳动保护作为招揽投资者的必要手段,这使得资本的谈判能力上升,进而带来劳动收入份额的下降。王贤彬和徐现祥(2009)指出,在资本流动性大于劳动力流动性的情况下,地方政府为了招商引资,往往争先恐后地为企业提供土地和基础设施以及政府服务上的优惠,而对于劳动者的权益保障则并不积极。地方倾向于通过一系列经济社会政策将财政压力转嫁到劳动所得而不是资本所得之上,这是我国长期初次收入分配格局中劳动所得份额偏低的重要原因。李祥云和祁毓(2011)认为,地方政府放松劳工保护在很大程度上源于中国的财政分权改革,而放松劳工保护的一个直接后果就是劳动收入份额的下降。

(二)资本要素角度的文献

基于资本要素展开的劳动收入份额变动研究主要是融资约束和金融抑制视角的相关文献。

罗长远和陈琳(2012)基于微观企业数据,使用私人企业的负债资产比作为融资约束的代理变量,发现面临融资约束的私人企业,获得流动资本的能力受限,会倾向于减少劳动雇佣或降低工资水平,从而给劳动收入份额带来负面冲击。他们认为金融深化和市场化可以降低资本市场的扭曲程度。

汪伟等(2013)基于微观数据得到了与罗长远和陈琳(2012)相同的结果。他们发现存在借贷约束下的中小(民营)企业的劳动收入份额将低于没有借贷约束下的劳动收入份额,并指出 20 世纪 90 年代中期以来,我国的中小(民营)企业面临的信贷约束收紧实际上是对劳动力的变相征税。企业的信贷融资约束降低了企业雇佣劳动的激励,劳动力的价格也受到挤压。

张建武等(2014)指出,中国的金融抑制内生于赶超战略的制度残余与偏重国有部门的经济结构。他们使用1997—2009 年的省级面板数据进行实证研究,结果显示,金融抑制指标对劳动收入份额具有显著的负面影响。究其原因,他们认为是金融抑制引致的偏向资本的技术进步以及非熟练劳动力的需求下降。

林志帆和赵秋运(2015)使用世界银行 2012 年中国企业调查数据,运用宏微观匹配方法,发现金融抑制对于企业劳动收入份额具有显著的负面影响,且这一机制显示出"所有制歧视""规模歧视""行业歧视"等特征。即与民营企业相比,对于外资或国有企业这个机制不成立,金融抑制对劳动收入份额的负面冲击对于中小规模企业与传统制造业企业而言更为严重。他们把原因归结为,传统制造业企业员工的人力资本水平较低,其议价能力偏低,劳动报酬更易遭受侵蚀。同时,传统制造业企业的资本积累可能更依赖于内源性融资,这将对劳动报酬造成挤占。

(三)要素市场特征角度的文献

从要素市场特征角度研究劳动收入份额变动的文献主要分为要素价格扭曲和要素市场市场化程度两个视角。

从要素价格扭曲视角研究劳动收入份额变动的文献主要有李文溥和李静(2011)以及姚慧泽和石磊(2014)等的研究。李文溥和李静(2011)认为,在经济发展的特定阶段,资本深化导致劳动收入份额一定程度的下降是不可避免的,但我国要素市场价格发生扭曲并导致资源加速资本深化,由此带来的中国劳动收入份额过快下降是需要矫正的。具体而言,他们认为我国要素市场上的价格扭曲,主要表现为国有经济面对较低的资本价格和较高的劳动力价格,非国有经济(不含外资经济)面对较高的资本价格和较低的劳动力价格。这使得国有经济倾向于用资本替代劳动,非国有经济则倾向于劳动密集型生产,甚至用廉价劳动力替代设备更新和技术进步。两种倾向的结果是两类企业的要素密集度的差距扩大,这又进一步通过增大经济的总要素替代弹性造成劳动收入份额的下降。姚慧泽和石磊(2014)同样从"国有经济面对较低的资本价格和较高的劳动力价格,非国有经济面对较高的资本价格和较低的劳动力价格,两类企业的要素密集度存在异质性差异"这一现象出发,指出在新古典分配的框架下,要素密集度差异扩大会导致要素替代弹性变大,进而降低了我国的劳动收入份额。他们利用我国的省级面板数据进行的实证检验验证了上述影响路径。

罗长远(2011)从劳动和资本要素的流动性差异出发,认为中国的要素市场改革没有跟上比较优势转换的节奏,是导致要素收入分配呈现多层次失衡的重要原因。20世纪90年代中期之后,随着经济的发展和资本的积累,我国的比较优势行业转变为国有/外资聚集的资本较为密集的现代加工业。这个时期,由于所有制歧视,现代加工部门被国有资本和外资把持,而私人资本则困守于传统的劳动密集的加工部门。与此同时,劳动力市场逐步完善,再加上国有企业改制将大量富余员工推向了市场,劳动力流动较为充分。因此,他指出贸易的收入分配效应表现为出口部门的特定要素获益,而进口部门的特定要素受损。即出口恶化了传统加工业私人资本的报酬,改善了现代加工业国有/外资的报酬。由于现代加工业的产出相对增加,整个工业部门的资本收入份额增加,劳动收入份额下降。

二、基于产业结构角度的文献梳理

基于产业结构角度研究劳动收入份额变动的文献主要可以分为两类:三次产业结构变动层面和产业分工层面。

从三次产业结构变动层面研究劳动收入份额变动的文献主要采用了两种研究方法。一是采用回归分析的文献。此类文献在考察产业结构对劳动收入份额的影响时,用第二、三产业的增加值比重或者就业比重衡量产业结构,将其作为自变量放入回归方程考察其对劳动收入份额的影响。二是参考 Solow(1958)或者 Ruiz(2005)和 Young(2006)的方法,从劳动收入份额的变动中分解出产业结构效应的文献。Solow(1958)认为,劳动收入份额是对各产业内部劳动收入份额按各产业在经济中所占的比重进行加权平均的结果。因此,可以对劳动收入份额变动进行分解,得到两种效应:产业内效应和产业结构效应。Ruiz(2005)和 Young(2006)的研究则是基于 Foster 等(1998)[①]对劳动收入份额的分解方法,他们分析了西班牙和美国的劳动收入份额变动情况。

方文全(2011)采用回归分析的方法,将第一、二、三产业的增加值比重逐步放入计量回归模型。结果显示:第一产业对劳动收入份额有正面效应;第二产业作用显著为负,第三产业有显著正向作用,第二产业和第三产业合并后对劳动收入份额没有显著影响。尽管方文全(2011)一文中产业结构变化对劳动收入份额的影响总体上不显著,但并不意味着产业结构无关紧要,他认为在产业结构升级、制造业重度资本化阶段,第二产业比重增加对劳动收入份额的影响尤其不利,此时,发展第三产业,能够吸收大量劳动力,提高劳动收入。

---

① Foster 等(1998)将劳动收入份额分解为产业内效应、产业结构效应和协方差效应。

参考 Solow(1958)或者 Ruiz(2005)和 Young(2006)的方法,从我国劳动收入份额的变动中分解出产业结构效应的文献较多,可以说,这种方法是目前已有的文献考察产业结构变动对劳动收入份额影响的主流方法。罗长远和张军(2009)认为,要素收入分配与产业结构、经济发展阶段之间存在密切联系。他们通过分解发现,1996 年之后,产业结构效应开始使得劳动收入份额下降,并且影响力度逐年变大。他们将 1996 年之后我国劳动收入份额下降的原因归结于:劳动收入占比最高的第一产业,其比重不断下降,而第二、三产业比重尽管有所提高,但由于它们的劳动收入份额低于第一产业,从而带来了总体劳动收入份额的下降。他们认为这可能是产业结构调整和经济发展的一个阶段性特征。白重恩和钱震杰(2009a)将我国总体劳动收入份额的变化分解为结构转型带来的影响和产业部门劳动收入份额变化的影响。其结果发现,1995—2003 年,产业结构转型使劳动收入份额减少了 3.36 个百分点,而各产业部门劳动收入份额降低的贡献为 2.12 个百分点。产业结构转型对总体劳动收入份额变动的影响高达 61.3%。范从来和张中锦(2012)在分析 1996—2003 年我国总体劳动收入份额变动趋势时,对这个时期的劳动收入份额进行分解,结果表明,产业内部效应和产业结构效应都带来了劳动收入份额的下降。其中产业结构效应的解释力度为 62.89%。因此,他们认为稳定或适当提高第一产业劳动收入份额、提高第三产业增加值占国民经济的比重对提升全国总体劳动收入份额至关重要。石涛和张磊(2012)对 1990—2010 年的劳动收入份额进行分解,认为工业化进程会拉低中国劳动报酬份额。他们的分解结果表明,1990—2006 年,除少数年份外,产业结构效应都带来了我国劳动收入份额的下降。他们认为,这是因为在大多数年份,劳动力从劳动收入份额相对较高的第一产业向劳动收入份额相对较低的第二、三产业转移。同时,他们发现 2007 年之后产业结构效应开始给劳动收入份额带来正向影响。

从产业分工视角展开分析的主要有胡秋阳(2016)。他将 Solow(1958)的双因素模型扩展成包含产业内效应、最终需求结构效应和价值链结构效应的三因素模型,利用我国 1997 年、2002 年和 2007 年三张投入产出表数据进行实证检验,发现产业结构效应的形成方式是从前期(1997—2002 年)的结构升级型转变为后期(2002—2007 年)的逆结构升级型,使得后期与前期相比,劳动收入份额发生了更大幅度的下降。而对于产业结构效应的结构特征变动的原因,他从水平分工和纵向分工两方面给出了解释:一是从最终需求的内部结构来看,在前期,最终需求的内部结构变动表现为消费需求的结构升级①,而到了后期表现为资本形成和出口需求的比重上升。由于在消费需求中,第三产业比重相对较大,而在资本形成和出口需求中,第二产业的比重较大,第三产业劳动收入份额高于第二产业。因此,这种变化带来了劳动收入份额的降低。二是从最终产品的价值链结构来看,前期的结构升级特征明显,而后期出现了工业部门内部的分工膨胀,挤压了第二产业内部各产业的增加值率以及生产性服务业参与第二产业纵向分工链的空间,因此造成了劳动收入份额的下降。

第三节　一个新诊断:要素流动障碍、产业结构低端锁定导致劳动收入份额低位徘徊

从已掌握的文献来看,已有学者注意到要素和技术(产业结构)对劳动收入份额的影响并对此展开研究,但是,他们往往孤立地看待这两大因素,只分析其中某一种因素的影响。虽然要素和技术各自都会影响劳动收入份额,事实上,这两大因素存在关联,系统地作用于劳动收入份额。要素的丰俭、要素配置的方式(要素市场的完全性)影响着生产技术的选择,产业结构(产业内和产业间结构)作为技术选择的表现和结果影响了劳动收入份额。因此,我们认为必须考虑要素和技术的内在联系,形成一条要素—技术—劳动收入份额的纵向研究路径。

我国作为一个转型经济体,不仅经历着从计划经济到市场经济的转型,也经历着产业结构的转变。对我国任何问题的考虑,都必须放在转型经济这一宏大的历史和现实背景中,劳动收入份额问题亦不例外。联系这一背景,我们再对决定劳动收入份额的要素和技术因素加以考量,不难发现转型经济中要素的核心问题在于经济发展方式影响下的要素配置方式,要素流动是其表现和结果,技术的核心问题在于社会生产技术的选择,产业结构调整是其表现和结果。所以,前述的纵向研究路径在转型经济的背景下具化

---

① 胡秋阳(2016)将三次产业增加值比重等同于产业结构。因此,他所指的结构升级就是最终需求产品结构等向着有利于第三产业劳动收入报酬总额增加的方向演变的过程。

为要素流动—产业结构调整—劳动收入份额这一路径。

新结构经济学指出,在市场完全、要素自由流动的情形下,要素禀赋结构的升级会自然地推进产业结构的升级。然而,我国的改革开放是一个经济转型和工业化双重叠加的过程,既有经济发展方式使要素市场的发育滞后,我国的资源配置方式还处于由计划配置向市场配置转型的进程中,市场在资源配置中的决定性作用尚未完全确立。要素的流动存在障碍,扭曲的要素价格使我国的产业结构出现低端锁定,继而使我国的劳动收入份额陷入低位徘徊状态。总体而言,根据新结构经济学的有关理论,依从要素流动—产业结构调整—劳动收入份额的研究路径,我们可以为我国现阶段要素收入分配的"健康"状况"把脉",对劳动收入份额陷于低位徘徊这一症状给予如下的原因诊断:我国经济的运行中存在着要素流动障碍—产业结构低端锁定—劳动收入份额低位徘徊这样的链式影响机制,劳动收入份额处于低位徘徊的主要症结在于产业结构的低端锁定,既有经济发展方式下要素市场发展滞后则是潜藏背后的根本原因。具体的逻辑分析框架如图6.1所示。

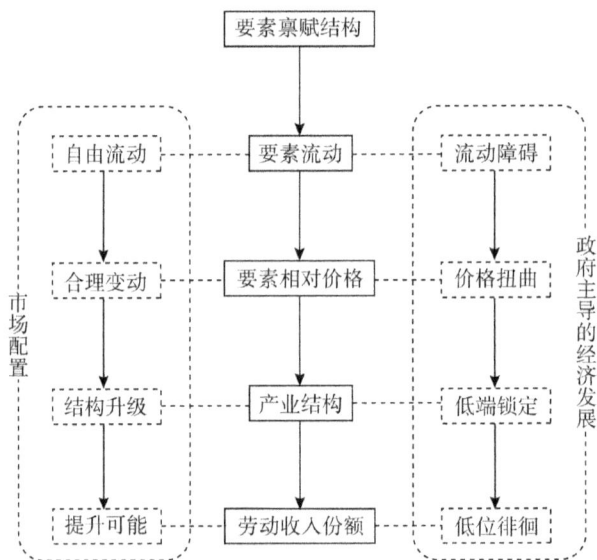

图6.1 要素流动障碍—产业低端锁定—劳动收入份额低位徘徊的机理

接下来,本书将从理论上探讨支持这一诊断的依据。首先探讨我国要素流动障碍问题产生的原因,其次分析要素流动障碍导致产业结构低端锁定的具体路径,最后阐释产业结构低端锁定导致劳动收入份额低位徘徊的详细机理。

一、既有经济发展方式下要素流动存在障碍

改革开放以来,我国采取渐进式改革路径,从计划经济体制向市场经济体制平稳过渡。转型过程伴随着不断的放权让利,但政府始终居于主导地位并发挥导向性作用。中国作为后发国家,政府主导的经济发展方式在经济起飞中扮演过重要角色。从计划经济向市场经济转型的过程是一个充满探索性和艰巨性的过程。一方面,我国决定推行社会主义改革时,没有社会主义国家成功改革的先例,在实践中"摸着石头过河"成为必然选择;另一方面,我国的改革涉及旧体制各方面的重新调整,任务艰巨,如果盲目行动、一哄而上,势必带来社会的恐慌,也会给经济运行带来更大的问题。因此,由政府主导的经济发展方式以及渐进式改革道路曾经是我国发展的最佳路径,改革开放 40 余年的成就已经充分证明了这一点。

然而,政府主导的经济发展方式在创造我国 40 余年经济发展奇迹的同时也影响了要素市场的发育。随着经济的发展,政府职能未及时转变,未能使市场在配置资源的过程中充分发挥决定性作用,这是造成现阶段我国要素流动障碍的原因。

(一)政府影响要素流动的行为逻辑

分析政府主导的经济发展方式对要素流动的影响,需要首先理解政府影响要素流动的行为逻辑。总体而言,政府在实现发展战略、官员考核制度以及增加财税收入的压力下,通过掌控资源配置权影响了生产要素的自由流动。

发展战略对政府行为的影响。在发展战略上,林毅夫等(1999)认为传统计划经济体制的特点是"赶超"战略的实行、宏观环境的扭曲和微观经营机制中自主权的缺失。始于 20 世纪 70 年代末的经济改革,首先着手于微观经营环节,在不断的放权让利中经济活力开始显现,但国家发展战略仍由政府主导。政府主导型的发展战略通过国家发展规划在关键领域提出与政府工作相关的宏观调控指标,为实现战略意图,政府仍要保护或新建一批大中型国有企业。不少国有企业所处产业是涉及国家安全、关乎国计民生或是国家发展的先导性产业,国家基于宏观战略考虑,需要维持甚至强化它们的存在。为了扶持国有企业,政府向国有企业输送经济资源,这个过程自然就影响了要素的自由流动。由此可见,我国的发展战略是政府影响要素流动

的逻辑基础之一。

官员考核制度对地方政府行为的影响。张晏和龚天堂(2005)提出,中国地方政府是对上负责,因此形成了一种基于上级政府评价的"自上而下的标尺竞争"。而我国的地方官员晋升考核标准,主要是 GDP 增长的相对位次、吸引落户的 FDI 等显性指标,这使得经济增长变成了地方政府的单一任务。因而,地方政府逐渐形成了"为增长而竞争"的行为,这被很多研究指出是我国改革开放以来经济实现快速发展的关键原因。地方政府为了追求政绩,在招商引资中以土地、信贷、税收等多种优惠政策展开地区间竞争,这就要求地方政府拥有一定的资源配置权。一轮一轮的地域间竞争促进了经济的不断增长,也激励地方政府更深地介入要素市场,抓取更大的资源配置权力,政府培育发展要素市场的激励不强,相反地,却有相当强的反向激励去干预要素的自由流动,使要素流动符合其目标需求。

财税压力对地方政府行为的影响。始于 1994 年的分税制改革改变了中央与地方的财税关系。分税制改革主要分为三大部分:一是将中央财政与地方财政税收进行划分,其中最为重要的是将税收额最高的增值税变为共享税。二是对中央与地方的财政支出做出划分。三是中央财政对地方税额做出返还。分税制改革使得中央财政收入占财政收入比重跃升,地方财政收入锐减,但地方政府的支出责任不减,导致地方政府的财权与事权不匹配。为了缓解财政收支矛盾,地方政府就会寻求更多的财政收入。

土地出让收入作为地方政府一项重要的财政收入来源,一定程度上直接导致了我国土地要素市场发育缓慢,地方政府将组织税收收入的主要精力放在发展建筑业和房地产业上是顺理成章的事(孙秀林、周飞舟,2013)。这也对地方政府引导要素进入这些行业增加了激励。

(二)政府影响要素流动的政策载体

政府在经济建设中的一些政策,本有各自的政策目标,但确实在一定程度上成为政府影响要素流动的政策载体。我国政府影响要素流动的政策载体主要有产业政策、金融抑制政策和户籍政策三类。接下来,我们将依次分析这些政策载体造成要素流动障碍的具体路径。

产业政策导致资本要素流动障碍。长期以来,产业政策一直是我国政府在经济发展中发挥积极作用的重要方式之一。改革开放初期,我国产业的起点较低,市场机制相对不完善,市场的自发作用较弱。政府制定产业政策的原意是弥补市场不足、扶持幼稚产业、提高产业质量、实现经济结构的重大调整和转型。我国的产业政策在经济体制改革初期确实起到了至关重要的引导和扶持作用。然而,产业政策没有随着改革进程的深入、市场的逐步发育发展适时地调整其内容和形式,仍较多地沿用早期的直接干预模式,在实际实施过程中不仅不易达到预期提高产业质量的政策目的,而且还阻碍了资本要素的自由流动。陈钊和熊瑞祥(2015)在考察产业政策的有效性时就发现,产业政策的效果在那些有比较优势的行业呈现出逐年递增的趋势,在那些没有比较优势的行业则始终不显著。黄先海等(2015)指出,我国的产业政策似乎长期陷入"刺激—过剩—淘汰—再刺激"的循环路径。之所以出现以上问题,主要是因为政府并不完全具有识别优势产业的能力,但是通过强有力的产业政策给予遵从其产业指导的企业种种优惠,包括土地、信贷的支持等,干扰了资本要素的自由流动,扭曲了资本要素的价格,误导了企业的生产和技术选择,造就了一批本身不具比较优势、靠着优惠和补贴政策生存的企业。下面,本书从我国产业政策的形式和特征分析其对资本要素流动的干扰。产业政策的具体方式可以分为直接干预、间接诱导和法律规制三类。直接干预的产业政策主要有市场准入、项目审批、供地审批、贷款的行政核准、目录指导、政府直接投资经营、强制性淘汰落后产能等。与其他两类产业政策相比,直接干预的产业政策使得政府直接参与要素配置的过程,政府通过产业政策影响要素流动从而实现对特定技术、产品和工艺进行选择性支持的目标。但政府的信息并不是完全的,政府扶持的产业也许并不是符合我国比较优势的产业。实际上,创新力量更多地应该是市场选择和培育的结果,而不是全部靠政府支持和引导。直接干预的产业政策直接将资本要素配置给政策扶持的技术、产品和工艺,干扰了资本要素的自由流动,造成了资本要素的流动障碍。我国的产业政策表现出的在企业性质上的选择性特征,使资本要素自由流动受阻。我国的产业政策表现出"扶大限小"的特征,保护和扶持了在位的大型企业(尤其是中央企业),限制了中小企业对在位大企业市场地位的挑战和竞争(江飞涛、李晓萍,2010)。杨东进(2013)指出,政府部门根据企业性质进行分类和优先级预设,使政府干预成为一种选择行为甚至是歧视行为。政府通过财税减免、土地优惠、信贷支持等政策优惠支持大型国有企业、外资企业,使众多中小企业处于不利的竞争地位。上述产业政策破坏了市场的公平竞争,干扰了资本要素的自由流动,导致了资本要素的流动障碍。

金融抑制政策导致资本要素流动障碍。在金融市场方面,我国的金融抑制政策也导致了资本流动障碍。我国从计划经济转向市场经济的过程中,金融业的发展和工业相比受到限制,即我国存在金融抑制①问题。尽管金融抑制可以通过优先发展资本密集型的工业部门(制造业)实现吸引外资、促进经济增长的目标(王勋、Anders Johansson,2013),还能产生隐性收益,对国有企业进行补贴并为自上而下的改革提供资金和财力(李广众,2001),但是它也导致了资本要素的流动障碍问题。金融抑制政策影响了资本市场发育,使得资本配置效率较低、投融资渠道狭窄,导致资本要素流动障碍。发达的资本市场作为直接融资市场,是高效配置资本要素的渠道,也是产业转型升级和经济发展的重要保障。金融抑制政策使得金融市场受到一系列行政约束。我国的股票市场和债券市场面临种种限制措施,发育较不成熟。股票发行制度最初为审批制,2001年股票发行核准制正式启动。但从实施效果而言,核准制与审批制并没有本质差别,仍是"伪市场化"。2014年是我国股票发行注册制改革的起步元年,一级市场"去行政化"之路才刚刚开始。而企业债券市场的发育则更加迟缓,债券利率市场化程度有待提高。因此,金融抑制使得资本市场发育迟缓,降低了其配置资本的效率,也使得我国的投融资渠道狭窄。一方面,居民部门旺盛的投资需求在资本市场发育迟缓的环境下得不到满足,储蓄仍是我国居民处置闲置货币的主要渠道。另一方面,资本市场发育滞后使得企业上市困难,资本市场难以为中小企业提供股权等直接融资。资本市场作为资本供求有效媒介的功能被削弱,使得资本要素出现流动障碍。在资金市场,商业银行长期存在国有垄断现象,使得民营企业与国有企业相比获取资本困难。我国的资本市场没有得到充分发展,使得目前企业融资主要依赖资金市场。政府为了将有限的金融资源优先分配到资本密集型的工业部门(制造业)以实现经济增长,需要借助银行体系的力量。国有商业银行的行政化色彩较浓,比较容易受到政府的行政干预,因此为了提高对资金市场的支配能力,政府的政策安排是由国有企业控制全国的金融资源,这就形成了商业银行国有垄断的局面。一方面,商业银行国有垄断使得其放贷行为受到政治目标的引导,信贷

---

① 金融抑制是指发展中国家政府所实行的压抑金融发展的政策(McKinnon,1973)。

分配存在体制性主从次序(Huang，2003)，资本优先进入国有企业及政府重点扶持的产业。另一方面，商业银行国有垄断使得国有银行的利润动机较弱，为了降低风险，在我国金融系统基础设施不健全、民营企业缺少可信的信用担保体系的情形下，国有银行更愿意将资金放贷给国有企业，使得民营企业面临融资歧视①。面临所有制歧视的民营企业只能通过内源融资或者借助更为昂贵的民间融资得到有限的生产资本。因此，金融抑制政策带来的商业银行国有垄断现象最终导致了资本流动障碍问题。

　　与公共服务的提供联系紧密的户籍制度使劳动力要素出现流动障碍。1978年之后我国的劳动力要素配置经历了一个由计划到市场的转变，简而言之，40多年来我国的劳动力市场在经济转轨的背景下发展起来。在改革开放早期，劳动力流动障碍产生的原因主要是户籍制度的限制。随着城市劳动力市场改革的深入，地方政府为了减少本地失业人口，开始推行就业保护政策。李善同等(2004)的调查发现，劳动要素流动限制是地方保护主义最严重的一种形式。现阶段，户籍制度与公共服务的提供联系紧密，附着在户籍制度上的福利是导致要素流动障碍的主要原因。中央不断提出消除地方保护主义，建立全国统一的劳动力市场，过往造成区域劳动力市场分割问题的影响因素在逐渐减弱，劳动力流动障碍的原因转变为在子女教育、社会保障、住房等多方面不能享有与城市居民同等待遇带来的城市融入障碍问题。其中，依附在户籍上最大的门槛主要是教育和住房福利。以北京为例，北京相关政策要求必须满足拥有北京市暂住证或工作居住证、有合法稳定住所、有合法稳定职业已满6年、在京连续缴纳社会保险已满6年(不含补缴)以及随迁子女具有北京市学籍且已在京连续就读高中阶段教育3年学习年限等五项条件后，随迁子女才可在京参加高考而且"仅限高职"。而在住房保障方面，住房福利的资格认定，无一不以持有城市本地户籍为前提条件，没有城市户口，在城市获得福利性住房几乎没有可能。例如上海市2022年廉租房申请条件之一即为"申请家庭成员在本市实际居住，具有本市城镇常住户口满3年，且具有申请所在地城镇常住户口满1年"。附着在户籍制

---

① 据Garnaut等(2000)的计算，虽然非国有部门对中国GDP的贡献超过了70%，但是它获得的银行正式贷款不到20%，其余的80%以上都流向了国有部门。李文溥和李静(2011)计算了私营及个体企业、乡镇企业、农业及三资企业短期贷款之和占金融机构贷款总额的比重，发现1994年为10.2%，1999年上升到15.5%，然后持续下降到2009年的9.99%。

度上的福利差异,相当于给大城市的非户籍人口变相增加了生活成本。大量劳动力宁愿选择留在户籍所在地(小城市)接受较低工资的工作也不愿流入大城市获得高工资的工作,劳动力的流动障碍也因此形成。

二、要素流动障碍导致产业结构低端锁定

新结构经济学认为,一个经济体的资本、劳动、自然资源等要素禀赋确定了其潜在的比较优势,并进一步内生决定了最优产业结构。要保证一个经济体的产业结构与要素禀赋的比较优势相匹配,需要一个正确的要素价格体系。而能准确反映要素稀缺程度的价格体系只有在市场完全时才存在。当市场完全时,一个经济体的要素可以自由流动,从而形成一个可以反映其比较优势的要素相对价格体系,企业根据灵活且能正确反映要素禀赋结构的要素相对价格选择产业和技术以实现利润最大化。对于特定的经济体,随着经济发展,物质资本和人力资本不断积累,要素禀赋结构会不断提升,这将进一步启动产业升级和结构变迁,形成一个动态良性循环。

我国的要素禀赋结构随着经济发展发生了巨大变化。在改革开放初期,我国的要素禀赋结构特征表现为劳动力相对丰富、资本相对短缺,与此相对应的要素价格表现为相对较低的劳动力价格和相对高昂的资本价格,因此,符合当时比较优势的产业是劳动密集型产业。改革开放40多年来,我国实现了经济的快速增长,劳动力丰裕程度不断降低,资本因为不断积累而变得更加丰富,要素禀赋结构得到不断升级。相应地,我国要素禀赋结构所内生决定的产业结构也理应不断升级。但是,一些文献表明,我国的产业结构出现了低端锁定问题。世界贸易组织(WTO)2011年公布的一份资料显示,2009年,中国在iPhone(苹果智能手机)产品上对美国的净出口为19.01亿美元[①],其中"中国组装"在该产品中创造的增加值只有0.73亿美元,不足出口额的4%,其余96%的增加值来自日本、韩国、德国等国家的零部件生产。陈佳贵和黄慧群(2005)认为,从产业间结构看我国已经是一个工业经济大国,但从产业内结构看,我国还不是一个工业经济强国。他们指出,我国的加工装备制造业发展缓慢,高新技术产业的规模和数量十分有限,工业的技术水平和研发能力与世界先进水平还有较大的差距,工业结构亟须升

---

① 现行的国际贸易统计制度只统计最终产品。

级。Lall 等(2006)计算了我国出口贸易篮子的复杂性指数,数据显示,我国 2000 年的出口篮子复杂性指数低于 1990 年,通过世界排名也没有发现中国出口篮子复杂性具有明显提高。这意味着我国出口商品的相对技术复杂度在这十年里并未上升。杜修立和王维国(2007)认为,我国的出口贸易的技术结构一直低于东盟以及发展中国家的整体水平,并且仅仅表现出微弱地向世界水平收敛的趋势。张明志和李敏(2011)在国际垂直专业化分工背景下研究我国制造业产业升级时发现,从价值链特别是产品增加值的角度看,我国出现了被发达国家的跨国公司"俘获"在价值链低端生产环节的发展趋向。

所谓的产业结构低端锁定其实就是产业结构升级滞后于要素禀赋结构升级的现象。如前文所述,要保证一个经济体的产业结构与要素禀赋的比较优势相匹配,需要一个正确的要素价格体系。但是,存在于我国经济中的要素流动障碍问题扭曲了要素相对价格,使其不能正确反映我国的要素禀赋结构优势,企业在扭曲的要素相对价格引导下做出不合理的利润最大化决策,其选择的产业和技术不能顺应比较优势的变动而变动,产业结构出现了低端锁定。下面从资本和劳动要素流动障碍两方面探讨要素流动障碍导致产业低端锁定的具体路径。

(一)资本流动障碍对产业结构升级的影响

我国资本流动障碍最突出的一个表现是国有企业和民营企业在资本可得性以及融资成本上存在差异,国有企业的资本可得性远远高于民营企业,其融资成本又低于民营企业。资本的价格因为要素流动障碍的存在发生了扭曲。本书将资本流动障碍对国有和民营企业升级的影响分析如下。

第一,资本流动障碍对国有企业升级的影响。我国的资本流动障碍使得国有企业可以容易地获得低于自由市场价格的资本以及资源。一些国有企业在获得大量廉价资本后,选择进入房地产行业或摇身变成影子银行,将得到的低廉资金转贷给民营企业。据财政部资产管理司数据,2016 年上半年,全国国有及国有控股企业利润总额同比下降8.5%,在施工房地产等行业的利润同比增幅却较大。早在 2010 年 3 月,国资委就勒令 78 户不以房地产为主业的央企加快调整重组、退出房地产业务。然而,2016 年上半年数据显示,截至 6 月 6 日,年度成交总价最高的 50 块土地中有 33 块土地由国企竞得,国企拿地总金额超过了1532亿元,占比达2/3①。国有企业依靠雄厚且成本低廉的资本参与房地产行业的同时,还有将手头资本进行二次转贷的行为。王彦超(2014)使用1999—2011年沪深股市A股公司样本研究发现,国有企业在金融市场特殊的融资优势使其对外提供商业信用的行为更加普遍。国有企业将资本用于投资房地产行业以及信贷资源的二次配置行为,为其带来高额利润。不少国有企业经营管理水平欠佳,主营业务盈利能力不高,却能依靠其所有制成分从国家或银行获得较多的资源支持。若将资本投入技术研发与转型升级,其收益不高且面临诸多不确定性,远不如直接将资本投入房地产或者转贷给面临约束的民营企业得到的收益多。因此,当存在资本流动障碍问题时,国有企业不需要依靠主营业务实现利润和资产增值,更不会将技术创新作为关系企业兴衰成败的重要战略付诸实践,换而言之,国有企业没有动力进行转型升级。

第二,资本流动障碍对民营企业升级的影响。由于资本流动障碍的存在,长期以来,相对于国有企业,银行对民营企业往往要求更高的信用标准,民营企业较难从具有国有背景的银行体系筹集到资金,即使获取资金,一般而言成本更高,数额也更少。史晋川和赵自芳(2007)对资本要素使用成本的测算结果表明,集体和私营经济的资本使用成本比国有经济和外资经济高出15~20个百分点。这意味着资本流动障碍使得民营企业融资成本较高,资本流动障碍扭曲了民营企业资本要素的价格。然而,民营企业要进行技术研发、升级改造需要充足的资金支持。邵敏(2012)的研究表明,我国制造业企业融资不足会显著降低企业研发概率。陈爽英等(2010)认为,民营企业家个人的银行关系资本、协会关系资本对企业的研发投资倾向有显著的积极影响。因此,即使在我国目前资本要素已经变得相对丰裕的情况下,扭曲的资本要素价格仍严重阻碍着民营企业的技术研发和转型升级,民营企业受制于资本流动障碍带来的高昂资本价格,研发投资不足,被迫锁定于低端产业。

(二)劳动力流动障碍对产业结构升级的影响

现阶段,一方面,我国教育、社保等公共服务的提供与户籍制度联系紧

---

① 卢志坤.国企拿走2/3高价地 监管部门约谈告诫"要收敛"[EB/OL].(2016-06-16)[2021-10-10].http://house.people.com.cn/n1/2016/0616/c164220-28450251.html.

密,附着在户籍制度上的福利以及高昂的房价增加了外来人员在东部沿海发达地区的生活成本,降低了他们在发达地区的就业意愿而选择留在中西部相对欠发达的中小城市接受当地劳动力价格。另一方面,中西部欠发达地区的政府在财政收入和官员考核制度的压力之下,在培育产业和引进现成成熟低端产业间往往倾向于选择后者。这缓解了部分已不符合比较优势、处于低端产业的企业的产业升级和技术改造压力,通过将企业迁徙到中西部欠发达地区,它们再次获得了生存空间。可以说,与公共服务联系紧密的户籍制度造成的劳动力流动障碍人为制造了一个愿意接受低工资的劳动者群体,为低端产业的生存提供可能性,将产业结构牢牢锁定于低端。

三、产业结构低端锁定对劳动收入份额的影响

西方市场化国家在工业化中后期的劳动收入份额表现出稳中有升的变动现象,是其产业结构随着经济发展不断升级带来的。在我国既有的经济发展方式下,产业结构升级滞后于要素禀赋结构升级,产业结构的低端锁定抑制了劳动收入份额的回升,具体如下。

(一)产业结构低端锁定意味着产业技术复杂度低,这使得社会整体对于高人力资本的需求不足,提供的岗位多为低技能岗位,劳动者报酬低

改革开放后,我国大力加强人才培养,人力资本水平不断提升。如果能将这些人力资本充分投入生产中使劳动生产率大幅提升,不仅有利于整体经济发展,也有利于提高劳动者报酬。但是,我国产业结构目前处于低端锁定中,这意味着产业的技术复杂度较低,这就不需要较高的人力资本来匹配,社会整体对于高人力资本的需求不足,提供的高技能岗位相对较少,使得大多数劳动者只能从事低技能工作,劳动者报酬普遍较低。一方面,部分劳动者从事低于其人力资本的工作意味着未能充分发挥其人力资本的作用,劳动生产率未能充分得到提升,不利于整体经济发展;另一方面,大量劳动者从事低技能工作,其劳动边际产出只能支撑低劳动报酬,这导致整体劳动收入份额的低位徘徊。

(二)服务业产业结构低端锁定导致劳动收入份额低位徘徊

服务业低端锁定导致劳动收入份额低位徘徊的路径主要有两条:一是服务业低端锁定使得服务业增加值提升不足,从而拉低整体劳动收入份额。服务业可以划分为生活性服务业和生产性服务业两大类,格鲁伯和沃克

(1993)指出,生产性服务业代表服务业内部结构的演进方向,是相对高端的服务业。改革开放以来,我国服务业增加值占 GDP 比重的增加主要是由生活性服务业带来的。西方发达国家生产性服务业占 GDP 的比重一般为43%左右。本书使用 2012 年 139 个部门的投入产出表估算得到的结果显示,2012 年我国生产性服务业占 GDP 的比重仅为 17.64%,占服务业增加值的比重仅为 38.8%[①],这说明我国服务业内部结构向生产性服务业方向演进的进展有限,服务业中相对高端的生产性服务业发展不充分,服务业的结构相对偏于低端。一般而言,服务业的劳动收入份额高于第二产业的劳动收入份额,服务业增加值比重的上升可以提高劳动收入份额。如果服务业没有发生低端锁定问题,我国生产性服务业将会有更大的发展进而提升服务业总体的增加值,从而使劳动收入份额得到提升。而且,相对高端的生产性服务业的发展将可以更大程度地发挥人力资本的作用,通过劳动生产率的提高促进劳动收入份额的提升。二是服务业低端锁定使得自身的劳动收入份额提升困难,进而造成整体劳动收入份额低位徘徊。我国服务业的低端锁定不仅表现为生产性服务业的比重过低,也表现为服务业内部行业结构水平及行业内技术复杂度不高,后者也会拉低整体劳动收入份额。

我们使用 2012 年投入产出表数据绘制生活性服务业以及生产性服务业的劳动收入份额及增加值比重图(见图 6.2 和图 6.3),可以发现,在生活性服务业中,劳动收入份额最低的两个行业("批发和零售"与"房地产")占生活性服务业增加值的 54%。在生产性服务业中也存在相似情形,仅"货币金融和其他金融服务""道路运输""电信和其他信息传输服务"三个行业的增加值比重就占到生产性服务业整体增加值比重的 56.6%,但这三个行业的

---

① "生产性服务业"在国内是一个较新的词语。2006 年,"生产性服务业"才在"十一五"规划纲要中第一次出现。专门针对生产性服务业的统计数据还在不断完善中。因此,本书在计算生产性服务业的增加值占比时,首先,根据《服务业发展"十二五"规划》中对生产性服务业的分类,将 2012 年139 部门投入产出表中服务业的细分行业划分为生活性服务业和生产性服务业两类。其中,生产性服务业主要包括 20 个行业:邮政;铁路运输;保险;资本市场服务;生态保护和环境治理;水利管理;科技推广和应用服务;软件和信息技术服务;专业技术服务;商务服务;研究和试验发展;装卸搬运和运输代理;航空运输;道路运输;租赁;水上运输;仓储;货币金融和其他金融服务;电信和其他信息传输服务;管道运输。剩下 17 个归为生活性服务业。其次,本书使用 2012 年 139 部门投入产出表数据,依次计算生产性服务业的增加值、服务业的增加值以及全部行业增加值,再用生产性服务业增加值除以服务业增加值得到生产性服务业增加值在服务业中的占比,用生产性服务业增加值除以全部行业增加值得到生产性服务业增加值占 GDP 的比重。

劳动收入份额又明显低于生产性服务业的劳动收入份额均值。这些行业，特别是"房地产""货币金融和其他金融服务""电信和其他信息传输服务"三个行业，其工资水平从绝对水平上看并不低，但是这些行业目前处于粗放式发展中，其技术复杂度相对较低，人力资本未得到有效利用，劳动生产率不高，因此，经济剩余中分配给资本的份额更高，劳动收入份额实际处于相对较低水平。

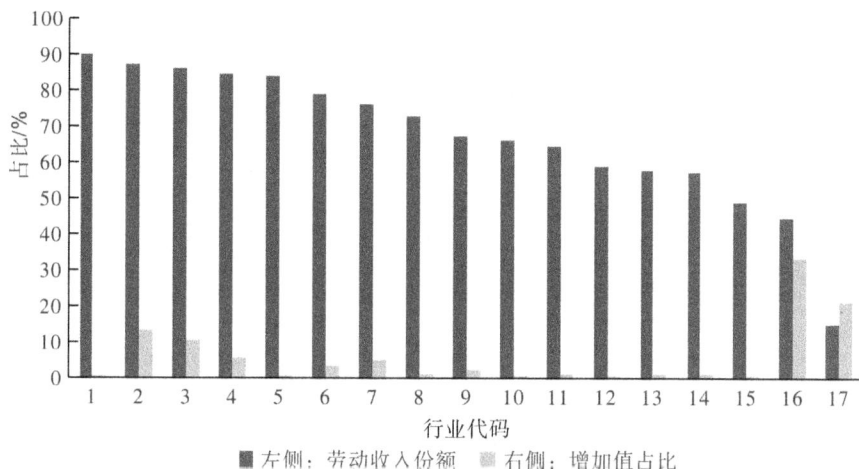

图 6.2　生活性服务业分行业劳动收入份额及占生活性服务业增加值比重

注：行业代码 1—社会工作；2—公共管理和社会组织；3—教育；4—卫生；5—社会保障；6—居民服务；7—餐饮；8—文化艺术；9—其他服务；10—体育；11—住宿；12—广播、电视、电影和影视录音制作；13—新闻和出版；14—公共设施管理；15—娱乐；16—批发和零售；17—房地产。
数据来源：根据 2012 年中国 139 部门投入产出表计算得到。

此外，我国服务业的行业结构欠佳，许多技术复杂度更高同时劳动收入份额也更高的行业没有得到充分发展。从图 6.2 和图 6.3 中可以看到，"卫生""资本市场服务""软件和信息技术服务""专业技术服务"等行业劳动收入份额较高，但它们所占比重相对较低。如果解决了服务业低端锁定问题，使得诸多服务业中的高端行业得到充分发展，同时提升既有行业的技术复杂度，那么服务业自身的劳动收入份额还可以得到进一步提升，这也将进一步提升我国的劳动收入份额。

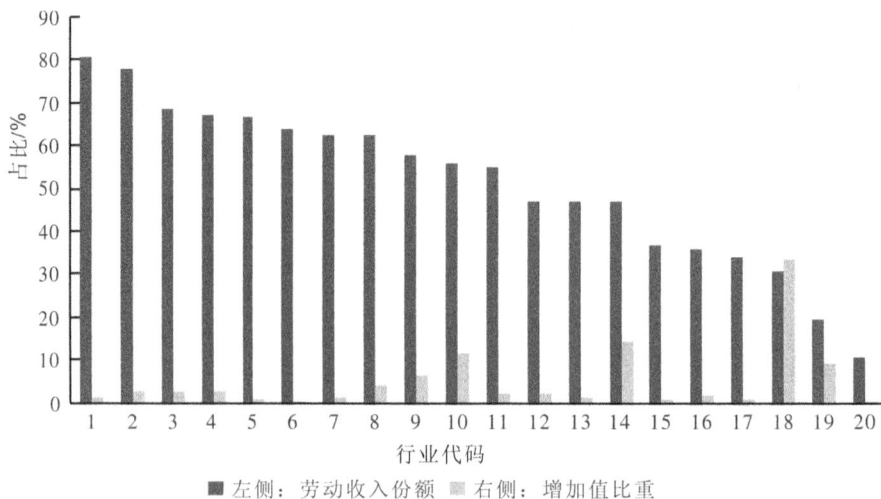

图 6.3　生产性服务业分行业劳动收入份额及占生产性服务业增加值比重

注:行业代码 1—邮政;2—铁路运输;3—保险;4—资本市场服务;5—生态保护和环境治理;6—水利管理;7—科技推广和应用服务;8—软件和信息技术服务;9—专业技术服务;10—商务服务;11—研究和试验发展;12—装卸搬运和运输代理;13—航空运输;14—道路运输;15—租赁;16—水上运输;17—仓储;18—货币金融和其他金融服务;19—电信和其他信息传输服务;20—管道运输。

数据来源:根据 2012 年中国 139 部门投入产出表计算得到。

　　既有的政府主导经济发展方式曾对变革期的经济增长和社会稳定有着极为重要的积极作用,使我国得以稳健地行进在渐进式改革的道路上。可以说,这样的发展战略与制度安排是适合当时条件的最优路径选择。但是,随着改革的深入,政府主导的经济发展方式开始暴露出一些问题,有效市场和有为政府的结合未随着经济发展的变化而及时调整。既有经济发展方式抑制了要素市场的发育和发展,要素,特别是资本要素的流动存在障碍,扭曲的要素价格体系下企业的最大化决策也发生了扭曲,致使我国的产业结构未能随着要素禀赋结构的提升而升级,落后和过剩的产能大量存在于经济体系中,产业结构低端锁定最终导致现阶段劳动收入份额陷入低位徘徊的状态。

第七章 要素流动、产业结构调整与劳动收入份额变动的实证分析

既有经济发展方式下要素市场发展滞后,要素流动障碍使产业结构低端锁定,最终导致我国现阶段的劳动收入份额陷入低位徘徊状态。虽然前文已从理论上阐明其内在逻辑,但是还需要进一步的实证论据给予支持。本章将使用省级面板数据对要素流动障碍—产业结构低端锁定—劳动收入份额低位徘徊这一链式影响机制进行实证检验。考虑到我国已进入工业化中后期,三次产业比重渐趋于稳定,产业结构的升级更多表现为各大类产业内部技术的不断进步和变迁,为了完成实证研究任务,必须构建一个衡量产业结构的新指标——产业结构高度指标,以灵敏捕捉现阶段我国产业结构变动的新特征。

第一节 产业结构水平测度指标文献综述

现有产业结构升级指标在不同的历史背景下被构建,捕捉了产业结构发展变化的总体规律以及部分重要特征,对于研究产业结构升级具有重要意义,发挥了重要作用。技术水平提升是产业结构升级的核心内涵,但是在经济发展的某些阶段它会外显为产业比重的变化。本书以指标是否对产业结构升级过程中包含的技术水平变动进行测度为标准,将现有指标分为两类:以产业比重为核心的指标、涉及测度产业技术水平变动的指标。

第一类:以产业比重为核心的指标。这类指标未测度产业技术水平变动,认为不同产业的技术水平存在差异,如果技术水平高的产业比重上升,那么产业结构就发生了升级。但这类指标没有对各产业的技术水平高低及变动进行直接测度,在对产业技术水平排序定义时存在主观性问题,同时也忽视了产业内技术水平会随时间改变这一现实情况。这类指标具体包含产

业比重变动法、产业比重标准参照法、多指标评价法三种。

第一,产业比重变动法。该种指标使用产业的产值、增加值、就业人数等方面的比重变动作为产业结构升级的测度指标。最常见的有非农产业比重(孙晶、李涵硕,2012;徐辉、李宏伟,2016)、第三产业与第二产业之比(干春晖等,2011;原毅军、谢荣辉,2014;李洪亚,2016)、产业结构层次系数(靖学青,2005;徐德云,2008;蓝庆新、陈超凡,2013;徐敏、姜勇,2015;汪伟等,2015)等[1]。

在工业化初期,产业比重变动基本可以反映产业结构升级。这是由于该种指标的隐含假设——第一、二、三产业的技术水平保持不变并依次递增——在工业化初期大致符合现实。到了工业化中后期,产业出现技术水平分化,产业结构升级的主要表现形式也从产业比重变动转变为产业内技术水平提升。此时,上述隐含假设与现实情况间的差异会逐步增大。首先,尽管发达国家的产业结构经历了从以工业为主体到以服务业为主体的转变,其第三产业的比重也不断提高,但并不是说第三产业是产业升级的方向,也不是说第三产业比第二产业更高级(李钢等,2011),因为第三产业中也包括餐饮等传统低效的行业(褚敏、靳涛,2013)。其次,在新技术推动下,三次产业内部也发生了重大技术变动,产业比重变动法指标却被隐含假设框定,不能对技术水平变动进行直接测度,它能反映的信息量不足,也就不适用于表征进入工业化中后期经济体的产业结构升级情况。最后,部分指标还存在权重的主观性问题。例如,产业结构层次系数等指标在构建时,权重系数是人为假定的,这会影响指标的精确性。

第二,产业比重标准参照法。该种指标通过比较一个国家或地区与参照系的产业结构间的"偏离程度""接近程度""接近距离"以判别产业结构的升级情况,具体又可分为"标准结构"法、相似判别法以及距离判别法三种。其中,"标准结构"法是指将一国或地区的三次产业比重与经济学家根据经验事实总结的三次产业比重变动规律("标准结构"[2])进行比较,以确定该国或地区产业结构的升级情况。相似判别法是比较两个产业结构系统的相似

---

[1] 其他还有第二产业比重(黄茂兴、李军军,2009)以及产业产值占比向量与产业层次向量的夹角(付凌晖,2010)等指标。

[2] 现有的"标准结构"主要有库兹涅茨模式、钱纳里—艾尔金顿—西姆斯模式,以及塞尔奎因—钱纳里模式三种。

程度,主要有结构相似性系数法(又称"夹角余弦法")和相关系数法两种(联合国工业发展组织,1980;刘伟,1991;王磊、徐涛,2008)。距离判别法,即通过计算两个国家或地区产业结构的"离差程度"以判断所考察经济体的产业结构升级情况,具体可采用欧氏距离、海明距离(结构变化值)或兰氏距离。

该种指标也同样没有对产业内技术水平变动进行直接测度。以发达经济体为参照系比较两者的产业结构差异的前提条件是:发达经济体的产业结构演变规律代表了产业结构升级的方向。而陈英(2008)认为,发达经济体从以工业为主导向以服务业为主导转变的产业结构变动规律,与其说是产业结构"升级",倒不如说是某种"经济解构",即后工业经济是一种越来越依存于其他经济体经济发展的"不完整的结构体系"。近年来,发达经济体开始重新重视工业发展,它们的"再工业化"政策旨在借助新技术生产高尖端工业产品,从而重振制造业。

另则,不同经济体产业结构的演变规律存在区别。例如,新西兰在经济发展过程中工业的产值比重没有显著的上升,因为农业在其经济中一直占有显著的比重;中国香港地区在其经济发展过程中,第三产业一直占有绝对的比重。这两种经济体都没有呈现显著的、定向的份额变化。因此,以发达经济体的产业结构作为衡量一个经济体产业结构升级情况参照系的做法存在缺陷。此外,相似系数法、相关系数法、欧氏距离法、兰氏距离法等指标包含同质性假设,即假定一个产业中的各部门是同质的,对测算对象的同质化假定越是泛化,相似系数会越趋近 1(陈建军,2004)。这些指标一般比较三次产业结构,在现今产品差别化、市场细分化趋势下,同质性假定进一步降低了指标的灵敏度。

第三,多指标评价法。该种指标从多个维度考察产业结构升级的各种表现。国内早期文献提出可以使用三次产业结构比例、霍夫曼比例、工业加工程度、智力技术密集型集约化程度、新兴产业产值比重、基础产业超前系数、生态环保产业进程、产业水平满足率、产业成长程度等指标(宋锦剑,2000;宋国宇、刘文宗,2005)考察产业结构升级,但并未将这些指标应用到实证分析中。近年来,有学者为了满足实证分析需求,运用主成分分析、因子分析等方法将多维度的指标压缩为一个总指数或两三个互不相关的综合指标(姚志毅、张亚斌,2011;褚敏、靳涛,2013;何菊莲等,2013;储德银、建克成,2014;顾雪松等,2016)。

多指标评价法也没有直接对产业技术水平变动进行测度。尽管这种方法包含的部分单项指标考察了经济体中高附加值、高技术产业的比重变动，确实在一定层面可以反映产业结构升级情况，但高技术的概念是随着时间和空间变化而变化的，这种评价方法是静态的。在实际运用时，不同单项指标的计算结果可能会出现冲突，以至于难以判断其明确的经济含义。近几年的研究为了将指标运用于实证研究，一般选择使用主成分分析法或因子分析法对多维指标进行降维处理，但部分研究并没有给出主成分的经济意义，因此会影响评价结果的可信度。

第二类：涉及测度产业技术水平变动的指标。产业结构升级的内涵在于技术水平的提升，已有一些指标的构建过程涉及了对产业技术水平变动的测度。但由于部分指标测度技术水平变动的精确性不足、统计资料有局限性，这类指标尚有改进的空间。该类指标具体包括社会平均生产率法以及基于投入产出分析法两种。

第一，社会平均生产率法。这种指标的通用公式为：

$$H_{it} = \sum_{k=1}^{n} S_{ikt} F_{ikt} \tag{7.1}$$

其中，H_{it} 为 i 地区 t 时期的产业结构升级指标，S_{ikt} 为 i 地区 k 行业 t 时期的增加值在 GDP 中的比重（$k=1,2,\cdots,n$），F 可为 k 产业的劳动生产率、资本生产率、增加值率或者全要素生产率（周昌林、魏建良，2007；李逢春，2012；黄亮雄等，2013；韩永辉等，2015；王丽、张岩；2016）。

劳动生产率和资本生产率都属于单要素生产率。由于要素投入变动和技术进步都能造成单要素生产率的变动，因此不能将单要素生产率提升等同于技术水平提升。因此，基于单要素生产率的产业结构升级指标也不能精确衡量产业技术水平的变动。以劳动生产率为例，劳动生产率的变化是包括劳动投入在内的多个要素变化的综合结果（董礼华，2012）。当资本投入量既定时，劳动边际产出是递减的。如果减少一定量的劳动投入，则在同样技术下，产出会下降，但是最后一单位劳动的边际产出将较之前提高，而劳动生产率(单位劳动平均产出)也是有可能较之前提高的[①]。显然,此时既无技术进步发生,也无产业结构变化或升级。

基于增加值率的社会平均生产率法也不能客观反映产业技术水平变动。中国高技术产业的增加值率不仅低于美国和日本[②],甚至一直低于同期中国制造业的增加值率。这虽然在一定程度上可以表明中国高技术产业的生产效率相对落后,但也说明基于增加值率的产业结构升级指标与实际产业指标水平存在区别,因此增加值率这一指标不能完全表征技术水平。

基于全要素生产率的社会平均生产率法指标可以反映产业技术水平变动,但是在实际应用中,由于数据可得性等因素限制,测算行业层面全要素生产率存在较大困难,因而难以使用该指标衡量产业结构升级。黄亮雄等(2013)通过测算四位数工业行业全要素生产率,进而测度工业的产业结构升级情况。不过目前尝试使用该类指标测度中国产业结构升级的研究较少。究其原因,这种指标涉及分行业全要素生产率的测算,由于数据支撑不足,中国分行业尤其是省级层面分行业全要素生产率的测度非常困难,严重影响这种指标作用的发挥。易纲等(2003)指出,新兴经济体与发达经济体在投资方向和技术进步机理上都存在差异,因此在测算新兴经济体全要素生产率时,需要探讨新的测度方法。方法的选择、生产函数形式的设定偏差大小、要素投入度量的精确程度直接关系到模型中的参数或者距离函数(DEA 方法)估算的精确性,进而影响全要素生产率以及产业结构升级度量的精确性。目前,使用该种指标测度中国产业结构升级存在困难。

第二,基于投入产出分析法。这种指标主要基于投入产出分析技术,指标包含了对产业技术水平的测度。潘文卿和陈水源(1994)取结构关联经济技术矩阵最大特征值的倒数作为产业结构升级的测算指标。唐志鹏等(2007)创建了一个基于投入产出技术的列标尺量模型用于测定国民经济产业结构的变动。李博和胡进(2008)认为,对产业结构高度化的测度可以转换为测度经济可能达到的潜在增长速度。在经济潜在增长速度单纯由产业

---

① 假设资本投入量既定,在某种技术下,劳动边际产出为 Q_i, $i=1,2,\cdots,n$。投入 k 单位劳动时,劳动生产率 $=\sum_{i=1}^{k} Q_i/k$,只要 $\sum_{i=1}^{k} (Q_i-Q_{i-1})>(k-1)Q_k$,$k-1$ 单位劳动投入的劳动生产率就高于 k 单位的劳动投入。

② 2003 年,美国和日本高技术产业的增加值率分别为 43.1% 和 38.7%。

技术结构决定这一假设之下，经济所能达到的潜在增长速度可由技术经济结构矩阵的主特征值反映。黄亮雄等（2013）使用美国投入产出表数据，计算每个产业集中使用中间产品的程度以代表相应的产业技术复杂度，再用产业增加值比重作为权重对产业技术复杂度加权得到产业高度化指标。

基于投入产出分析法的指标由于可得数据时序较短、数据时点之间间隔较长、区域数据可得性更低等问题在衡量产业结构升级时受到限制。这些指标大多基于中国的投入产出表数据，由于投入产出表的编排是一项耗时巨大的工作，目前中国在逢2和7的年份开展投入产出调查并编制相应年份的投入产出表，在逢0和逢5的年份，编排投入产出延长表，但数据并不通过直接调查的方式采集，而是根据最近调查年份的资料编制。在市级层面很少进行投入产出表的编制。此外，投入产出模型较严苛的基本假设也会影响相关指标的准确性。陈璋和张晓娣（2005）指出，要使投入产出模型真正成为一种有效的经济分析工具，必须基于三个基本假设：同质性假设、直接消耗系数在一定时期内保持稳定假设以及比例性假设。这些假设在实际分析中不能被完全满足，由此产生的问题或计算误差正是投入产出模型最基本、最重要的方法论问题，从而也会影响产业结构升级指标的准确性。因此，该指标难以准确反映产业结构的连续动态变化以及技术水平变动。

基于投入产出分析法的这类指标中，黄亮雄等（2013）使用1减去中间产品的赫芬达尔指数所得数值来表征产业技术复杂度，从而构建产业结构升级指标。但是，生产过程中使用的中间产品数量并不能较好反映产业的技术水平，该指标暗含着中间产品数量越多产业技术复杂度越高的假设，但事实上并不如此。例如信息、软件等产业，虽然其生产过程中使用的中间产品较少，实际上却属于技术复杂度较高的产业。该指标会出现例外的情形，例如Blanchard等（1997）的计算结果显示，伐木行业的技术复杂度高于铁路设备业，这显然是不符合常理的。

总体来说，测度产业结构升级的指标众多，每一种指标都有其一定的构建理论依据，但是目前尚未有具有压倒性优势的指标出现，因为每一种指标都有其自身的缺陷。考虑到技术升级才是产业结构升级的根本内涵，鉴于新技术扩散以及中国经济已进入工业化中后期的事实，本书更推荐第二类指标，即涉及测度产业技术水平变动的指标。在经济全球化以及中国经济进入工业化中后期的背景下，产业结构升级的主要形式不再仅表现为由第一产业为主导向第二、三产业为主导转变,以产业比重变动为核心的指标已难以反映产业结构升级的根本内涵——技术水平的提升,只有第二类指标才有可能捕捉产业结构升级的新特征——产业内技术水平提升。但是,生产率准确测算的困难、投入产出数据质量及某些新技术与中间产品数量的弱相关性影响了目前第二类指标所具有的效度和信度。因此,有必要构建新的产业结构升级测度指标以服务本章的研究目的。

第二节　产业结构水平测度新指标构建

以往研究产业结构对劳动收入份额影响的文献中,衡量产业结构的指标通常简单地选取三次产业结构指标。随着我国经济进入工业化中后期,三次产业比重指标已难以捕捉现阶段我国产业结构变动的新特征,有必要寻找其他可以反映产业结构升级的指标。笔者通过梳理相关文献未能发现满意的指标,因此必须构建新的产业结构升级测度指标。下文首先阐释产业结构升级的内涵,而后以此为理论基础构建一个衡量产业结构升级的新指标——产业结构高度指标。

一、产业结构的连续谱及产业结构升级内涵

产业具有多层次性,产业的分类也有很多方法。三次产业分类法将产业分为第一、二、三产业;农轻重产业分类法将经济生产活动中的物质生产部门分成农业、轻工业和重工业三大部门;生产要素分类法按照劳动、资本、知识等生产要素的比重将产业分成劳动密集型产业、资本密集型产业、技术密集型产业和知识密集型产业;钱纳里—泰勒分类法将不同经济发展时期对经济发展起主要作用的制造业部门划分为初期产业、中期产业和后期产业;霍夫曼产业分类法将产业分为消费资料产业、资本品产业和其他产业。其他对于产业的分类方法还有两大部门分类法、四次产业分类法、生产流程分类法等。

产业不仅具有丰富的层次,而且其结构会随着经济的发展呈现规律性的变化。国外许多经济学家研究了经济发展过程中的产业结构演进规律。配第、克拉克、库兹涅茨、钱纳里、霍夫曼、赤松要(Kaname Akamatsu)等经济学家对于产业结构变动提出了各自的理论:①配第在1690年出版的《政治

算术》一书中提出,由于不同产业收入水平不同,劳动力先由农业转向工业,而后再由工业转向商业。克拉克揭示了经济发展过程中劳动力就业结构和三次产业结构演进的一般过程和规律:劳动力由第一产业向第二产业转移,再由第二产业向第三产业转移。后人将其概括为配第—克拉克定律。②库兹涅茨考察了总产值变动和就业人口结构变动的规律,揭示了产业结构变动的总方向,进一步证明了配第—克拉克定律。③钱纳里在考察经济长期发展过程中制造业内部结构转换时提出三个阶段、六个时期的划分。三个阶段分别是初级产品生产阶段、工业化阶段和发达经济阶段。六个时期包含在三个阶段中,分别是:产业结构以农业为主的第一时期;产业结构由传统的农业结构向现代工业化结构转变,工业以初级产品生产为主的第二时期;制造业由轻工业向重型工业迅速增长转变,非农劳动力开始占主体,第三产业开始迅速发展的第三时期;第一、二产业协调发展的同时,第三产业由平稳发展转入持续高速增长的第四时期;制造业内部结构由资本密集型向以技术密集型产业为主导转换,同时生活方式现代化、高档耐用消费品普及的第五时期;第三产业开始分化,智能密集型和知识密集型产业从服务业中分离出来并占主导地位的第六时期。④霍夫曼根据消费品工业净产值与资本品工业净产值的比例,把工业化划分为四个发展阶段:第一阶段,消费品工业占主要地位;第二阶段,资本品工业快于消费品工业增长,基本达到消费品工业净产值的50%左右;第三阶段,资本品工业继续快速增长,达到与消费品工业相平衡的状态;第四阶段,资本品工业占主导地位。⑤日本经济学家赤松要在研究后进工业国家的工业化过程时指出,后进工业国家在工业制品方面会经历"进口—生产—出口"(雁行形态),同时还会产生由生活消费品到生产资料制品、由粗制品到精密制品的转换(次层的雁行形态)。小岛清(Kiyoshi Kojima)指出,雁行形态描述的过程是"生产的效率化过程",而次层雁行形态可称为"生产与出口的多样化、高级化过程"(王乐平,1990)。

国内也有不少学者对产业结构的演进展开研究,发现产业结构演进过程会伴随如下几个特征:①三次产业的重心转移,由第一产业占优势逐渐向第二产业、第三产业占优势演进;②要素密集度会转移,由劳动密集型产业占优势逐渐向资本密集型、技术(知识)密集型产业占优势演进;③产品形态的转移,由制造初级产品的产业占优势逐渐向制造中间产品、最终产品的产业占优势演进。④产业结构顺着低附加值产业向高附加值产业的方向演进；⑤产业结构顺着低加工度产业占优势向高加工度产业占优势方向演进（周昌林、魏建良，2007；孙韩钧，2012）。林毅夫（2012a）指出，经济发展是从低收入的农业经济到高收入的后工业经济的连续谱。发展中国家和发达国家之间产业结构的差异反映了处于一整个谱线上的不同发展水平，每一发展水平上的产业结构内生于各国自身的要素禀赋结构，体现了自身的比较优势。

从产业分类和产业结构演进的理论研究可以看出，产业结构层次丰富，其变动和升级呈现出连续谱的特征，是一个连续动态过程。在经济发展的不同阶段，它会呈现出产业比重、要素密集度或产品形态上的规律性变化。简单的三产比重指标在表征工业化初期和中期的产业结构升级时有较好的表现力，但是在三产比重渐趋稳定的工业化中后期的表现则乏善可陈。究其原因，在于其未能理解产业结构升级的根本内涵，未能抓住产业结构的本质特征。Kuznets（1966）曾指出，连续而根本性的技术变迁和产业结构升级是使现代经济增长区别于前现代经济增长的最重要特征。林毅夫（2012c）认为，对于发展中国家而言，产业的成长和结构升级是一个以存在明确的世界技术前沿为前提、顺着产业阶梯拾级而上的持续动态过程。由此可知，产业结构的升级过程始终有技术变迁相伴。事实上，产业结构升级中产业比重、要素密集度或产品形态等的变化仅仅是表象，其背后产业技术水平的提升或变迁才是产业结构升级的核心内涵所在。

因此，我们认为从技术层面出发才能更好地理解产业结构内涵以及构建衡量产业结构变动的指标。产业结构的转型升级尽管有多层次的表现，但最关键的表现在于产业技术的不断提升。尤其对于已进入工业化中后期的经济体来说，三次产业比重渐趋稳定，产业结构的升级更多表现为各大类产业内部技术的不断进步和变迁，将产业结构理解为一个包含着技术变迁的连续谱，更能体现出此类经济体在新阶段产业结构变动的特征。因此，技术的变化是产业结构变动背后最关键的变量，从技术角度理解产业结构升级，更有利于抓住其本质特征。

二、新指标的构建：产业结构高度指标

产业结构升级的核心内涵在于技术水平的提升，在经济发展的不同阶

段,它会呈现出产业比重、要素密集度或产品形态上的规律性变化。一个经济体进入工业化进程后,随着技术的进步或引入,劳动生产率大幅提升,国民收入相应增加,由于三次产业产品收入弹性的不同,产业比重呈现明显的规律性变化,产业结构升级外显为三次产业比重的变化。但是,进入工业化后期或后工业化时代的经济体,三次产业比重渐趋稳定,产业结构升级更多表现为各产业内部技术的不断进步与变迁。如果想要构建一个能适用于描述整个经济发展过程中产业结构变化情况的指标,特别是能更好反映工业化后期或后工业化时代经济体产业结构变化的指标,就必须紧紧抓住技术水平的提升这一产业结构升级的本质特征。通过广泛查阅研读文献,笔者发现国际贸易学中出口技术复杂度指标有关理论依据对新指标的构建大有裨益,因此本书以此为基础并辅以调整修正,构建了产业结构高度指标。新指标既包含行业比重变化信息,又有行业内技术复杂度变化信息,可谓集当前两类指标之所长。新指标对于技术变动具有较高敏感性,其技术复杂性的确定标准来源于国际贸易理论,具有较强的公信力,是适用于经济发展全过程的全局性指标,且特别适用于工业化后期或后工业化时代的经济体。它不仅适用于劳动收入份额影响因素研究,也适用于其他涉及产业结构的研究。

(一)指标构建的原理

在国际贸易学中,有一类衡量贸易品或一国出口结构技术水平的指标,有关它的研究相对成熟并且可谓是相当活跃的一个领域。贸易品的技术水平测量最早由迈凯利(Michaely)于 1984 年提出,他构造了一个贸易品的收入水平指标,用以检验比较优势理论、林德理论等国际贸易模式理论。出口商品的贸易收入水平指标以某一产品各国出口额占世界该种产品出口总额的比例为权重,加权平均出口该产品的所有国家的真实人均 GDP,以此表征该出口产品蕴含的技术水平(他还以类似的方法建立了进口品的收入水平指标)。国家出口结构的技术水平测量由关志雄(2002)提出,他为比较各国的国际竞争力构建了出口结构高度化指标。他认为附加值越高的产品越是来自高收入国家,因此用出口国的人均 GDP 的加权平均数(以在世界市场中各出口国占该产品的份额作为"权数")来表示贸易品的附加值。然后,以一国各出口产品的份额为权重,计算该国出口产品附加值的加权平均数,并以此为该国的出口结构高度化水平。产业的技术复杂度概念由 Hausmann

等(2003)提出,具体的测度指标则在 Hausmann 等(2005)中构建。指标构建时特别注意修正了前面测度方法中权重选取不恰当的问题,通过选取显示性比较优势指数为权数,保留了较小经济规模国家对贸易品技术水平的影响,因此该指标逐渐成为产业技术复杂度研究领域的主流测度指标。国内樊纲等(2006)、姚洋和张晔(2008)又对其做了进一步的改进。

总体来说,这类指标的理论基础是大卫·李嘉图在《政治经济学及赋税原理》中提出的比较优势贸易理论。该理论认为,国家间生产技术的相对差别以及由此产生的相对成本的差异决定了各国的进出口产品。这意味着生产并出口某种产品的国家必然在该产品上具有技术和成本上的比较优势,因此该产品蕴含的技术水平必然与该产品的生产及出口国的技术水平有着密切联系。不过,对于多数产品而言,其生产及出口国往往有多个,而这些国家的技术水平并不完全相同,因此,产品的技术复杂度由所有生产及出口国的技术水平决定,从而可以表示为各出口国技术水平的加权平均值。

本书产业结构高度指标的构建主要以樊纲等(2006)提出的贸易品显示技术附加值指标为基础。樊纲等(2006)提出显示技术附加值赋值原理以确定贸易品技术复杂度:对于某一种产品而言,在这种产品上具有比较优势的国家,其技术越丰裕,则在该产品的生产过程中越是密集地使用了技术,该产品的技术附加值也相应地就会越高。这意味着,如果一样产品越多地由高技术丰裕度的国家出口,那么其技术复杂度越高。据此原理,构建显示性比较优势指数(revealed comparative advantages index, RCA)和技术要素丰裕度指标作为识别贸易品技术复杂度的基础,计算技术要素丰裕度的加权和作为贸易产品的技术复杂度。其改进主要体现在权重的计算上,不同于 Hausmann 等(2005),他们不是以显示性比较优势指数本身而是以其占比为权重。显示性比较优势指数是评价和判断一国在某种产品上的比较优势状况的指标,分子为一国该贸易品的出口总值与该国出口总值之比,分母为该产品的总全球出口值与全世界出口贸易总值之比,其比值即为该国在该产品上的显示性比较优势指数。技术要素丰裕度则简洁地以人均GDP 来表示。根据樊纲等(2006)的观点,由于经济学中技术往往等同于生产率,一个国家的技术要素丰裕程度可以用全要素生产率来表示,然而,计算世界所有国家全要素生产率所需的数据难以全部获得,因此,考虑用劳动生产率来近似替代。在忽略人口结构差异的情况下,人均 GDP 可以作为比较各国劳动生产率的指标,从而也可以显示一个国家技术丰裕度的高低。

我们认为樊纲等(2006)提出的显示技术附加值赋值原理及其识别贸易品技术复杂度的有关思路可以被应用于产业结构高度指标的构建。因为,一个经济体的产业结构高度正是通过其生产的各种具体产品的技术复杂度来体现的。根据显示技术附加值赋值原理判断产品的技术复杂度,是将产品的技术复杂度放到国际贸易环境中比较,利用了李嘉图的比较优势原理。一般来说,发达国家在技术密集型和资本密集型产品上更具比较优势,而发展中国家则在资源密集型或劳动密集型产品上更具比较优势。因此,那些发达国家更具比较优势的产品的技术复杂度相对较高,而那些发展中国家更具比较优势的产品的技术复杂度相对较低。这就规避了某些投入产出分析法产业结构指标存在的缺陷,即部分新技术的先进性与中间产品数量多少关系不大的问题。当然,本书也注意到樊纲等(2006)以人均GDP表示一个国家的技术要素丰裕程度时存在的一系列近似替代操作,但是,本书认为这些对产业结构高度指标的最终测度准确性的影响并不太大。因为此处关注的是不同国家在技术上的相对水平比较,只要不影响各国在技术水平上的相对顺位排列就可以接受。这不同于社会平均生产率法产业结构指标存在的缺陷,在那里需要做的是一个国家在生产率上的时序纵向比较,这种比较是对绝对水平的比较,需要很高的精确度。

根据贸易品技术复杂度指标构建原理,本章将产品层面的技术复杂度指标拓展到行业层面,并以此为基础构建产业结构高度指标。

第一,根据海关统计商品分类与投入产出部门分类对照表和中国2007年投入产出表部门分类与国民经济行业分类对照表将贸易产品通过相应的投入产出部门归类到行业,仿照贸易品技术复杂度的计算方法测算行业技术复杂度。我们仿照樊纲等(2006)计算贸易品技术复杂度的方法计算行业技术复杂度。首先,根据贸易品技术复杂度识别的理论基础,我们确定了行业技术复杂度识别的理论基础:如果一个行业内产品越多地由高技术丰裕度的国家出口,那么该行业技术复杂度越高。其次,我们选取人均GDP指标衡量一个国家的技术要素丰裕。然后,依据每个国家每个行业的显示比较优势指数确定权重。参考樊纲等(2006)的观点,我们提出行业的显示技术附加值赋值原理:对于某一行业而言,在这种行业上具有比较优势的国家,其技术要素越丰裕,则在该行业产品的生产过程中越是密集地使用了技术,该行业的技术附加值也相应地就会越高。因此,可以使用每个出口该行业产品的国家的显示比较优势大小作为计算行业技术复杂度的权重,显示比较优势指数用调整了出口规模的该国在该行业的全球出口比重表示。最后,将所有国家的人均 GDP 加权即可得到每个行业的技术复杂度。

第二,按照行业增加值比重对行业技术复杂度进行加权获得一个经济体的产业结构高度[①]。

(二)指标构建的方法和具体步骤

第一步:计算每个国家每个行业的显示比较优势指数。显示比较优势指数的计算公式为:

$$RCA_{ij} = \frac{X_{ij} / \sum_{i=1}^{n} X_{ij}}{\sum_{j=1}^{m} X_{ij} / \sum_{j=1}^{m} \sum_{i=1}^{n} X_{ij}} \qquad (7.2)$$

其中,RCA_{ij} 为 i 国在 j 行业上的显示比较优势指数;X_{ij} 为 i 国在 j 行业上的出口额;n 为国家数,m 为行业数;分母用于调整各国出口规模不同带来的影响。

第二步:选取所有比较优势指数大于 0 的国家的人均 GDP 来确定每个行业的技术复杂度。计算公式如下:

$$RTV_j = \sum_{i=1}^{n} w_{ij} \ln(Y_i) \qquad (7.3)$$

其中,RTV_j 为 j 行业的技术复杂度;Y_i 为 i 国人均 GDP,n 为国家数目;w_{ij} 为 i 国在 j 行业上的权重,且

---

① 指标可能的缺陷:一些发达国家也会出口一些看似低端的产品。这在农林牧渔业以及某些能源开采行业表现较为突出。比如美国会出口猪肉、石油等产品,但是,这些产品相较于发展中国家的同类产品,可能技术含量更高。美国出口的石油主要来源于对页岩气的开采,它的技术含量远高于传统石油国家的原油开采。美国猪肉出口到我国的到岸价低于我国国内价,主要原因在于规模化养殖、严格的质量管控体系以及先进的养殖污染处理技术。又例如我国也会出口水产品,但是更多集中于淡水水产和近海水产,而发达国家则会集中于出口深海捕捞的水产品。深海远洋捕捞对技术要求较高,我国相较于发达国家尚有较大距离。因此,如果把这些行业做同一化处理,不区别发达国家和发展中国家,一定程度上会高估发展中国家产业结构高度,而低估发达国家产业结构高度。不过,如果把这些行业做区别处理,将每一个这样的行业视为不同的两个行业(如发达农业和发展中农业),又会明显高估发达国家此类行业的技术复杂度。因此,本书暂时未做区分。

$$w_{ij} = RCA_{ij} / \sum_{i=1}^{n} RCA_{ij} \tag{7.4}$$

其中,i 国在 j 行业上的权重 w_{ij} 为 i 国在 j 行业上的显示比较优势指数相较于所有国家在 j 行业上的显示比较优势指数之和的比例。

第三步:用行业的增加值比重作为权数将行业技术复杂度 RTV_{ij} 加权得到产业结构高度指标 NIS_i。计算公式为:

$$NIS_i = \sum_j \frac{x_{ij}}{GDP_i} RTV_j \tag{7.5}$$

其中,x_{ij} 是 i 国的 k 行业增加值。

第三节　产业结构高度测算
与产业结构低端锁定

在上节中,本书提供了产业结构高度指标的构建原理和方法。本节将测算我国的产业结构高度,并给出产业结构高度的变动趋势图。而后,结合我国要素禀赋变化状况,探讨我国产业结构低端锁定的存在性。

一、产业结构高度测算

(一)数据来源

产业结构高度指标测算所需数据分两部分:第一部分数据主要有世界各国的产品出口额以及这些国家的人均 GDP。在计算第一产业和工业的二位码行业技术复杂度时,采用 UN Comtrade 数据库(联合国商品贸易统计数据库)提供的全球 200 多个国家和地区的货物出口数据。我们使用世界海关组织《商品名称及编码协调制度》的六位码分类标准(HS1992),该分类下有5000 多个产品,我们将这些产品按照编码与中国海关统计商品对应,按照海关统计商品分类与投入产出部门分类对照表将贸易产品对应到相应的投入产出部门,再按照中国 2007 年投入产出表部门分类与国民经济行业分类对照表将产品归类到国民经济的二位码行业。在计算服务业各行业的技术复杂度时,采用 UNCTAD 数据库(联合国贸易与发展会议数据库)提供的全球200 多个国家和地区的服务出口数据,选取按《国际收支平衡手册》第五版(BMP5)标准统计的数据。人均 GDP 数据采用世界银行 WDI 数据库(世界发展指标数据库)提供的按购买力平价衡量的人均 GDP(2011 年不变价国际元)。第二部分数据包含我国二位码行业的增加值以及各年 GDP 总量。工业分行业增加值数据来自各年《中国工业统计年鉴》,第一产业和第三产业的分行业增加值数据和 GDP 数据来自各年《中国统计年鉴》①。

(二)行业技术复杂度测算结果

我们测算了 1998—2013 年按《国民经济行业分类》(GB/T 4754—2002)标准分类的二位码行业的技术复杂度,具体如表 7.1 所示。

首先,分析不同行业间的技术复杂度情况。我们将行业按其 1998—2013 年技术复杂度的平均数由低到高进行排序,结果表明,渔业、农林牧渔服务业、有色金属矿采选业、农副食品加工业、农业和畜牧业是技术复杂度最低的行业。而专利权利使用费和特许费(UNCTAD 数据分类),通信设备、计算机及其他电子设备制造业,计算机和信息服务,以及医药制造业是技术复杂度相对较高的行业。总的来说,大多数行业表现出的技术复杂度差异基本符合预期。此外,我们发现行业技术复杂度的高低并不能完全以其所属产业来判断。尽管第一产业细分行业的技术复杂度一般相对较低,而第三产业细分行业的技术复杂度一般相对较高,但并不是所有第三产业的行业技术复杂度都高于第二产业的行业。例如第二产业中的"医药制造业"和"通信设备、计算机及其他电子设备制造业"的技术复杂度就大于第三产业绝大多数细分行业的技术复杂度。这显然与经济发展的现实情况是相符的,随着经济与技术的发展,第二产业的一些行业会有技术的更新和升级,例如不少国家最近推出了各种工业 4.0 计划,以这些新技术为代表的高端制造业当然拥有极高的技术复杂度。同时,这也从一个侧面证明使用三次产业结构衡量产业结构升级只是一种相对粗糙的测算方法,本书构建的以行业技术复杂度为基础的产业结构高度新指标是更为细致与准确的指标。

---

① 由于 1998—2006 年统计年鉴主要报告的是国有及规模以上非国有企业工业部分,2007 年之后统计年鉴主要报告规模以上工业企业数据,为了将数据口径调整为全部工业口径,本书借鉴了陈诗一(2011)以及孙早和刘李华(2016)的方法,使用 2004 年和 2008 年两个经济普查年份提供的全部工业口径数据计算这两年的调整比例,并根据线性函数假定构造 1998—2010 年的口径调整比例。2011 年后,规模以上工业企业在全部工业企业中所占的比重很大,能够基本反映工业的整体情况,故而将 2011 年及以后年份的调整比例假定为 1,换言之,本书对 2011 年以后的数据并没有进行实质上的口径调整。

其次,分析各行业技术复杂度在时间序列上的变化情况。从图7.1中可知,大多数行业的技术复杂度在1998—2013年有所增长。其中增长最快的几个行业是:新闻出版业,渔业,电力、燃气及水的生产和供应业,文教体育用品制造业,印刷业和记录媒介的复制,专利权利使用费和特许费,以及政府服务,这些行业技术复杂度的增长幅度均超过15%。由于网络的快速发展,新闻出版业、文教体育用品制造业以及印刷业和记录媒介的复制等行业处于急剧的变革中,新媒体、新媒介的不断涌现令行业技术不断更新升级,其技术复杂度的上升有目共睹。当今世界正掀起第四次科技革命的浪潮,自动化、人工智能催生下的各种新发明、原创技术源源不断地喷涌而出,专利权利使用费和特许费相关行业的技术复杂度提升实属情理之中。值得注意的是渔业和电力、燃气及水的生产和供应业等传统产业的技术复杂度也不断提升,这可能是因为受制于资源的稀缺,必须开发和应用新技术来更好地利用既有资源、拓展新资源。在技术复杂度下降的行业中,多数行业下降幅度并不大,只有烟草行业经历了极为显著的下降。这可能是由于医学的发展以及人们对健康的重视,经济发展较好的国家对烟草制品的需求在下降,对新技术的激励在减少。从各行业技术复杂度的时序变化来看,行业技术水平不能简单以其所属产业来判断,传统产业由于使用了新技术,其技术复杂度会大幅提升。以互联网和大数据为基础快速发展的人工智能并非一种局部发生的一次性的技术进步,而是一种影响全局的通用目的技术(general purpose technology)(Trajtenberg,2018),可以预见第一、二、三产业中许多传统行业将通过与新技术的融合实现技术蛙跳和结构升级。以三次产业结构衡量产业结构升级,未能捕捉产业升级的核心内涵——技术升级,此类指标只适用于三产比重变化比较明显的工业化初、中期阶段。进入工业化中后期或后工业化时期,产业升级更多表现为产业内各行业的技术发展,必须有更为细致的指标来测算。而本书构建的产业结构高度指标以行业技术复杂度为基础,能够捕捉行业内技术的变化,是较为理想的指标。

表 7.1 1998—2013 年行业技术复杂度指数

行业代码	行业名称	均值	1998年	1999年	2000年	2001年	2002年	2003年	2004年	2005年	2006年	2007年	2008年	2009年	2010年	2011年	2012年	2013年
04	渔业	4.49	4.30	3.38	3.14	3.61	3.86	4.24	4.47	5.15	4.85	4.13	4.59	4.41	5.52	5.72	4.93	5.48
05	农、林、牧、渔服务业	7.00	7.42	7.68	7.80	6.52	6.59	7.14	7.05	6.69	7.09	7.24	5.63	5.85	6.52	7.85	7.83	7.06
09	有色金属矿采选业	7.58	7.72	7.33	7.36	7.38	7.22	7.30	7.24	7.34	7.62	7.54	7.61	7.85	7.73	7.78	8.39	7.95
13	农副食品加工业	7.68	7.27	7.24	7.27	7.56	7.63	7.59	7.57	7.68	7.68	7.80	7.85	7.74	8.03	7.99	7.94	8.11
01	农业	7.88	7.79	7.47	7.82	7.85	7.80	7.77	7.80	7.83	7.91	7.90	7.92	7.98	7.91	8.01	8.16	8.14
03	畜牧业	7.98	8.25	8.07	7.94	7.81	7.51	7.72	7.52	7.79	7.90	7.86	7.54	7.69	7.92	8.54	8.51	9.12
16	烟草制品业	8.05	8.76	8.84	9.08	9.07	8.90	8.75	8.70	4.72	8.95	8.82	8.85	7.09	6.03	9.62	6.01	6.64
42	工艺品及其他制造业	8.08	8.34	7.97	8.16	8.55	8.41	8.36	8.27	8.11	8.38	8.31	8.13	8.47	8.27	6.97	6.55	8.03
K	政府服务	8.24	7.98	7.91	7.85	7.92	8.14	7.98	8.07	8.18	8.23	8.30	8.36	8.34	8.39	8.39	8.56	9.18
02	林业	8.26	8.50	8.55	8.26	8.06	8.07	8.02	7.94	7.92	8.35	8.56	8.60	8.94	7.72	8.19	8.50	8.03
15	饮料制造业	8.27	8.00	8.16	8.39	8.23	8.32	3.35	8.31	8.39	8.68	8.79	8.52	7.66	7.66	9.05	8.00	7.75
32	黑色金属冶炼及压延加工业	8.29	9.11	7.79	7.85	7.81	7.62	7.78	8.11	8.12	8.36	8.45	8.57	8.69	8.36	8.46	9.30	8.31
44、45、46	电力、燃气及水的生产和供应业	8.46	7.78	8.00	7.47	7.78	7.79	8.14	8.40	8.70	8.78	8.74	8.83	8.59	8.94	9.06	9.10	9.24

续表

行业代码	行业名称	均值	1998年	1999年	2000年	2001年	2002年	2003年	2004年	2005年	2006年	2007年	2008年	2009年	2010年	2011年	2012年	2013年
43	废弃资源和废旧材料回收加工业	8.54	8.50	8.19	8.27	8.27	8.10	8.14	8.46	8.25	8.95	8.91	8.68	8.78	8.81	8.85	8.86	8.66
10	非金属矿采选业	8.55	8.19	8.24	8.42	8.49	8.50	8.53	8.66	8.46	8.72	8.79	8.72	8.46	8.12	8.84	8.80	8.92
C	通信服务	8.62	8.56	8.61	8.55	8.58	8.54	8.55	8.63	8.68	8.62	8.65	8.66	8.52	8.56	8.58	8.72	8.91
17	纺织业	8.63	8.74	8.44	8.30	8.64	8.65	8.63	8.58	8.80	8.73	8.76	8.67	8.50	8.59	8.66	8.61	8.77
23	印刷业和记录媒介的复制	8.68	7.29	8.06	8.06	8.54	8.79	8.99	9.00	9.07	9.00	9.01	8.90	8.63	8.87	9.18	8.86	8.57
33	有色金属冶炼及压延加工业	8.69	9.07	8.89	8.86	8.69	7.85	7.89	7.97	8.01	8.97	8.99	8.72	9.22	8.90	8.90	9.25	8.87
19	皮革、毛皮、羽毛（绒）及其制品业	8.72	8.09	8.59	8.56	8.60	8.63	8.60	8.59	8.64	8.75	8.94	8.92	8.97	8.79	8.89	9.03	8.90
18	纺织服装、鞋、帽制造业	8.72	8.39	8.55	8.35	8.60	8.64	8.56	8.65	8.90	8.89	8.89	8.76	8.75	8.80	8.88	8.95	8.96
20	木材加工及木、竹、藤、棕、草制品业	8.89	8.74	8.79	8.72	8.70	8.87	9.00	8.80	8.87	8.87	8.87	8.74	8.96	9.02	9.04	9.10	9.19
24	文教体育用品制造业	8.89	8.69	8.27	7.39	7.12	8.33	7.87	7.82	9.16	9.47	9.73	9.73	9.30	9.52	9.68	9.93	10.28
31	非金属矿物制品业	8.94	9.03	8.98	9.02	8.91	8.90	8.87	8.77	8.89	9.18	8.77	8.97	8.90	8.92	8.98	8.98	9.00

续表

行业代码	行业名称	均值	1998年	1999年	2000年	2001年	2002年	2003年	2004年	2005年	2006年	2007年	2008年	2009年	2010年	2011年	2012年	2013年
88	新闻出版业	8.94	6.99	7.62	7.53	7.42	8.59	9.32	9.50	9.52	9.26	9.54	9.69	9.55	9.62	9.67	9.64	9.61
37	交通运输设备制造业	8.96	8.82	8.79	8.88	8.92	8.64	8.80	8.71	9.08	9.09	9.36	9.06	8.80	9.04	9.00	9.22	9.17
B	旅游	8.98	8.85	8.89	8.87	8.89	8.89	8.86	8.90	8.93	8.96	8.99	8.99	9.00	9.06	9.09	9.14	9.30
08	黑色金属矿采选业	9.01	8.93	9.13	8.55	8.55	8.51	8.73	8.66	8.66	9.54	9.01	9.08	9.02	9.59	9.65	9.34	9.24
14	食品制造业	9.02	8.94	9.01	8.92	9.02	8.90	8.88	8.82	8.93	9.12	9.14	8.72	8.84	9.14	9.23	9.27	9.43
25	石油加工、炼焦及核燃料加工业	9.05	9.09	9.05	8.90	8.57	8.97	9.11	8.75	9.16	8.40	10.05	9.47	9.31	9.55	9.42	8.50	8.56
J	个人、文化和娱乐服务	9.16	9.20	9.32	9.44	9.43	9.39	9.33	9.32	9.19	9.34	9.21	8.96	8.85	8.80	8.83	8.83	9.10
D	建筑服务业	9.17	9.18	9.09	9.22	9.17	9.07	3.89	9.18	9.17	9.20	9.31	9.35	9.17	8.92	8.94	9.17	9.74
21	家具制造业	9.19	8.92	8.83	8.98	9.06	8.93	3.93	8.91	9.47	9.38	9.34	9.42	9.13	9.41	9.42	9.38	9.46
30	塑料制品业	9.19	9.12	9.09	8.87	9.10	8.94	9.17	9.14	9.27	9.30	9.32	9.36	9.13	9.21	9.33	9.37	9.37
F	金融服务	9.20	9.47	9.49	9.39	9.43	8.94	8.93	8.94	8.95	9.08	9.17	9.23	9.15	9.28	9.30	9.13	9.41
34	金属制品业	9.22	9.13	9.07	8.98	9.21	9.08	9.17	8.90	9.22	9.33	9.21	9.38	9.22	9.28	9.38	9.38	9.49
26	化学原料及化学制品制造业	9.23	8.90	8.92	9.08	9.10	9.06	9.18	9.19	9.27	9.40	9.39	9.38	9.38	9.37	9.26	9.33	9.41

续表

行业代码	行业名称	均值	1998年	1999年	2000年	2001年	2002年	2003年	2004年	2005年	2006年	2007年	2008年	2009年	2010年	2011年	2012年	2013年
A	运输	9.23	8.98	9.03	9.03	9.08	9.10	9.14	9.23	9.24	9.28	9.32	9.38	9.32	9.28	9.31	9.35	9.58
28	化学纤维制造业	9.25	8.85	8.97	8.83	9.08	9.18	9.11	9.38	9.41	9.56	9.42	9.57	8.65	9.31	9.46	9.57	9.63
E	保险	9.26	8.99	9.06	9.01	8.91	9.06	9.27	9.32	9.32	9.29	9.37	9.51	9.38	9.27	9.30	9.32	9.71
36	专用设备制造业	9.27	9.29	9.14	9.16	9.25	9.22	8.70	9.21	9.33	9.47	9.34	9.35	9.16	9.38	9.41	9.46	9.47
41	仪器仪表及文化、办公用机械制造业	9.30	9.54	8.83	9.02	8.82	8.33	8.71	8.76	9.62	9.68	9.67	9.67	9.49	9.81	9.78	9.56	9.56
I	其他商务服务	9.32	9.10	9.05	9.09	9.09	9.13	9.26	9.23	9.30	9.39	9.36	9.40	9.42	9.51	9.54	9.48	9.83
07	石油和天然气开采业	9.39	9.53	9.30	9.41	9.07	9.15	9.22	9.33	9.26	9.51	9.48	9.55	9.49	9.14	9.56	9.44	9.82
39	电气机械及器材制造业	9.39	9.40	9.41	9.31	9.23	9.25	9.13	9.20	9.48	9.43	9.63	9.39	9.30	9.49	9.52	9.55	9.56
29	橡胶制品业	9.40	9.22	9.31	9.16	9.31	9.25	9.23	9.35	9.49	9.43	9.44	9.52	9.27	9.52	9.63	9.62	9.62
35	通用设备制造业	9.51	9.27	9.12	9.22	9.27	9.04	9.10	9.64	9.49	9.78	9.73	9.86	9.58	9.77	9.66	9.85	9.82
06	煤炭开采和洗选业	9.57	9.46	9.43	9.42	9.43	9.46	9.44	9.45	9.58	9.49	9.57	9.81	9.70	9.71	9.73	9.76	9.62
22	造纸及纸制品业	9.61	9.55	9.57	9.55	9.54	9.59	9.55	9.57	9.58	9.63	9.56	9.68	9.61	9.59	9.70	9.67	9.74
H	专利权利使用费和特许费	9.67	8.81	9.11	9.52	9.61	9.56	9.58	9.33	9.59	9.75	9.83	9.61	9.97	9.98	10.00	10.13	10.27

续表

行业代码	行业名称	均值	1998年	1999年	2000年	2001年	2002年	2003年	2004年	2005年	2006年	2007年	2008年	2009年	2010年	2011年	2012年	2013年
40	通信设备、计算机及其他电子设备制造业	9.68	9.73	9.73	9.76	9.76	9.68	9.59	9.44	9.65	9.76	9.60	9.79	9.69	9.62	9.71	9.77	9.55
G	计算机和信息服务	9.77	10.06	10.11	9.77	9.66	9.66	9.60	9.64	9.62	9.68	9.77	9.80	9.77	9.75	9.78	9.77	9.87
27	医药制造业	9.96	9.62	9.67	9.70	9.77	9.87	9.91	9.97	10.10	10.08	10.10	10.12	9.99	10.05	10.10	10.15	10.14

行业说明：第一产业以及工业的细分行业的细分行业口径选取参照《国民经济行业分类》(GB/T 4754—2002)标准。由于 UNCTAD 数据中将服务贸易分为运输、旅游、通信服务、建筑服务、保险、金融服务、计算机和信息服务、专利权利使用费和特许费、其他商业服务、个人、文化和娱乐服务、以及政府服务，并不能与我国国民经济行业分类标准中第三产业的细分行业结构高度一一对应，而计算产业结构高度时需要的第三产业细分行业增加值数据在全国层面和省级层面的可得性又有差异，因此此本书在下文计算全国层面产业结构高度和省级层面产业结构高度时将分别将第三产业分类依次赋以英文字母(A—K)以编制其行业代码。同时，对 UNCTAD 数据中暂时按时计算结果。

数据来源：UNCOMTRADE 数据库，UNCTAD 数据库，WDI 数据库。

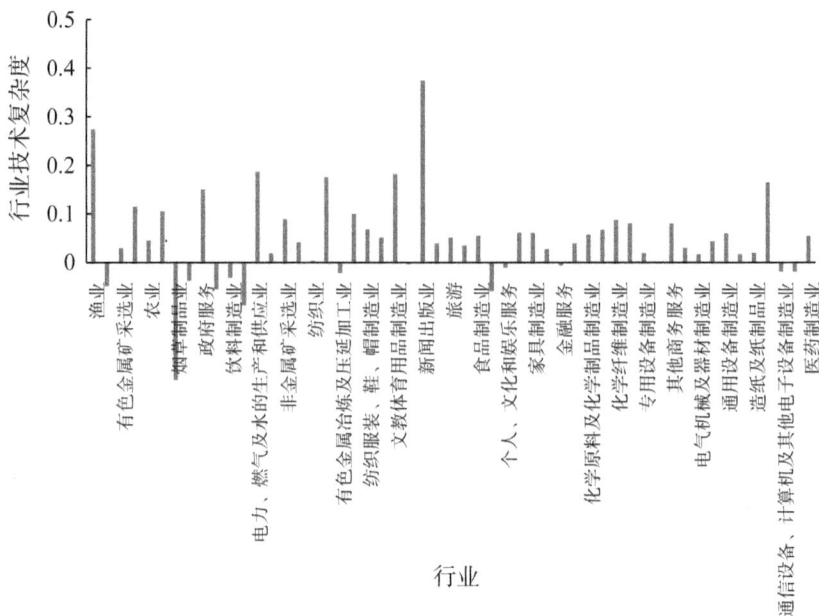

图 7.1 1998—2013 年行业技术复杂度变化

(三)我国产业结构高度变动趋势

为计算产业结构高度,还需根据(7.5)式,将前面测算的行业技术复杂度结合行业增加值数据进行计算。但是,由于自 2008 年起,《中国统计年鉴》不再公布工业分行业增加值数据,因此,出于数据限制,产业结构高度指标只计算到 2007 年为止。我们计算了我国 1998—2007 年全国层面的产业结构高度[①],其变动趋势如图 7.2 所示。

从图中我们可以看到,我国的产业结构高度的绝对水平在 1998—2007 年大致表现出一定的上升趋势。产业结构高度从 1998 年的 8.50 上升到 2007 年的 8.93,大约上升了 5%。

---

① 对于第三产业细分行业与 UNCTAD 数据服务贸易分类无法一一对应的问题,在计算全国层面产业结构高度指标时,我们选择第三产业中的"交通运输、仓储和邮政业""金融业""科学研究、技术服务和地质勘查业"以及"文化、体育和娱乐业"四个细分行业,分别对应 UNCTAD 中的"运输"、"保险业"和"金融服务"(取平均数)、"专利使用费和特许费"以及"个人、文化和娱乐服务",作为第三产业的代表行业。

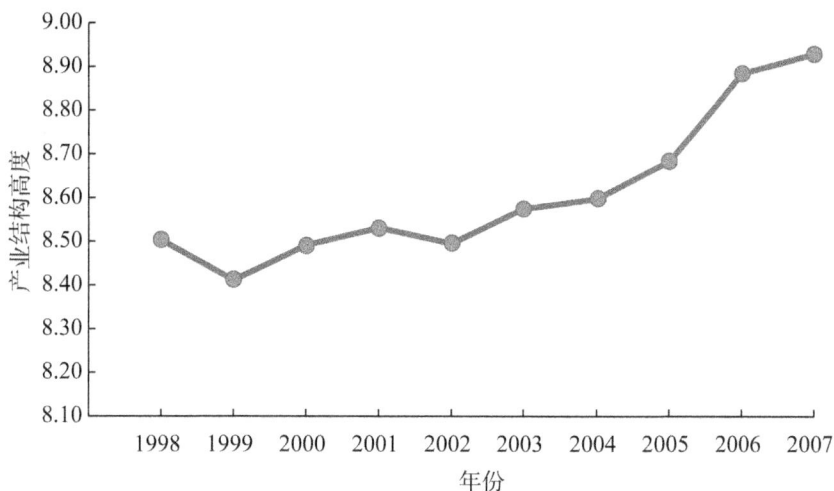

图 7.2　1998—2007 年我国产业结构高度变动

二、产业结构低端锁定的存在性

新结构经济学指出,一个国家的产业结构应该顺应要素禀赋结构决定的比较优势的变动,因此,产业结构是否低端锁定要结合要素禀赋结构才能判断。图 7.2 表明,1998—2007 年我国的产业结构高度存在一定程度的上升,但是,我国的产业结构高度的提升程度是否与要素禀赋结构的提升相适应呢? 接下来,本书将对产业结构高度指标与要素禀赋结构(人均资本存量)建立联系。具体地,使用两种方法检验产业结构与要素禀赋结构之间的匹配程度。方法一通过比较产业结构高度指标变动率与人均资本存量(取对数)变动率的趋势判断。方法二通过产业结构高度与人均资本存量的比值判断。资本存量数据来自张军和章元(2003)提供的数据,我们使用他的方法补充计算了 2000 年之后的资本存量。我们将计算的结果绘制成趋势图,两种方法的结果分别如图 7.3 和图 7.4 所示。

从图 7.3 和图 7.4 中我们可以看到,如果将产业结构高度与要素禀赋结构联系起来,无论是比较产业结构高度的变动率与要素禀赋结构变动率之间的关系(见图 7.3),还是观察产业结构高度与要素禀赋结构的比值的变动趋势(见图 7.4),我国的产业结构高度的提升速度均低于要素禀赋结构的提升速度。随着经济发展,我国的要素禀赋结构不断提升,理论上,符合比较优势的产业结构也在提升,然而实际产业结构高度提升速度明显不足,这意味着我国目前的产业结构并没有顺应比较优势的改变而改变。这说明我国的产业结构升级滞后于要素禀赋结构的升级,即出现产业结构低端锁定问题。

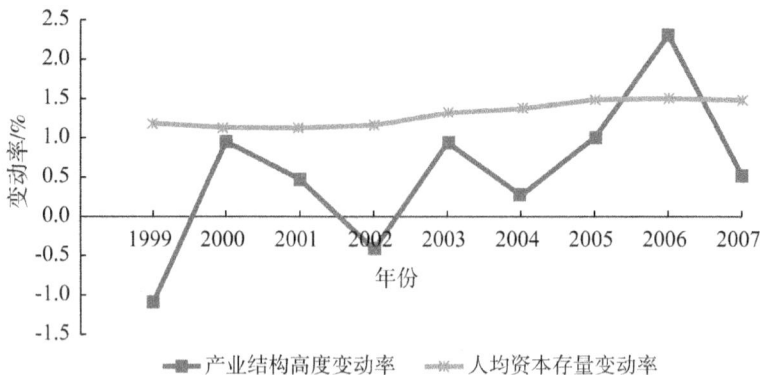

图 7.3　1998—2007 年我国产业结构高度与要素禀赋结构匹配度

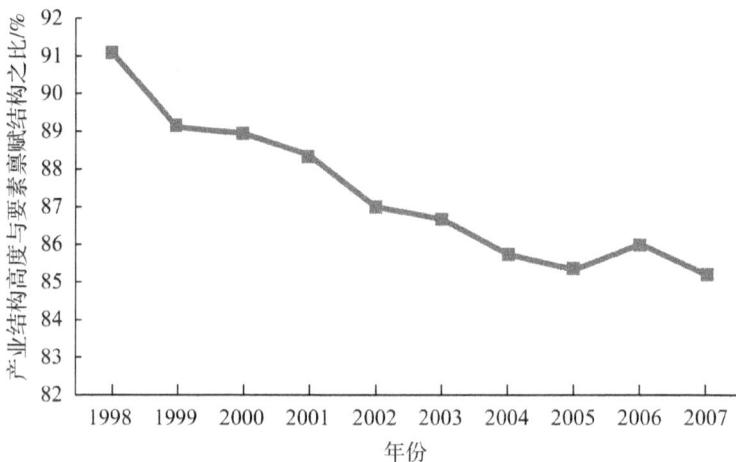

图7.4　1998—2007 年我国产业结构高度与要素禀赋结构之比的变动趋势

第四节　新旧产业结构指标对劳动收入份额变动的解释力

现有不少研究劳动收入份额变动的文献都认为产业结构是一个较为重要的影响因素,然而此类文献大多使用三次产业增加值占 GDP 比重作为衡量产业结构变动的指标。我们认为,随着经济的发展,这样的指标已经不足以表征产业结构变动的新特征。因此,接下来,本书将使用新构建的指标测度产业结构,并将新旧两种衡量产业结构的指标分别纳入计量模型,对比它们对劳动收入份额变动的解释力。

一、三次产业结构的变动

对于发展中国家而言,在工业化初期和中期,产业结构调整最显著的特征表现为三次产业比重的变动。改革开放后,我国的三次产业增加值比重发生了重大变动(见图 7.5)。1978 年,我国第一、二、三产业的增加值占GDP 的比重分别为:27.9%、47.6%和 24.5%。2014 年,我国第一、二、三产业的增加值占 GDP 的比重分别为:9.2%、42.6%和 48.2%。可以看出,这30 多年间,第一产业和第三产业的比重变动较明显,第二产业发生了轻微下降。这主要是因为,我国在计划经济时期推行重工业优先发展战略,这使得改革开放初期,我国第二产业的比重就已经达到较高的水平。

图 7.6 给出了 1979—2014 年我国三次产业增加值占 GDP 比重的变动率。我们可以看到,改革开放后,我国经济发展迅猛,1978—2004 年,三次产业比重经历了较大调整。但随着经济发展,三次产业比重的变动幅度正在趋缓。特别是进入 2004 年后,三次产业结构变动幅度大大降低,第一产业的增加值比重趋于稳定。因此,在新时期,三次产业比重变动已不再能抓住产业结构变动的新特征。产业升级不仅需要从三次产业比重角度考察,更需要从产业结构高度层面进行考察。

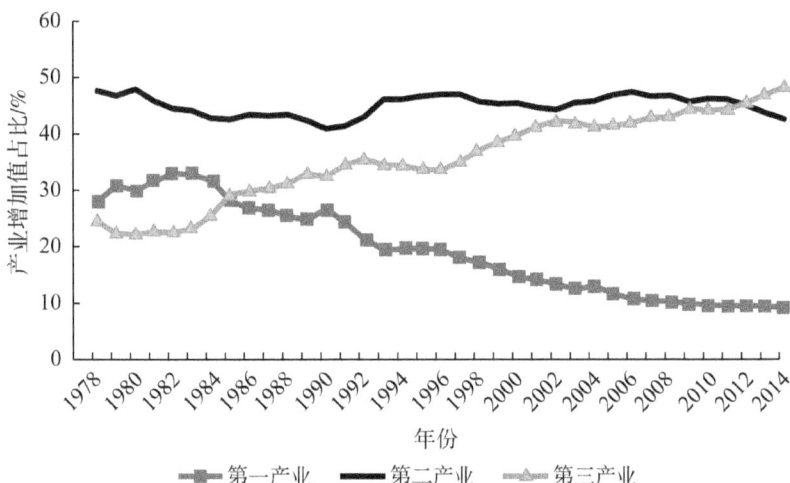

图 7.5　1978—2014 年三次产业增加值比重变动

数据来源:《中国统计年鉴 2015》。

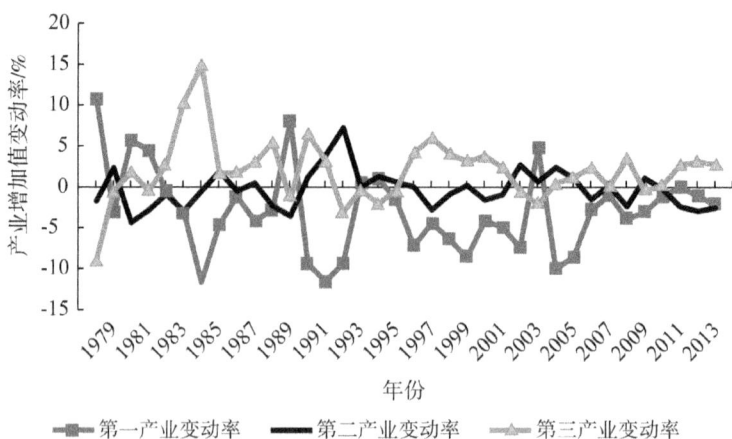

图 7.6　1979—2014 年三次产业增加值比重变动率

数据来源:《中国统计年鉴 2015》。

二、产业结构新指标的变动

2004 年后,我国三次产业比重的变异度正在缩小。那么我们新构建的产业结构高度指标变异度如何? 图 7.7 给出了 1998—2007 年我国产业结构高度变动趋势图。与图 7.5 中的三次产业增加值比重变动相比,可以看到,2004 年前三次产业增加值比重变动幅度大于产业结构高度指标,而 2004 年后则是产业结构高度指标变动幅度更大些,因此,产业结构高度指标更加适合作为新时期衡量产业结构的指标。需要说明的是,产业结构高度指标变异度大并不说明我国不存在产业结构低端锁定问题,要判断产业结构是否存在低端锁定问题还需和要素禀赋结构建立联系,本书已经在前文讨论了这个问题。

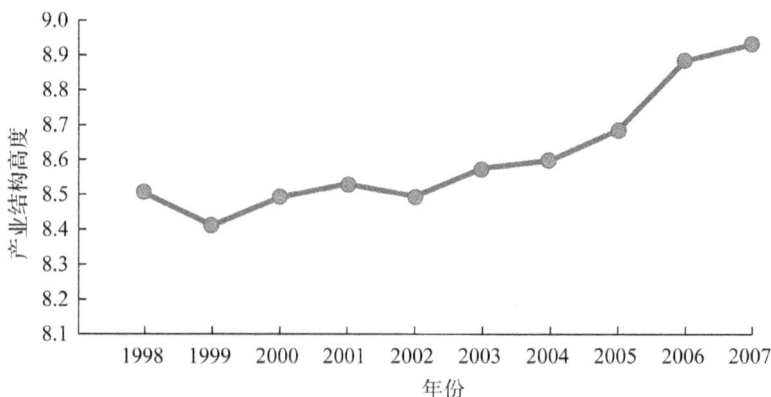

图 7.7　1998—2007 年我国产业结构高度变动

三、新旧产业结构指标对劳动收入份额变动的解释力对比

(一)计量模型构建与统计描述

为了对比新旧产业结构指标对劳动收入份额变动的解释力,我们构建如下的计量模型:

$$Ls_{it} = \alpha_0 + \alpha_1\ structure_{it} + \alpha_2\ X_{it} + \varepsilon_{it} \tag{7.6}$$

其中,Ls 表示劳动收入份额,$structure$ 表示产业结构,X 为其他控制变量。我们参考一系列劳动收入份额变动的实证文献,选择了如下控制变量:资本劳动比($\ln ktl$)、技术进步($\ln tfp$)、国企职工占城镇就业比重(r_state)、政府财政支出量(r_gexp)、实际人均 GDP($\ln rpgdp$)以及实际人均 GDP 的平方($\ln rpgdp^2$)。将计量模型具化为:

$$Ls_{it} = \alpha_0 + \alpha_1\ structure_{it} + \beta_1 \ln tfp_{it} + \gamma_3\ r\_state_{it} + r_4 r\_gexp + \gamma_5 \ln ktl_{it} +$$
$$\gamma_6 \ln rpgdp + \gamma_7 \ln rpgdp^2 + \varepsilon_{it} \tag{7.7}$$

其中,Ls 为劳动收入份额,我们将其定义为劳动者报酬占扣除生产税净额后的 GDP 比重,采用的是劳动收入份额 Ⅱ 口径。$structure$ 代表产业结构,下文将依次代入产业结构的新旧指标进行分析,其中产业结构新指标为产业结构高度指标(NIS),产业结构旧指标包含第二产业增加值比重(OIS_2)和第三产业增加值比重(OIS_3)两个指标。$\ln tfp$ 为利用索罗余值法计算的各地区的全要素生产率的自然对数,用以衡量技术进步。单豪杰(2008)利用永续盘存法获取了 1978—2006 年的资本存量数据,我们根据该方法对 2007 年的数据进行了补充,得到了上述变量中的资本存量面板数据。r_state 为国有企业就业占城镇就业人数的比重,用以衡量所有制结构中的国企改革效应。$\ln ktl$ 为资本劳动比的自然对数,用资本存量和就业人数比值的自然对数表示,用以衡量要素投入情况。此外,劳动收入份额也与各地区经济发展水平差异密切相关,劳动收入份额与各地区的经济发展水平呈负向关系。同时,一些研究还表明,劳动收入份额随经济发展呈 U 形曲线变化(李稻葵等,2009;罗长远、张军,2009)。因此,我们加入了实际人均 GDP 的对数及其平方项来控制经济发展水平效应。其中劳动收入份额变量 1978—1992 年数据来自《中国国内生产总值核算历史资料 1952—1995》,1993 年数据来自《中国国内生产总值核算历史资料 1952—2004》,对于 2004—2007 年数据,我们利用《中国统计年鉴》并用就业数据调整得到。各控制变量的数据均来

自《新中国六十年统计资料汇编》。

我们对计量模型中涉及的各变量进行描述性统计,结果如表 7.2 所示。

表 7.2　变量名称及其描述性统计

变量名称(符号)	样本量	均值	标准差	最小值	最大值
劳动收入份额(Ls)	880	0.596	0.101	0.273	0.985
资本劳动比($\ln ktl$)	900	−1.084	1.184	−4.141	2.584
技术进步($\ln tfp$)	882	−0.000	0.314	−0.737	1.123
第二产业比重(OIS_2)	882	0.434	0.100	0.119	0.774
第三产业比重(OIS_3)	882	0.326	0.092	0.130	0.721
国企职工占城镇就业比重(r_state)	900	0.618	0.187	0.115	1.036
实际人均 GDP($\ln rpgdp$)	891	2.518	0.931	0.560	5.530
政府财政支出比重(r_gexp)	882	0.156	0.100	0.049	0.851

(二)新旧指标的解释力对比

本书采用我国省级面板数据对(7.7)式进行估计。我们使用产业结构的新旧指标进行四组实证分析,并对实证结果进行对比。

第一组实证:本书选取 1978—2007 年为研究区间,使用产业结构旧指标——第二产业(OIS_2)和第三产业增加值(OIS_3)比重进行实证分析,实证结果如表 7.3 的第(1)列所示。

第二组实证:本书选取 1978—1997 年为研究区间,使用产业结构旧指标——第二产业和第三产业增加值比重进行实证分析,实证结果如表 7.3 的第(2)列所示。

第三组实证:本书选取 1998—2007 年为研究区间,使用产业结构旧指标——第二产业和第三产业增加值比重进行实证分析,实证结果如表 7.3 的第(3)列所示。

第四组实证:本书选取 1998—2007 年为研究区间[1],使用产业结构的新指标——产业结构高度指标(NIS)——进行实证分析。由于我们构建的产

---

　① 前三组实证模型中,将涉及价格的变量调整为可比价格时以 1978 年为基年。第四组实证模型中,将涉及价格的变量调整为可比价格时以 1998 年为基年。

业结构新指标产业结构高度是基于技术复杂度的指标,因此,在第四组的计量模型中,我们删除了全要素生产率表示的技术进步控制变量 $\ln tfp$。实证结果如表 7.3 的第(4)列所示。

表 7.3　基本估计结果

变量	(1) 产业结构旧指标 1978—2007 年	(2) 产业结构旧指标 1978—1997 年	(3) 产业结构旧指标 1998—2007 年	(4) 产业结构新指标 1998—2007 年
模型估计方法①	FE	FE	FE	FE
NIS				0.0668* (0.0345)
OIS_2	−0.5508*** (0.0720)	−0.5425*** (0.0836)	−0.4020 (0.2684)	
OIS_3	−0.3661*** (0.0809)	−0.4047*** (0.1198)	−0.0578 (0.2847)	
$\ln tfp$	−0.3602*** (0.0464)	−0.3308*** (0.0508)	−0.8226*** (0.0865)	
$\ln ktl$	−0.1084*** (0.0270)	−0.0766** (0.0375)	−0.2020*** (0.0674)	0.0223 (0.0654)
r_state	−0.0196 (0.0441)	0.0159 (0.0787)	0.0175 (0.0490)	−0.0277 (0.0798)
$\ln rpgdp$	0.0335 (0.0257)	0.0789* (0.0399)	−0.0532 (0.1341)	−0.1847** (0.0901)
$\ln rpgdp^2$	0.0079** (0.0036)	−0.0065 (0.0099)	0.0325*** (0.0100)	0.0395* (0.0203)
r_gexp	0.0232 (0.0749)	0.1168 (0.0979)	0.2096 (0.1476)	0.2843 (0.1882)
Constant	0.7079*** (0.0805)	0.6992*** (0.1382)	0.4361 (0.4985)	−0.0942 (0.3204)
N	880	580	290	290
R^2	0.7131	0.5576	0.7718	0.4928
Wald Chi2	88.29[8]	43.06[8]	125.04[8]	16.66[6]
Prob>Chi2	0.0000	0.0000	0.0000	0.0106

注:①各列中与自变量对应的数字是回归系数,括号中为稳健标准误。
②* 表示在 10% 水平上显著,** 表示在 5% 水平上显著,*** 表示在 1% 水平上显著。
③最后四行分别为各模型对应的样本量、总体拟合优度值、Hausman 检验的 χ^2 统计值和概率。

———————

①　模型估计方法根据 Hausman 检验结果选择。

151

第一组实证结果表明,1978—2007年产业结构旧指标——第二、三产业比重——对劳动收入份额的影响是显著的,第二、三产业比重的提高将使劳动收入份额下降,这表明1978—2007年我国产业结构的非农产业化是劳动收入份额下降的重要原因。

第二组和第三组的实证结果对比了1978—1997年和1998—2007年两个时间段中产业结构旧指标(第二、三产业比重)对劳动收入份额的影响。我们可以看到,1998—2007年与1978—1997年相比,第二产业比重(OIS_2)和第三产业比重(OIS_3)对劳动收入份额影响的显著性明显下降,从前时段(1978—1997年)的在1%水平上显著到后时段(1998—2007年)的不显著,这意味着旧的产业结构指标在新阶段失去了对劳动收入份额的解释力度。这显然与新阶段产业结构变化出现新特征有关,产业结构变化不再表现为三次产业比重的明显变动,而是以产业内技术变迁为主。

那么,本书构建的产业结构新指标在新阶段的解释力度如何?我们依旧选取1998—2007年这一时间段为研究区间,并且使用本书构建的产业结构新指标——产业结构高度指标——代替产业结构旧指标(第二、三产业增加值比重)进行实证分析。实证结果如表7.3中第(4)列所示,产业结构新指标的系数显著为正,即产业结构高度的提升会带来劳动收入份额的上升,这说明产业内技术趋于复杂有利于劳动收入份额的上升[1]。可见,本书构建的产业结构新指标在新阶段有不错的解释力度。

综上,在新阶段,由于产业结构旧指标——三次产业比重——的变动幅度减小,该指标已经失去对劳动收入份额的解释力度,而本书构建的产业结构新指标——产业结构高度指标——对劳动收入份额变动具有较强的解释力。因此,我们构建的产业结构新指标对于研究我国新阶段劳动收入份额变动原因是一个更优的指标。

---

[1] 第(1)—(3)列中,本书使用全要素生产率(TFP)衡量技术进步,计量结果中其系数为负,与产业结构新指标的系数相反,这可能是由于全要素生产率实际上包含了除劳动和资本要素外其他所有因素的影响,TFP并不是一个完美的技术进步指标。同时,我们构建的产业结构高度指标基于技术复杂度,与技术进步之间也存在一定区别。

第五节　新诊断及链式影响机制的实证分析

为了论证本书的新诊断——要素流动障碍通过产业低端锁定致使劳动收入份额在低位徘徊,下面对要素流动—产业结构调整—劳动收入份额这一链式影响机制进行实证检验。为此,要先实证检验要素流动障碍对劳动收入份额的影响,然后实证检验产业结构变量的中介作用。我们依据 Baron 和 Kenny(1986)的逐步法来检验中介效应。这个方法虽然近年受到较多批评,被认为其较难检验出中介效应,但是若能检验到显著的效应存在,它的检验结果要强于 Bootstrap 法等检验方法(温忠麟、叶宝娟,2014)。而且,它还可以检验中介效应是完全的还是部分的。具体来说,本书构建了三个计量模型:模型一用于检验要素流动障碍对劳动收入份额的影响,模型二用于检验要素流动障碍与产业结构高度间的相关性,模型三在模型一的基础上加入产业结构高度变量,用于检验产业结构的中介变量作用。如果模型一的实证结果表明,要素流动障碍的增加会带来劳动收入份额的降低且系数显著,模型二结果表明,要素流动障碍的增加会带来产业结构高度的降低且系数显著,而在模型三中要素流动障碍指标失去解释力度或者显著性降低且产业结构高度变量系数显著为正,则可以表明产业结构在要素流动障碍对劳动收入份额的影响中起着很强的中介作用,"要素流动障碍—产业低端锁定—劳动收入份额低位徘徊"路径得到验证。

一、要素流动障碍指标构建

改革开放后,我国建立并不断完善社会主义市场经济体制。其间,产品市场的市场化改革已经基本完成,但资本市场、劳动力市场等要素市场的改革相对滞后。要素能否实现自由流动主要与要素市场的发育程度密切相关。要素市场的市场化程度越高,要素流动障碍越小。

樊纲、王小鲁和朱恒鹏三位学者所著的《中国市场化指数——各地区市场化相对进程 2011 年报告》一书使用基本相同的指标体系对各地区的市场化进程进行了持续的测度。在计算市场化总指数的过程中,樊纲等学者考虑了政府与市场的关系、非国有经济的发展、产品市场的发育程度、要素市场的发育程度,以及市场中介组织的发育和法治环境等五个方面共计 23 项单项指标。本书在机理部分主要讨论了资本要素和劳动要素流动障碍对劳动收入份额的影响,因此,本书从以上五个方面的 23 个单项指标中选取了和资本要素流动性以及劳动力流动性密切相关的四个单项指标进一步构建实证需要的要素流动障碍指标。

本书选取的四个单项指标分别是"非国有经济在全社会固定资产总投资中所占比重""信贷资金分配的市场化""引进外资的程度""劳动力流动性"。在樊纲等学者的报告中,与我们的要素流动障碍相关的指标还有"政府分配经济资源的比重"以及"金融业的竞争"两项。其中,"政府分配经济资源的比重"使用政府财政支出在当地生产总值中所占的比重表示。然而正如作者自己指出,如果能够先区分"必要"和"非必要"的公共开支,再界定"非必要"的开支对市场分配资源的影响,则将是一种更理想的情况,但可获得的数据本身不支持这种做法。本书考虑到政府支出中包含有利于提升劳动收入份额的二次分配,因此没有将"政府分配经济资源的比重"这一指标放入实证分析中,而是选择将其作为一项控制变量纳入实证模型。而"金融业的竞争"指标使用非国有金融机构吸收存款占全部金融机构吸收存款的比例反映,同样因为数据限制,该指标未扣除地方性国有控股(或国有法人控股)的商业银行,因此本书也未将该指标纳入要素流动障碍指标计算。

本书最终选取的四项指标中,"非国有经济在全社会固定资产总投资中所占比重""信贷资金分配的市场化""引进外资的程度"等三项指标描述的是资本要素的流动情况。"劳动力流动性"指标描述的是劳动力要素的流动情况。然后,我们将这四项指标合成要素流动障碍总指标。合成要素流动障碍指标时,考虑到我们的实证数据是省级面板数据,为了保证指数的跨年度可比性,合成方法选取使用樊纲等(2011)的方法——算术平均法。我们使用算术平均法对选取的四项指标进行计算得到要素流动障碍指标,该指标越大,代表要素流动障碍越小。

二、要素流动障碍对劳动收入份额的影响

(一)计量模型和统计性描述

在构建好要素流动障碍指标后,接下来,我们将使用我国 1998—2007 年

省级面板数据检验要素流动障碍对劳动收入份额的影响[①]。首先构建计量模型如(7.8)式所示,控制变量的选取同上节第四组实证:

$$Ls_{it} = \alpha_0 + \alpha_1 m_{it} + \alpha_2 r\_state_{it} + \alpha_3 \ln ktl_{it} + \alpha_4 r\_gexp_{it} +$$
$$\alpha_5 \ln rpgdp + \alpha_6 \ln rpgdp^2 + \varepsilon_{it} \qquad (7.8)$$

我们对变量进行描述性统计分析,结果如表 7.4 所示。

表 7.4 要素流动障碍指标及相关控制变量的描述性统计

变量名称(符号)	样本量	均值	标准差	最小值	最大值
要素流动障碍(m)	290	4.9053	2.5190	0.325	10.99
国有企业就业比重(r_state)	290	0.4045	0.1402	0.1147	0.7783
资本劳动比($\ln ktl$)	290	1.305	0.6799	−0.1964	3.1034
政府支出占 GDP 比重(r_gexp)	290	0.1475	0.057	0.0568	0.3601
实际人均 GDP($\ln rpgdp$)	290	−0.0349	0.6058	−1.4422	1.7407
实际人均 GDP 的平方($\ln rpgdp^2$)	290	0.3669	0.4898	0.0000	3.03

注:人均实际 GDP 的单位是万元/人,因此取对数后出现负值。

(二)实证结果

我们对(7.8)式进行实证分析,结果如表 7.5 所示。

表 7.5 要素流动障碍对劳动收入份额影响的实证结果

变量	回归系数 (标准误)
m	0.0078*
	(0.0047)
r_state	−0.0027
	(0.0796)
$\ln ktl$	0.0036
	(0.0638)
r_gexp	0.3173*
	(0.1889)

① 西藏自治区因为要素流动障碍变量数据的缺失不做统计分析,重庆市和四川省合并数据进行分析。

续表

变量	回归系数 （标准误）
$\ln rpgdp$	-0.1648^{**}
	(0.0827)
$\ln rpgdp^2$	0.0431^{**}
	(0.0197)
Constant	0.4496^{***}
	(0.1152)
N	290
R^2	0.4977
Wald Chi2	14.81[6]
Prob＞Chi2	0.0217

注:①各列中与自变量对应的数字是回归系数,圆括号中为稳健标准误。
②* 表示在 10％水平上显著,** 表示在 5％水平上显著,*** 表示在 1％水平上显著。
③最后四行分别为各模型对应的样本量,总体拟合优度值,Hausman 检验的 χ^2 统计值和概率。

计量结果显示,要素流动障碍指标(m)的上升会带来劳动收入份额的上升。由于构建的要素流动障碍指标越高代表要素流动障碍越小,因此,计量结果表明要素流动障碍的增加会带来劳动收入份额的下降,与机理预期一致。

其他显著的控制变量有政府支出占 GDP 比重变量(r_gexp)、实际人均 GDP 变量($\ln rpgdp$)以及实际人均 GDP 的平方变量($\ln rpgdp^2$)。其中,政府支出占 GDP 比重变量前的系数为正,说明政府支出占 GDP 比重对劳动收入份额具有显著的提升作用,这可能是一方面因为财政收支的再分配效应有助于劳动收入份额的提升,另一方面也因为不少政府投资项目对劳动收入份额也有一定提升作用。实际人均 GDP 的系数为负,实际人均 GDP 平方的系数为正,也就是说我国的劳动收入份额符合 U 形规律,这一结果与李稻葵等(2009)的研究结论相符。

三、产业结构的中介作用

要验证要素流动障碍通过产业低端锁定致使劳动收入份额低位徘徊这

一诊断结论,不仅需要验证要素流动障碍的增加会造成劳动收入份额的下降,还需验证产业结构的中介作用。为此,本书构建了如下的计量模型组。

$$Ls_{it} = \alpha_0 + \alpha_1 m_{it} + \alpha_2 r\_state_{it} + \alpha_3 \ln ktl_{it} + \alpha_4 r\_gexp_{it} +$$
$$\alpha_5 \ln rpgdp + \alpha_6 \ln rpgdp^2 + \varepsilon_{it} \tag{7.8}$$

$$NIS_{it} = \alpha_0 + \alpha_1 m_{it} + \varepsilon_{it} \tag{7.9}$$

$$Ls_{it} = \alpha_0 + \alpha_1 m_{it} + \alpha_2 r\_state_{it} + \alpha_3 \ln ktl_{it} + \alpha_4 r\_gexp_{it} +$$
$$\alpha_5 \ln rpgdp + \alpha_6 \ln rpgdp^2 + \alpha_7 NIS_{it} + \varepsilon_{it} \tag{7.10}$$

其中(7.8)式的实证结果已经在表 7.5 中展示,接下来,本书将继续使用我国 1998—2007 年省级面板数据对(7.8)式和(7.9)式进行实证检验,(7.8)式、(7.9)式、(7.10)式的计量结果分别如表 7.6 中的(1)、(2)、(3)列所示。

表 7.6　产业结构的中介作用检验

变量	(1)	(2)	(3)
m	0.0078*	0.0812***	0.0067
	(0.0047)	(0.0042)	(0.0044)
r_state	−0.0027		−0.0104
	(0.0796)		(0.0828)
$\ln ktl$	0.0036		0.0139
	(0.0638)		(0.0623)
r_gexp	0.3173*		0.3382*
	(0.1889)		(0.1887)
$\ln rpgdp$	−0.1648**		−0.2010**
	(0.0827)		(0.0868)
$\ln rpgdp^2$	0.0431**		0.0420**
	(0.0197)		(0.0195)
NIS			0.0525*
			(0.0294)
Constant	0.4496***	8.1787***	−0.0093
	(0.1152)	(0.0208)	(0.2768)
N	290	290	290
R^2	0.4977	0.6830	0.5053
Wald Chi2	14.81[6]	7.41[1]	20.32[7]
Prob>Chi2	0.0217	0.0065	0.0049

注:①各列中与自变量对应的数字是回归系数,圆括号中为稳健标准误。
②* 表示在 10% 水平上显著,** 表示在 5% 水平上显著,*** 表示在 1% 水平上显著。
③最后四行分别为各模型对应的样本量,总体拟合优度值,Hausman 检验的 χ^2 统计值和概率。

如前文所述,(7.8)式的计量结果表明要素流动障碍指标(m)对产业结构高度影响的系数为正,要素流动障碍的增加会造成劳动收入份额的降低。

(7.9)式的计量结果表明,要素流动障碍指标与产业结构高度间显著正相关,即要素流动障碍越小,产业结构高度越高。

将(7.10)式的计量结果与(7.8)式的计量结果进行对比,可以看到,在加入产业结构高度变量 NIS 之后,要素流动障碍的 p 值从 0.0997 下降到 0.1275,即要素流动障碍对劳动收入份额的影响不再显著,这说明在考虑了产业结构之后,要素流动障碍对劳动收入份额的解释力度明显下降。产业结构高度(NIS)变量显著,且系数为正,即产业结构高度提升会带来劳动收入份额提升。这说明产业结构高度具有中介效应,当模型中加入产业结构高度这个中介变量后,要素流动障碍对劳动收入份额的直接影响不再显著了。要素流动障碍对劳动收入份额的影响主要是通过产业结构作为中介变量实现的,也就是说要素流动障碍之所以会对劳动收入份额的提升产生不利影响主要是因为它造成产业结构的低端锁定。因此,本书对我国当前劳动收入份额低位徘徊的原因诊断得到了实证的支持。

本书通过对新指标产业结构高度的构建捕捉产业结构升级的核心内涵,测算了近年来我国产业结构的变动状况,发现我国产业结构在绝对水平上有所上升,但是在与要素禀赋结构的变动相比较后,发现我国产业结构存在低端锁定。而后,利用中介效应模型验证了前文对我国当前劳动收入份额低位徘徊的原因诊断,要素流动障碍使我国的产业结构未能随着要素禀赋结构的提升而升级,产业结构低端锁定导致了现阶段劳动收入份额陷入低位徘徊的状态。相较于第三产业比重等旧的产业结构指标,本书构建的新指标不仅更好地刻画了经济发展新阶段产业结构升级的新特征,对经济发展新阶段的劳动收入份额变动也有更好的解释力。不过受制于数据等的限制,新指标也存在测算时间跨度过短等一些缺陷,我们在新的研究中正在探索一些解决方法。

第八章　技术进步与劳动收入份额变动

我国现阶段劳动收入份额处于低位徘徊的主要症结在于产业结构的低端锁定,既有经济发展方式下要素市场发展滞后则是潜藏背后的根本原因。转变经济发展方式,发展要素市场,破除要素流动障碍可以解开我国产业结构的低端锁定,打开劳动收入份额上升的通道。但是,必须注意的是这并不能充分保证我国劳动收入份额的提高,产业结构提升是劳动收入份额提升的必要条件,而非充分条件。产业结构的提升往往伴随着技术进步,大量的国内外研究证实技术进步是影响劳动收入份额变动的关键因素。在产业结构提升的过程中,我们务必密切关注技术进步对劳动收入份额的影响。本章深入研究有关技术进步分类与要素收入份额变动的既往理论文献,辨析各类技术进步概念,梳理其发展脉络,并在此基础上,着重分析并阐释了 Acemoglu 技术进步偏向的理论机制。根据 Acemoglu 技术进步偏向的相关理论,我们发现在产业结构升级过程中,我国可能面临一种不利局面:产业结构升级中的技术进步偏向于降低劳动收入份额,提高资本收入份额。

第一节　技术进步分类与要素收入份额变动文献综述

技术进步是经济增长的重要源泉之一,历史上对技术进步分类的兴趣源自考察技术进步的收入分配效应(琼斯,1999)。Pigou(1920)在《福利经济学》中开创性地探讨了技术进步对劳工福利的影响,认为可能存在一种技术进步在增加国民总收入的同时降低劳动者实际收入。Hicks(1932)在《工资理论》中进一步认为,促进经济增长的技术进步可能产生不同的收入分配效应。若技术进步呈现非中性特征,则会使要素收入分配格局发生变动。

在 20 世纪前半叶,关于要素收入份额的研究表明劳动收入在国民收入中所占的分配份额大体上稳定不变(Cobb and Douglas,1928;Keynes,1939;

Kaldor,1961),这就是其后被广泛接受的"卡尔多特征事实"之一,以至于当时宏观经济均衡分析中更多地使用保持要素相对收入份额不变的中性技术进步概念。20 世纪 70 年代末以来,对主要发达国家的劳动收入份额的观测数据显示,劳动收入份额已经偏离基本稳定的特征事实;实证研究进一步发现技术进步的非中性特征是解释要素收入份额变动的关键变量(Blanchard et al.,1997;Bentolila and Saint-Paul,2003)。Acemoglu(2002)则将偏向性技术进步应用于分析技能劳动相对于非技能劳动技能溢价的变动以及欧洲大陆国家劳动收入份额下降的现象。针对我国 20 世纪 90 年代中期至 21 世纪初劳动收入份额下降的现象,许多学者从非中性技术进步视角开展了研究,并比较一致地认为技术进步的非中性特征是引起劳动收入份额下降或资本收入份额上升的重要原因(黄先海、徐圣,2009;王永进、盛丹,2010;董直庆等,2013;王林辉等,2015;陈宇峰、叶志鹏,2014)。

本节针对与要素收入份额相关的技术进步分类,以庇古、希克斯、哈罗德、索洛、Acemoglu 对技术进步的分类为对象,系统地梳理各种分类体系的理论基础、假设前提和适用范围,阐释各种技术进步类型之间的传承联结,辨析要素节约型技术进步与要素偏向型技术进步,形成技术进步分类演进框架图。特别是在内生技术进步阶段,除了 Acemoglu 有别于传统的要素偏向型技术进步的定义外,本书将着重介绍在技术进步内生增长理论基础上所构建的具有微观基础的技术进步偏向的引致机制。Acemoglu 技术引致机制阐述了要素相对供给水平变动通过传统替代效应和技术进步弱引致偏向效应影响要素相对价格的机制,其中技术进步弱引致偏向效应体现了要素相对供给水平变动对技术生产市场决策的影响,是技术进步偏向形成的关键环节。在技术生产决策由要素相对供给水平变动引致产生的基础上,了解分析更全面的要素相对收入份额的决定过程,有助于更好地理解技术进步与要素收入份额之间的关系。

一、外生要素节约型技术进步与劳动收入份额

(一)庇古分类:要素节约型技术进步与收入分配相联结

在 20 世纪初,技术进步的分类通常是依据发明对劳动和资本使用数量所产生的影响来进行判断。任何发明若能使生产等量产品所需要的劳动数量减少,则该发明是劳动节约型的。相应地,若发明使得生产等量产品所需

的资本数量减少,则该发明是资本节约型的。庇古在《福利经济学》中考察国民所得分配时讨论了是否存在一类发明或改进,在增加国民所得的情况下会减少劳动所得的实际收入从而不利于劳工,并确定在什么条件下这种结果会出现①。不同于以往的分类标准,庇古对技术进步的定义进行了扩展,在判定发明和改进的类型时还考虑了对要素主体实际收入的影响。如果由于发明,在除生产改良行业及其附属行业以外的行业中,劳动数量减少的比率大于资本数量减少的比率,或者劳动数量增加的比率小于资本数量增加的比率,则以工人购买的物品计算的劳动的边际净产值必然增加,进而工人的总实际收入必然也增加;反之,则工人的总实际收入必然减少;如果两种变化率相等,则实际收入必然保持不变。Pigou(1920)分别称有这几种效果的发明为资本节约型发明、劳动节约型发明和中性发明。

　　庇古的论述看上去似乎重新定义了资本节约型发明、劳动节约型发明,但仔细分析不难发现,他其实是在探讨资本节约型发明、劳动节约型发明对劳动者实际收入的影响。庇古假设工人并不购买因发明而变便宜的商品,那么发明对工人实际收入的影响效果取决于发明对其他行业中劳工边际净产值的影响。因为当均衡状态确立时,应用发明行业和其他行业工人将获得相同的以工人购买商品计算的实际工资,从而其他行业中劳动的产品边际净产值将是工人总的实际收入的主要决定因素。不难理解,在资本和劳动总量不变的前提下,当技术进步使得生产改良行业及其附属行业生产中使用的资本数量相对劳动数量减少时,即这种技术进步使该行业节约了资本的使用数量的情况下,在除生产改良行业及其附属行业以外的行业中生产使用的劳动数量相对资本数量减少。由于未改良行业中生产技术并未发生变化,该行业中劳动数量相对资本数量的减少将使劳动的(绝对)边际产出提高,进而,该行业中工人的实际收入也获得提高。因此,劳动者获得的总实际收入就会增加。概言之,技术进步在使得生产改良行业及其附属行业中资本使用数量得到节约的同时,将提高所有行业劳动者的总实际收入,

---

　　① 国民所得(national dividend)是指本期产量或真实所得,并非本期产量之价值或货币所得(凯恩斯,1997),是马歇尔、庇古时代特有的词语,区别于更具现代含义的国民收入(national income),反映当年收入的价值。两者均表示总产出扣除生产资料成本后的余额,本书中不做明确的区分。庇古所处的年代正是资本高度集中的时期,现实中的巨大贫富差距让庇古立志于通过经济学的分析和科学探索,改善人类生活,减少贫富差距带来的不利影响。庇古以国民所得总量为研究对象,以效用为基础,解释国民所得的生产与分配以及对不同社会阶级的福利影响。

同理可推导劳动节约型技术进步对应劳动者实际收入降低的过程。

值得注意的是,我们认为要素节约型技术进步的内涵在庇古的定义中发生了变迁:劳动(资本)节约型技术进步不再仅仅表达字面意义上的节约使用改良行业的劳动(资本)要素,同时还通过更为严苛的条件试图表达技术进步对降低(提高)劳动者实际收入的作用[①]。总之,庇古建立了要素节约型技术进步与劳动者实际收入间的关联。

(二)希克斯分类:要素节约型技术进步与要素收入份额变动相对应

如果说庇古关注的是劳动者实际收入抑或绝对份额(absolute share),那么希克斯则强调了技术进步对要素相对收入份额(relative share)的影响。希克斯在《工资理论》中,讨论了经济增长对收入分配的影响,认为推动经济增长的两大主要因素——生产要素投入增加和技术进步——会影响收入分配,并揭示这两大因素各自对要素相对收入份额的影响规律。

希克斯认为,经济理论中涉及的经济增长形式主要有四种:人口增长、劳动能力/参与率的增长、资本增长、发明和改进。不过,人口的增长、劳动能力/参与率的增长以及资本的增长可归为同一大类,即某一生产要素的供给变化。另一类就是发明和改进带来的技术进步。希克斯在技术进步不变的假定下讨论要素供给水平变动的收入分配影响,这两类因素对收入分配的影响的传导过程如图8.1所示。

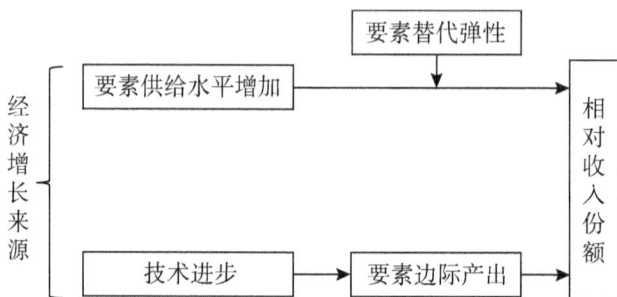

图 8.1　希克斯经济增长的收入分配效应传导过程

---

① 庇古的分类将要素节约型技术进步的微观基础(改良行业内生产要素使用数量的绝对值变动)与劳动者实际收入关联是基于一个较为苛刻的前提条件:在技术进步发生前,改良行业中劳动者数量占全部行业劳动者总量的比例和改良行业中资本数量占全部行业资本总量的比例相同,否则通常意义上的劳动节约型技术进步(改良行业中劳动者使用数量的减少)也未必会引起劳动者实际收入的下降。庇古还通过一个例子说明这个条件是要素节约型技术进步的"原始"含义与劳动者实际收入变动关联的充分条件。

　　在分析生产要素供给增加带来的收入分配效应时,希克斯总结出三条规律①。不过,由于本书要梳理的是技术进步分类与要素收入份额的关系,因而着重分析技术进步对收入分配的效应。在分析技术进步对收入分配的影响时,希克斯提出了与要素相对收入份额关联的技术进步新分类。他认为在竞争假设下,只有能提高国民所得的发明才会被采用。可是,发明在提高国民所得时,并不一定会以相同的比率同时提高所有生产要素的边际产出。在大多数情况下,技术进步会选择某一要素并在一定程度上扩大对其的需求。据此,希克斯对发明创新(技术进步)进行了分类:"如果我们只专注于两种生产要素,那么可以根据发明(技术进步)对资本相对于劳动的边际产出比率的初始效应进行分类。如果发明(技术进步)的初始效应提高、不改变或降低了资本边际产出相对于劳动边际产出的比率,那么我们可以相对应地称这项发明(技术进步)是劳动节约型(labour-saving)、中性(neutral)或资本节约型(capital-saving)。"②在此基础上,希克斯从要素收入绝对份额和相对份额两方面阐述了发明(技术进步)的收入分配效应:①劳动节约型的发明并不一定会降低劳动的绝对份额(实际收入)。但是当这项发明非常节约劳动,且没有别的方法去阻止劳动的(绝对)边际产量暴降时,劳动节约型发明才有可能降低劳动的实际收入。②在任何情况下劳动节约型发明会降低劳动的相对份额,资本节约型发明则会降低资本的相对份额。

　　需要指出的是,希克斯并未对技术进步与要素收入份额之间的关联给出具有微观基础的阐释。不过,我们仍可尝试基于庇古的分析对希克斯的技术进步分类与要素收入份额间的关联进行解释。以资本节约型技术进步为例,我们将行业分为改良行业和未改良行业两类。若在某些行业中发生了资本节约型的技术进步,则该行业中的资本的使用数量相对于劳动的使

---

　　① 　这三条规律分别是:①某一生产要素的供给增加都会提高该要素的绝对份额(实际收入),只要对该要素的需求弹性大于单位弹性;②任何要素的供给增加都会增加其他所有要素的绝对份额的总和;③如果要素的替代弹性大于1,那么任一要素供给的增加会提高该要素的相对收入份额。这三条规律在技术进步不变的前提下,阐明了生产要素供给增加对各要素实际收入(绝对份额)和相对收入份额的影响,且在第三条规律中希克斯最早提出并定义了要素替代弹性概念用以表述生产要素相互替代的难易程度。当要素替代弹性大于1时,在生产中要素间相对较为容易进行替代,那么在其他情况不变时,某一要素供给的增加会使其替代其他生产要素,最初情况下它的相对份额会增加(Hicks J R. The Theory of Wages[M]. 2nd ed. London:MacMillian ＆ Co. , LTD, 1963:115.)。

　　② 　这里希克斯所说的"初始效应"是指不考虑技术进步的后续影响(Hicks J R. The Theory of Wages[M]. 2nd ed. London:MacMillian ＆ Co. , LTD, 1963:121.)。

用数量下降。由于总体上资本和劳动相对供给水平不变,未改良行业中资本相对于劳动的使用数量上升,在未改良行业中资本相对于劳动的边际产出下降。而在竞争均衡下各行业的工资和利率相等,即各行业中资本和劳动边际产出各自相等,那么资本节约型的技术进步将使得所有行业中的资本边际产出相对于劳动边际产出下降,就形成了资本相对收入份额下降的分配效应。希克斯与庇古的不同之处在于,希克斯认为资本节约型技术未必会使得资本的边际产出下降,而只是表现为资本边际产出相对于劳动边际产出下降,因此未必会出现资本的绝对份额(absolute share)的下降。

若对希克斯关于技术进步所表述的内容进行数理化的表达,则总生产函数一般可以表达为 $Y = F(K,L,t)$,时间变量 t 用于表示技术进步随着时间推移产生。记技术进步发生前初始状态的资本和劳动边际产出为 $F_K(0)$ 和 $F_L(0)$,技术进步发生后资本和劳动边际产出分别为 $F_K(t)$ 和 $F_L(t)$。技术进步的希克斯分类的前提、判断依据及与要素相对收入份额的关系可由表 8.1 展示[1]。

表 8.1 技术进步的希克斯分类

前提	边际产出变化	分类	要素相对份额变动情况
资本—劳动比 (K/L) 不变	$\dfrac{F_K(t)}{F_L(t)} > \dfrac{F_K(0)}{F_L(0)}$	劳动节约型技术进步	资本—劳动相对份额上升
	$\dfrac{F_K(t)}{F_L(t)} = \dfrac{F_K(0)}{F_L(0)}$	希克斯中性技术进步	资本—劳动相对份额不变
	$\dfrac{F_K(t)}{F_L(t)} < \dfrac{F_K(0)}{F_L(0)}$	资本节约型技术进步	资本—劳动相对份额下降

希克斯对技术进步的分类奠定了要素节约型技术进步与要素相对收入份额关系研究的基础,是技术进步分类与要素相对收入份额关系的奠基者。在笔者看来,希克斯分类与庇古分类有着紧密联系,分享着相似的微观基础。庇古和希克斯都从要素节约型技术进步的一般含义出发,即以技术进步影响改良行业的要素使用数量情况为起点。只不过庇古假设要素供给总

---

[1] 资本—劳动相对份额可以表达为: $S_K/S_L = rK/wL = F_k K/F_L L$。希克斯在讨论技术进步对相对份额的影响时,资本—劳动比(K/L)不变。当技术进步使得 $F_K(t)/F_L(t) > F_K(0)/F_L(0)$ 时,资本相对收入份额上升($S_K(t)/S_L(t) = F_K(t)K/F_L(t)L > S_K(0)/S_L(0) = F_K(0)K/F_L(0)L$)。该种提高资本相对劳动边际产出的发明会降低劳动的相对份额,被称为劳动节约型技术进步;其他两种情况同理可得。

量不变,考虑要素节约型技术进步对劳动实际收入的影响;希克斯假设要素相对供给水平不变,进一步考察要素节约型技术进步对要素相对收入份额的影响。庇古对技术进步类型特征的表述基本都能在希克斯的定义中有所体现,而希克斯则在庇古的基础上对技术进步的收入分配效应进行了进一步的研究,将技术进步对收入分配的影响从福利经济学更为关注的劳动者的实际收入扩展到了技术进步与相对收入份额的关联。此外,希克斯还最早定义要素替代弹性并借以探讨经济增长中要素供给变化的收入分配效应。尽管当时的分析框架中尚未涉及内生技术进步,但其讨论启发了后来阿西莫格鲁等人的研究,丰富了内生经济增长理论,要素替代弹性也成为影响技术进步的收入分配偏向的重要变量。

(三)哈罗德分类和索洛分类:要素节约型技术进步的外延拓展

除希克斯提出的分类外,要素节约型技术进步还存在哈罗德分类和索洛分类。笔者认为,要素节约型技术进步中哈罗德分类和索洛分类主要可以看作是在希克斯奠定的基础上进行的外延拓展。哈罗德分类和索洛分类沿用了要素节约型技术进步概念以及要素节约型技术进步与要素相对收入份额之间的关联,但研究的侧重点已从收入分配问题转向其他问题。

哈罗德分类。哈罗德对技术进步重新定义的动机在于使其适用于经济增长动态分析。二战之后,西方经济学界将宏观经济分析重点从短期分析转向长期动态分析。增长理论强调经济的长期稳定增长及其增长的途径。在此背景之下,哈罗德认为既有的中性技术进步定义(希克斯和庇古的定义)已无法满足动态经济学研究中简化的需求。哈罗德首先将中性技术进步定义为在利率不变时[①],不干扰资本产出比(哈罗德称之为资本系数)且使得国民生产总值在劳动和资本之间的分配保持不变的技术进步。中性的技术进步要求资本增长率等于由其产生的收入增长率。如果这种技术进步要求的资本增长率高于由其产生的收入增长率,那么就是劳动节约型的或资本需求型(capital requiring)的,反之亦然(Harrod,1948)。

若对哈罗德的表述进行数理化,将技术进步发生前的初始状态的资本产出比表示为 K_0/Y_0(初始资本系数 $v_0=K_0/Y_0$),将技术进步发生后的资本产出比表示为 K_t/Y_t(资本系数 $v_t=K_t/Y_t$),则资本—劳动相对份额可以表示

① Kaldor(1961)认为,从长期看经济增长中资本的实际回报率具有大致稳定不变的特征。

为 $S_K/S_L = rK/(Y-rK) = rv/(1-rv)$。当技术进步提高了资本产出比,即使得 $K_t/Y_t > K_0/Y_0$(即 $v_t > v_0$)时,就意味着生产同样产量的最终产品所需的资本数量增加,在利率不变的情况下,$\frac{S_K(t)}{S_L(t)} = \frac{rv_t}{1-rv_t} > \frac{S_K(0)}{S_L(0)} = \frac{rv_0}{1-rv_0}$,资本相对份额上升,该种技术进步被称为劳动节约型(资本需求型)技术进步;反之亦反是。

尽管哈罗德仍沿用了劳动节约型技术进步这样的概念,而且劳动节约型技术进步与资本—劳动相对份额上升的关系仍与希克斯提出的保持一致,但在定义劳动节约型技术进步时,其所观察到的是资本需求的增加,社会总投入中劳动的投入量的变化情况事实上无从得知。也正因如此,哈罗德还使用了资本需求型技术进步这一概念来表达。但显然,此时的劳动节约和资本节约已经完全脱离了原始的概念范畴。

费—拉尼斯—索洛分类。在技术进步的分类体系中通常还会提及的分类是索洛分类,其由索洛(Solow,1956)、费和拉尼斯(Fei and Ranis,1965)的研究共同形成,本书称之为费—拉尼斯—索洛分类。虽然索洛对技术进步的新表达是为改善总生产函数中对技术进步特征的设定,而费和拉尼斯提出技术进步新分类标准是为考察发展中国家技术进步的特征,但两者对技术进步的表达及分类都基于劳动者工资率不变的前提因而被归为一类。

要素节约型技术进步的索洛分类并非为研究技术进步的收入分配效应而产生,而是在希克斯分类的基础上对该概念适用范围进行的再一次拓展。在 20 世纪 60 年代前后,诸多研究关注到技术进步对经济增长的巨大推动作用,甚至认为人均产出增长的很大一部分要归功于技术进步而不是传统认为的人均资本的增长。索洛认为在使用总生产函数解释经济增长数据时存在着诸多缺陷需要改进,其中就包括对技术进步特征的设定(Solow,1956)。他提出,将技术进步体现在资本的更新换代中[①],生产中使用的不同时期的

---

① 为了允许不同水平的技术进步体现在新旧资本设备上,索洛提出一个新的模型用于解释经济增长数据,重新理解技术进步对经济增长的贡献。索洛将资本根据建造日期或年份进行区分,并假设每个时期最前沿的知识技术都物化于(蕴含在)当时建造的资本设备中,且这些资本设备不再享有后来的技术进步,即生产使用的资本具有异质性且仅具备其被制造年代的最高技术水平。同质的劳动力会分配给现存的所有种类资本进行生产。不同时期制造的资本设备具有不同的生产函数,按不同的生产效率配合同质劳动生产。那么,每一个时期的总产出是由蕴含了不同技术水平的异质性资本和同质的劳动配合生产的总和。

资本体现了当时最先进的技术水平,而劳动者仍是同质的,因此他所描述的技术进步是单纯提高资本的生产效率。不过,索洛将技术进步物化于资本设备的设定因其不符合长期经济发展中资本产出比相对稳定的事实而面临应用范围的局限性。

费和拉尼斯对技术进步重新定义的动机在于使其适用于对发展中国家工业化初期阶段技术进步的分析。发展中国家所处的并非一个"不变利率的世界",而是一个"不变实际工资的世界"。[①] 哈罗德的技术进步分类体系强调以利率不变为前提,显然更符合成熟的发达经济体的特征。若将哈罗德对技术进步的定义和分类应用于发展中国家则缺乏适用性。费和拉尼斯提出了另一种更适合于衡量发展中国家工业部门的技术进步分类:"在实际工资不变的条件下,当一项技术进步并不影响人均收入时,该项技术进步就是中性的;如果技术进步导致人均收入提高(降低),则该技术进步是劳动(资本)节约型技术进步。"[②]顺便指出,费和拉尼斯进行的技术进步分类表述中涉及的人均收入是指工业部门的人均收入。因此,技术进步引起的人均产出变化以及对要素相对收入份额的影响也都是指工业部门内的要素相对收入份额变动,而非经济整体的要素相对收入份额变动。

若对费和拉尼斯的表述进行数理化,将技术进步发生前的初始状态的人均产出表示为 Y_0/L_0,将技术进步发生后的人均产出表示为 Y_t/L_t,则资本—劳动相对份额可以表示为 $\dfrac{S_K}{S_L} = \dfrac{rK}{wL} = \dfrac{Y-wL}{wL} = \dfrac{Y}{wL} - 1$。由于索洛技术进步分类时以工资率 w 不变为前提,因此当技术进步使得 $Y_t/L_t > Y_0/L_0$ 时,这种技术进步可被称为劳动节约型技术进步。这时,要素相对收入份额发生变动:$\dfrac{S_K(t)}{S_L(t)} = \dfrac{Y_t}{wL_t} - 1 > \dfrac{S_K(0)}{S_L(0)} = \dfrac{Y_0}{wL_0} - 1$,因此该种技术进步会提高资

---

① 根据刘易斯的二元经济理论,发展中国家的经济主要由传统农业部门和现代工业部分组成。由于传统农业部门存在隐蔽性失业,劳动供给丰富。由此现代工业部门的工人工资就不由工人的边际劳动生产力和市场供求关系决定,而由传统农业部门的农民的平均收入决定。现代工业部门提供略高于农业部门维生工资的工资就能获得无限供给的劳动力。因此,在(刘易斯)转折点到来之前,现代工业部门的实际工资不变(Lewis, 1954)。

② 对这一定义展开分析前需要认清两个基本事实:一个是在总量增长的语境中,人均收入等价于人均产出,人均收入的倒数形式即劳动产出比;另一个是费—拉尼斯的概念与哈罗德的定义完全对称,体现在资本和劳动对称,利率和工资率对称。哈罗德的定义以利率 r 不变为前提,而费—拉尼斯的概念以工资率 w 不变为前提。

本相对收入份额;反之亦反是。费和拉尼斯继续沿用了劳动节约型技术进步和资本节约型技术进步的概念。但在定义资本节约型技术进步时,其所观察到的仅是劳动需求的增加,社会总投入中资本投入量的变化情况无法在他们的分类体系中得到反映,也正因如此,需要用劳动使用型(labor-using)技术进步这一概念来表达。

由于费—拉尼斯分类适用的对象是刘易斯二元经济理论中到达刘易斯拐点前发展中国家工业化初期阶段,不适用于大部分基于发达国家特征所构建的增长模型的分析,没有受到足够的重视。但费和拉尼斯的技术进步分类体系填补了哈罗德和希克斯分类所没有覆盖到的发展中国家工业化初期中技术进步变化及其对要素相对收入份额影响的研究领域的空白。

二、内生技术进步的偏向与要素收入份额变动

在经济增长理论演进过程中,随着技术进步由外生变量变为内生变量,技术进步影响要素收入份额的机理就变得更加复杂。当技术进步内生于经济系统时,技术进步的产生及其在要素间的偏向受到要素相对供给水平等因素的影响,技术进步对要素相对收入份额的影响不再是一条独立路径。那么,考察内生技术进步偏向的形成对更透彻地理解要素收入份额的决定机制变得十分重要。

对技术进步偏向形成的早期讨论始见于希克斯(Hicks,1932)的《工资理论》,他将技术进步的来源分为引致创新(induced innovation)和自主创新,认为劳动的相对价格上升会引导技术进步向更有效使用劳动的方向发展,并由此提出了"引致创新"概念。可惜的是,引致创新概念并未得到深入发展。Salter(1960)认为,希克斯的引致创新理论并不足以解释技术进步偏向的形成,认为企业的目标应该是降低总生产成本而非只关注某一特定要素的成本变动。当某一生产要素的相对价格上升时,出于最小化生产成本的需求替代效应会使得企业更多地采用相对廉价的生产要素。Kennedy(1964)在Hicks(1932)和Salter(1960)的基础上进一步发展了引致创新理论,并提出了"创新可能性前沿"(innovation possibilities frontier)概念用以表达企业在不同类型创新之间的权衡选择问题。他认为希克斯的引致创新理论一直未得到发展的一个原因是希克斯的理论与要素相对价格变动绑定,这就使得该理论中需要明确区分资本与劳动者的替代和劳动节约型技

术进步。Kennedy(1964)的引致创新理论在要素相对价格不变的假设下展开,企业在创新可能性曲线上选择合适的技术进步以达成最小化生产成本的目标。他的分析结论显示,长期中要素收入份额趋于稳定,且仅由技术进步的创新可能性方程的特征决定:当要素份额值偏离均衡值时,会引致技术进步产生偏向从而将要素份额纠正回均衡值。其后 Samuelson(1965)、Drandakis 和 Phelps(1966)及 Ahmad(1966)也提出了类似观点。Atkinson 和 Stiglitz(1969)基于"干中学"的理论背景认为技术进步的产生往往是"局部的"(localized):技术进步发生在某个特定的人均资本点上,仅仅提高了当下使用的技术(或活动)的生产效率而非全部的技术生产效率。

与技术进步外生阶段的要素节约型技术进步分类不同,阿西莫格鲁及其合作者在系列文章中定义的要素偏向型技术进步并不直接表示技术进步在要素收入份额上的偏向,而是表现技术进步对要素相对边际产出影响上的偏向[1]:"如果技术进步增加生产要素 L 的边际产出要比生产要素 Z 多,那么技术进步是 L 偏向型(L-biased)的。"[2]

与要素偏向型技术进步密切关联的另一个概念是要素增强型技术进步。要素增强型技术进步表示技术进步提高某种生产要素的有效投入。一种技术进步既可以提高某一种生产要素的有效投入,也可以同时提高其他要素的有效投入。而要素偏向型技术进步则是指技术进步在提高要素有效投入后对要素相对边际产出的影响。例如,某种技术进步可以既是劳动增强型的又是资本增强型的。在对要素相对边际产出的影响上,技术进步只能具有劳动偏向型、资本偏向型或中性中的一种属性,要素增强型技术进步具备何种要素偏向型属性则取决于要素替代弹性的大小。当然,要素增强型与要素偏向型的属性并非互斥,可以兼容。

若将上述概念进行数理化表述,则生产函数可以写成 $Y = F(A_K(t)K, A_L(t)L)$,其中 $A_K(t)$ 和 $A_L(t)$ 分别表示资本增强型技术进步和

---

① 在完全竞争条件下,要素相对边际产出即为要素相对价格,下同。

② 其中要素 L 表示劳动,Z 可以代表资本或技能劳动。当 Z 表示资本时,Acemolgu 的要素偏向型技术进步用劳动偏向型技术进步和资本偏向型技术进步表达技术进步对资本和劳动要素边际产出影响的偏向,可以应用于要素相对收入份额变动的研究。当 Z 表示高技能劳动时,Acemoglu 用技能偏向型技术进步和非技能偏向型技术进步表达技术进步对技能劳动和非技能劳动在边际产出影响上的偏向,可以应用于高、低技能劳动者之间的收入差距问题分析。由于本书着重考虑技术进步分类与要素相对收入份额的关系,因而主要考虑资本偏向型和劳动偏向型技术进步。

劳动增强型技术进步，$A_K(t)K$ 和 $A_L(t)L$ 表示资本和劳动被技术进步"增强"后的有效资本和有效劳动。如果 $A_K(t)$ 为正，则表示随着时间推移，技术进步使得在资本数量不变的情况下有效资本投入不断增加，抑或该种技术进步使得生产等量产品所需的资本投入减少。如果 $A_L(t)$ 为正，则表示随着时间推移，技术进步使得在劳动数量不变的情况下有效劳动不断增加投入，抑或该种技术进步使得生产等量产品所需的劳动投入减少[①]。那么当 $A_K(t)$ 和 $A_L(t)$ 同时为正时，总体的技术进步 A 就兼具劳动增强型和资本增强型的属性。基于 Acemoglu 的定义，若总体的技术进步 A 使得 $\partial\left(\frac{\partial F/\partial L}{\partial F/\partial K}\right)/\partial A>0$，则表示技术进步可以在"增强"资本和（或）劳动有效投入的同时提高了劳动相对于资本的边际产出，即技术进步 A 是劳动偏向型的；反之亦反是。

不难发现，要素偏向型技术进步不同于要素节约型技术进步。要素节约型技术进步最终所表达的是技术进步对要素相对收入份额的影响，与要素收入份额变动直接关联并一一对应。Acemoglu 的偏向型技术进步表达技术进步在要素相对边际产出上的偏向，便于技术进步偏向形成过程的分析，但要素偏向型技术进步并不与要素收入份额有直接关联，对要素收入份额的影响则需要进一步考虑要素丰裕度的变化。此外，阿西莫格鲁定义的偏向型技术进步也不同于通常所说技术进步偏向于某一方向。Acemoglu 使用"factor-biased technical change"（要素偏向型技术进步）特指技术进步在要素相对边际产出上的偏向，而我们通常表述中所述的技术进步偏向于某一方向（要素）可以有多种含义。例如希克斯表述技术进步偏向于劳动节约的方向（bias in labor-saving direction）是指经济体中劳动节约型技术进步占据主导地位，与阿西莫格鲁使用的劳动偏向型技术进步术语所表达的内容明显不同。

---

① 一般而言，根据技术进步对资本和劳动效率提高水平的不同，可以将技术进步划分成三种情况：$A_K(t)$ 为正，$A_L(t)=1$，那么技术进步可以说是纯资本增强型的，总生产函数可以写成 $Y=F(A_K(t)K,L)$；$A_L(t)$ 为正，$A_K(t)=1$，那么技术进步可以说是纯劳动增强型的，总生产函数可以写成 $Y=F(K,A_L(t)L)$；$A_K(t)/A_K(t)=A_L(t)/A_L(t)>0$ 时，则技术进步是均等地增强资本和劳动，在满足规模报酬不变的情况下，生产函数可以写成 $Y=A(t)F(K,L)$（琼斯.现代经济增长理论导引[M].北京：商务印书馆，1999：214-215.）。此外，Uzawa(1961)证明，希克斯的中性技术进步与均等增强资本和劳动的技术进步完全等同，即可以用 $Y=A(t)F(K,L)$ 表达。罗宾逊夫人用几何方法证明了哈罗德中性技术进步的形式等价于前文中所描述的劳动增强型技术进步，即哈罗德中性技术进步可以用 $Y=F(K,A(t)L)$ 表达。

三、技术进步分类与劳动收入份额的关系小结

学者们的研究兴趣或研究主旨的变迁推动着对技术进步分类的深化。在技术进步外生时期,庇古之前的学者最初关注的是技术进步对要素使用数量的影响,故称要素节约型技术进步。庇古率先表达了对技术进步影响收入分配问题的关注,建立了要素节约型技术进步与劳动者实际收入的关联。希克斯则更加关注技术进步对要素收入份额的影响,奠定了要素节约型技术进步与要素相对收入份额关系研究的基础。庇古和希克斯对要素节约型技术进步的分类在特定情况下保留了对要素使用数量这一微观层面的考量①,但由于关注重点转移到收入分配领域,技术进步对要素使用数量的影响被逐渐淡化,要素节约型技术进步最终所表达的是技术进步对要素相对收入份额的影响,与要素收入份额变动直接关联并一一对应。此后,哈罗德等人基于不同研究目的的重新界定,仅从宏观上考虑技术进步对收入份额的影响,脱离了对微观层面的考虑,却在适用范围上拓展了要素节约型技术进步的外延。

随着内生增长理论的兴起和技术进步偏向特征的实证发现,学者们的兴趣转移到技术进步偏向的形成过程,对这一问题的分析则需要综合考虑要素丰裕度水平、要素替代弹性等因素。"要素偏向型技术进步分类"的提出意味着,以阿西莫格鲁为代表的学者对技术进步的研究重心转向探寻更具一般性的技术进步的影响机理和研究框架,而收入分配则只是其中的一个研究领域。因此,尽管内生技术进步偏向形成的机制亦即 Acemoglu 技术引致机制与要素相对收入份额不直接关联,但是,这一机制为我们进一步研究在技术进步内生情境下要素相对收入份额的决定提供了新思路和可行路径。简言之,基于 Acemoglu 技术引致机制,在完善的市场环境下,要素相对丰裕度和要素替代弹性共同决定要素收入份额的变动方向。当要素替代富有弹性时,要素丰裕度的增加将提高该种要素的收入份额,而当要素替代缺乏弹性时,要素丰裕度的增加将降低该种要素的收入份额(见图 8.2)。

---

　　① 希克斯分类与庇古分类紧密联系,分享着相似的微观基础。庇古和希克斯都从要素节约型技术进步的第一层内涵出发,即以技术进步影响改良行业的要素使用数量情况为起点。只不过庇古假设要素供给总量不变,考虑要素节约型技术进步对劳动实际收入的影响;希克斯假设要素相对供给水平不变,进一步考察要素节约型技术进步对要素相对收入份额的影响。

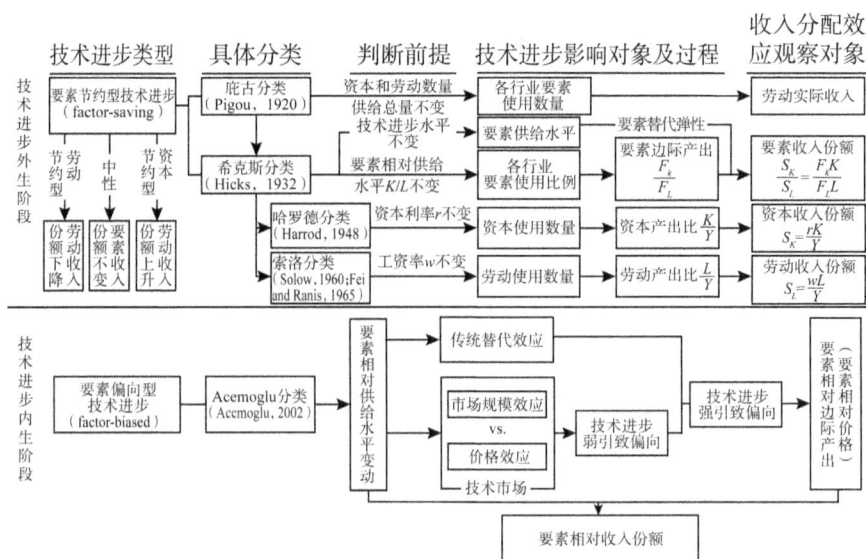

图 8.2 技术进步分类演进框架

第二节 Acemoglu 技术进步及其引致机理再阐述

当技术进步内生于经济系统时,技术进步的产生及其在要素间的偏向受到要素相对供给水平、要素间替代弹性等因素的影响,技术进步影响要素收入份额的机理就变得更加复杂。Acemoglu 技术引致机制在技术进步内生背景下完善了技术进步偏向性形成过程,使得要素收入份额的决定机制得到进一步解构。

Acemoglu 技术引致机制阐述了要素相对供给水平与要素相对价格间的关系。传统生产理论表明在其他条件不变的情况下,要素间的边际技术替代率递减,因为生产需要不同要素的匹配投入,当一种要素投入量不断加大以替代其他要素时,其边际产出必然下降。可见要素的相对价格与要素的相对供给水平呈反向关系,此为传统生产理论的替代效应。但是,阿西莫格鲁考虑了引起其他条件变化的诸多情形中的一种情形,那就是技术进步发生时的情形。他认为要素相对供给水平变化会带来技术进步方向的改变,技术生产商在利润最大化的驱使下,权衡市场规模效应和价格效应这两股相反力量的大小,做出利于自身的技术生产决策。正是技术生产商的这种行为导致了技术进步方向的变化,使得要素的相对价格也产生了相应的变化。阿西莫格鲁将这种由要素相对供给水平变化带来的技术进步变化给要素相对价格带来的影响,称为技术进步弱引致偏向(weak induced-biased)。只要要素间替代弹性不等于1,这种因要素相对供给水平变化带来的内生技术进步就总是弱偏向于供给丰裕的要素,也就是它会使丰裕要素的相对价格水平提高。不过,要素相对价格水平的最终变化趋势取决于上述呈相反方向的两种效应——传统生产理论的替代效应和弱偏向内生技术进步效应——的大小。当要素替代弹性足够大时,正向的弱偏向内生技术进步效应大于反向的传统替代效应,丰裕要素最终相对价格水平随其相对供给水平的提高而提高。此时的技术进步被阿西莫格鲁称为强引致偏向(strong induced-biased)的技术进步。Acemoglu 内生技术进步偏向理论(或称 Acemoglu 内生增长理论)是对传统理论的有益补充,对许多经验事实有着很好的解释力,例如发达国家 18 世纪末至 19 世纪的非技能偏向技术进步和 20 世纪的技能偏向技术进步。我们将其理论用作提升劳动收入份额路径中诱致技术进步的关键基础理论,并将之称为 Acemoglu 技术引致机制。

一、模型的基本假设

模型假设经济体由代表性消费者、最终产品生产厂商、中间产品生产厂商、R&D 部门(或技术垄断商)组成。

消费者效用函数为:

$$\int_0^\infty \frac{C(t)^{1-\theta}-1}{1-\theta} e^{-\rho t} \, dt \tag{8.1}$$

其中,ρ 表示消费者时间偏好,θ 表示相对风险规避系数。

消费者面临的预算约束为:

$$C + I + R \leqslant Y \tag{8.2}$$

其中,C 表示消费,I 表示投资,R 表示用于 R&D 过程的支出。

最终产品生产函数表示为:

$$Y \equiv \left[\gamma Y_L^{\frac{\varepsilon-1}{\varepsilon}} + (1-\gamma)Y_K^{\frac{\varepsilon-1}{\varepsilon}}\right]^{\frac{\varepsilon}{\varepsilon-1}} \tag{8.3}$$

最终产品由劳动密集型中间产品 Y_L 和资本密集型中间产品 Y_K 组合生产,γ 是分配参数,用以表示中间产品在生产最终产品中的份额,两种中间产品的替代弹性为 ε。

劳动密集型中间产品和资本密集型中间产品由对应的中间产品生产厂

商生产,分别使用对应的要素和机器进行生产。中间产品的生产函数分别表示为:

$$Y_L = \frac{1}{1-\beta}\left(\int_0^{N_L} x_L(j)^{1-\beta}\mathrm{d}j\right)L^{\beta} \tag{8.4}$$

和

$$Y_K = \frac{1}{1-\beta}\left(\int_0^{N_K} x_K(j)^{1-\beta}\mathrm{d}j\right)K^{\beta} \tag{8.5}$$

其中,Y_L 和 Y_K 分别表示劳动密集型和资本密集型中间产品,$\beta\in(0,1)$,L 和 K 是有效劳动和资本的供给水平,在本模型中供给无弹性。劳动(资本)密集型中间产品 Y_L(Y_K)由劳动(资本)和劳动(资本)匹配机器共同生产得到,其中与生产要素匹配的机器种类数量为 N_L(N_K),每种机器 j 使用数量为 $x_L(j)$。假设每种机器的价格为 $\chi_L(j)$ 和 $\chi_K(j)$,使用一期后机器完全折旧,机器生产的边际成本相同,将最终产品计价为 ψ。两个中间产品生产部门使用的机器由技术垄断商提供,在第一部分中机器种类 N_L 和 N_K 给定,即技术水平不变。在下一部分中,机器种类 N_L 和 N_K 由技术垄断商决定,即技术内生。

二、均衡特征及分析

在给定技术水平(N_L 和 N_K 给定)的情况下,市场均衡要求价格集 $\chi_L(j)$ 和 $\chi_K(j)$ 使得技术垄断商的利润最大化,x_L 和 x_K 最大化中间产品 Y_L 和 Y_K 的生产者利润,要素及产品价格 w_K、w_L 和 p_K、p_L 使要素和产品市场出清。

中间产品市场中 Y_L 和 Y_K 是竞争的,市场出清意味着中间产品的相对价格满足:

$$p \equiv \frac{p_K}{p_L} = \frac{1-\gamma}{\gamma}\left(\frac{Y_K}{Y_L}\right)^{-\frac{1}{\epsilon}} \tag{8.6}$$

设最终产品的价格单位为 1,则:

$$\left[\gamma^{\epsilon} p_L^{1-\epsilon} + (1-\gamma)^{\epsilon} p_K^{1-\epsilon}\right]^{\frac{1}{1-\epsilon}} = 1 \tag{8.7}$$

中间产品厂商利润最大化函数为:

$$\max_{L,\{x_L(j)\}} p_L Y_L - w_L L - \int_0^{N_L} \chi_L(j)x_L(j)\mathrm{d}j \tag{8.8}$$

和

$$\max_{K,\,\langle x_K(j)\rangle} p_K Y_K - w_K K - \int_0^{N_K} \chi_K(j) x_K(j)\,\mathrm{d}j \qquad (8.9)$$

得到利润最大化条件为：

$$x_L(j) = \left(\frac{p_L}{\chi_L(j)}\right)^{1/\beta} L \text{ 和 } x_K(j) = \left(\frac{p_K}{\chi_K(j)}\right)^{1/\beta} K \qquad (8.10)$$

$$w_L = \frac{\beta}{1-\beta} p_L \left(\int_0^{N_L} x_L(j)^{1-\beta}\,\mathrm{d}j\right) L^{\beta-1} \text{ 和 } w_K = \frac{\beta}{1-\beta} p_K \left(\int_0^{N_K} x_K(j)^{1-\beta}\,\mathrm{d}j\right) K^{\beta-1}$$

$$(8.11)$$

技术垄断厂商生产 j 类机器的利润函数为：

$$\pi_L(j) = (\chi_L(j)-\psi)x_L(j) \text{ 和 } \pi_K(j) = (\chi_K(j)-\psi)x_K(j) \qquad (8.12)$$

得到的最大化条件为：

$$\chi_L(j) = \frac{\psi}{1-\beta} \text{ 和 } \chi_K(j) = \frac{\psi}{1-\beta} \qquad (8.13)$$

为简化起见，设 $\psi = 1-\beta$，那么均衡状态下所有机器的价格为：

$$\chi_L(j) = \chi_K(j) = 1 \qquad (8.14)$$

那么给定机器价格和上文得到的机器需求量(8.10)，可以得到技术垄断商生产某类机器的利润为：

$$\pi_L = \beta p_L^{1/\beta} L \text{ 和 } \pi_K = \beta p_K^{1/\beta} K \qquad (8.15)$$

然而，对技术垄断商来说，重要的并非即时利润而是利润流的净现值。那么某类机器的净现值可表示为：

$$r V_L - \dot{V}_L = \pi_L \text{ 和 } r V_K - \dot{V}_K = \pi_K \qquad (8.16)$$

其中，r 表示利率，V 表示利润流的贴现值，π 表示利润流，$\dot{V}$ 表示未来利润的波动。假设均衡时 $\dot{V} = 0$，即利润与利率稳定，得到：

$$V_L = \frac{\beta p_L^{1/\beta} L}{r} \text{ 和 } V_K = \frac{\beta p_K^{1/\beta} K}{r} \qquad (8.17)$$

V_L 和 V_K 的相对大小将影响发展技术水平发展的偏向。

三、市场规模效应、价格效应和要素增强型技术类型

根据均衡特征，可以对技术垄断商相对利润的影响因素进行分析。根据(8.17)式可得：

$$\frac{V_K}{V_L} = \left(\frac{p_K}{p_L}\right)^{1/\beta} \cdot \frac{K}{L} \tag{8.18}$$

从(8.18)式中可以看出,技术垄断商生产与两种要素匹配的机器的相对利润大小由价格效应$\left[\left(p_K/p_L\right)^{1/\beta}\right]$和市场规模效应($K/L$)共同决定:价格效应,即技术垄断商有动机去生产能产出索价更高的产品的技术,这从p_K/p_L项对V_K/V_L有正向影响可知。市场规模效应,即技术垄断商有动机去生产有更大市场的技术,这从K/L项对V_K/V_L有正向影响可知。将(8.10)式代入(8.4)式、(8.5)式,并结合(8.6)式,可以得到(8.19)式。其中,$\sigma \equiv \varepsilon - (\varepsilon - 1)(1 - \beta)$,$\varepsilon$是中间产品的替代弹性,$\sigma$可以证明恰为要素替代弹性。

要素相对供给水平K/L变化会同时产生价格效应和市场规模效应,后者显然激励技术垄断商发展更多增强丰裕要素的技术,而前者激励技术垄断商发展更多增强稀缺要素的技术。

$$p \equiv \frac{p_K}{p_L} = \left(\frac{1-\gamma}{\gamma}\right)^{\beta/\sigma} \left(\frac{N_K K}{N_L L}\right)^{-\beta/\sigma} \tag{8.19}$$

市场规模效应和价格效应两者方向相反,技术生产商在利润最大化的驱使下,做出权衡,决定生产有利于丰裕要素或稀缺要素的要素增强型技术。结合(8.18)式和(8.19)式,可得:

$$\frac{V_K}{V_L} = \left(\frac{1-\gamma}{\gamma}\right)^{\frac{1}{\sigma}} \left(\frac{N_K}{N_L}\right)^{-\frac{1}{\sigma}} \left(\frac{K}{L}\right)^{\frac{\sigma-1}{\sigma}} \tag{8.20}$$

由(8.20)式可知,在技术水平(N_L和N_K)给定的情况下,要素相对供给水平K/L变化最终导致哪类要素增强型技术被更多生产取决于要素间替代弹性σ的大小。当$\sigma > 1$时,市场规模效应会大于价格效应,资本—劳动相对供给水平的上升将提高V_K/V_L,从而技术垄断厂商有更大的动机生产与资本相匹配的机器,即要素之间是总替代(gross substitutes)的关系时,要素相对供给量的上升将促进丰裕要素增强型技术的生产;而当$\sigma < 1$时,市场规模效应会小于价格效应,资本—劳动相对供给的上升将降低V_K/V_L,从而技术垄断厂商有更大的动机生产与劳动相匹配的机器,即要素总互补(gross complements)时,要素相对供给量的上升将促进稀缺要素增强型技术的生产。

从技术创新供给和创新可能性前沿[①]分析中也可以得到类似结论,当然此时技术水平(N_L 和 N_K)因技术创新而变化,也就是发生了内生技术进步。为简单起见,此处只引入实验设备模型(lab-equipment specification)情形[②]:

$$\dot{N}_L = \eta_L R_L \ \text{和} \ \dot{N}_K = \eta_K R_K \tag{8.21}$$

其中,R_L 和 R_K 为用于开发劳动增强型技术进步和资本增强型技术进步的 R&D 开支。

稳态均衡状态技术市场的出清条件为:

$$\eta_L V_L = \eta_K V_K \tag{8.22}$$

结合(8.20)式和(8.22)式,得到稳态均衡下要素增强型技术进步相对水平:

$$\frac{N_K}{N_L} = \eta^{\sigma} \left(\frac{1-\gamma}{\gamma}\right)^{\varepsilon} \left(\frac{K}{L}\right)^{\sigma-1} \tag{8.23}$$

由(8.23)式可知,要素相对供给水平 K/L 变化引起的内生技术进步有利于增强哪类要素(N_L 和 N_K 的相对水平)取决于要素间替代弹性 σ 的大小。当 $\sigma > 1$ 时,要素相互总替代,要素相对供给量的上升将促进丰裕要素增强型技术的创新;而当 $\sigma < 1$ 时,要素总互补,要素相对供给量的上升将促进稀缺要素增强型技术的创新。

四、Acemoglu 内生技术进步偏向:弱引致偏向和强引致偏向

虽然现在已知要素相对供给水平 K/L 变化与由此引起的要素增强型技术进步类型的关系,但是并不能据此直接判断内生技术进步的偏向。正如前文有关技术进步分类梳理所述,Acemoglu 以要素相对价格水平(要素边际产出比)变化来定义技术进步偏向,如果技术进步令某要素关于另一要素的相对价格水平上升,则技术进步偏向于此要素。

为判断要素相对供给水平 K/L 变化引起的内生技术进步偏向,结合(8.10)式、(8.11)式和(8.19)式,得到资本和劳动的相对价格表达式:

[①] 创新可能性前沿(innovation possibility frontier)这一概念由 Kennedy(1964)引入,考虑不同类型的创新之间的权衡问题。

[②] 根据 Rivera-Batiz 和 Romer(1991),能保持长期稳定增长的创新可能性前沿有两种形式:lab equipment specification(不存在状态依赖:创造新的技术时只使用最终产品)和 knowledge-based R&D specification(存在状态依赖:过去研究的溢出效应足以支撑现在的生产率以保持稳定增长)。

$$\frac{w_K}{w_L} = p^{1/\beta} \cdot \frac{N_K}{N_L} = \left(\frac{1-\gamma}{\gamma}\right)^{\frac{\varepsilon}{\sigma}} \left(\frac{N_K}{N_L}\right)^{\frac{\sigma-1}{\sigma}} \left(\frac{K}{L}\right)^{\frac{-1}{\sigma}} \qquad (8.24)$$

结合(8.23)式和(8.24)式,可得:

$$\frac{w_K}{w_L} = \eta^{-1} \left(\frac{1-\gamma}{\gamma}\right)^{\varepsilon} \left(\frac{K}{L}\right)^{\sigma-2} \qquad (8.25)$$

利用(8.23)式、(8.24)式和(8.25)式,我们可以判断要素相对供给水平 K/L 变化引起的内生技术进步偏向:

(1)Acemoglu 内生技术进步弱引致偏向:弱偏向是指要素相对供给水平变化带来的要素增强型技术进步类型变化给予要素相对价格的影响(弱偏向内生技术进步效应),不结合考虑传统生产理论的替代效应。结合(8.23)式和(8.24)式考虑可知,当要素替代弹性 $\sigma > 1$ 时,要素相对供给水平 K/L 的上升,会引起不同类型要素增强型技术进步相对水平 N_K/N_L 的上升,而这种 N_K/N_L 的上升会导致要素相对价格水平 w_K/w_L 的上升,也就是它会使丰裕要素关于稀缺要素的相对价格水平提高。而当要素替代弹性 $\sigma < 1$ 时,要素相对供给水平 K/L 的上升,会引起不同类型要素增强型技术进步相对水平 N_K/N_L 的下降,而这种 N_K/N_L 的下降会导致要素相对价格水平 w_K/w_L 的上升,也就是它同样会使丰裕要素关于稀缺要素的相对价格水平提高。因此,只要要素替代弹性 $\sigma \neq 1$,要素相对供给水平变化引致的内生技术进步总是弱偏向于丰裕要素的。

(2)Acemoglu 内生技术进步强引致偏向:强偏向是指要素相对供给水平变化给予要素相对价格的最终影响,综合考虑了传统生产理论的替代效应和弱偏向内生技术进步效应。由于这两种效应方向相反,强偏向的判断要根据结合了(8.23)式和(8.24)式而得到的(8.25)式进行。由(8.25)式可知,只有要素替代弹性 $\sigma > 2$ 时[①],要素相对供给水平 K/L 的上升才会最终导致要素相对价格水平 w_K/w_L 的上升,此时的技术进步是强偏向于丰裕要素的。

Acemoglu 内生技术进步引致偏向描述了要素相对供给水平与要素相对价格间的关系,但是需要注意的是这种偏向并不表示技术进步在要素收入份额上的偏向,这也是 Acemoglu 技术进步偏向与传统技术进步偏向的不同之处。建立在其内生技术进步引致偏向理论上的 Acemoglu 技术引致机

---

① 在状态依赖或溢出效应模型情形中,该条件为 $\sigma > 2 - \delta$。

制并不能确保引致目标要素收入份额上升的技术进步。不过,在知道了技术进步在要素相对价格上的偏向后,要判断其在要素收入份额上的偏向并不难。事实上,Acemoglu 也给出了与份额有关的公式,如下所示:

$$\frac{s_K}{s_L} = \eta^{\sigma-1} \left(\frac{1-\gamma}{\gamma}\right)^{\varepsilon} \left(\frac{K}{L}\right)^{\sigma-1} \tag{8.26}$$

由(8.26)式可知,要素相对供给水平变化引致的技术进步在要素收入份额上的偏向与要素替代弹性 σ 有关。当 $\sigma>1$ 时,要素相互总替代,要素相对供给量的上升将提升丰裕要素的收入份额。当 $\sigma<1$ 时,要素总互补,要素相对供给量的上升将提升稀缺要素的收入份额。

第三节　一个警惕:产业结构提升中可能出现的劳动收入份额下降

根据前文的诊断可知,我国现阶段劳动收入份额处于低位徘徊的主要症结在于产业结构的低端锁定,如若解决了产业结构的低端锁定问题,也就打开了劳动收入份额上升的通道。然而,有一点必须指出,产业结构提升并不能充分保证劳动收入份额的提高。

利用 Acemoglu 内生技术进步偏向理论的有关结论,我们容易发现技术进步偏向由要素间的替代弹性和要素的相对供给水平决定,在要素替代弹性低(小于1)时,要素丰裕度的提高将降低该种要素的收入份额,技术进步不利于丰裕要素收入份额的上升;而要素替代弹性高(大于1)时,要素的丰裕度提高将提高该种要素的收入份额,技术进步将会有利于丰裕要素收入份额的上升。然而,我国产业结构升级过程中可能面临要素替代弹性和要素丰裕度这两个决定性要素的变动,使得产业结构提升并不一定能够保证劳动收入份额的上升。

一方面,在产业升级过程中可能面临着资本和劳动要素替代弹性的增大。我国当前正处于产业升级、结构调整阶段,发达省份大力推行机器换人工程,资本与劳动间替代弹性较高。根据德拉格兰德维尔假说(De La Grandville hypothesis),经济增长与要素替代弹性大小密切相关,资本和劳动的要素替代弹性越大,经济增长越能从中获益(陈晓玲、连玉君,2012),我国各省(区、市)的资本和劳动要素替代弹性与经济增长率之间存在着显著的正向效应。陈晓玲和连玉君(2012)对我国各省(区、市)1978—2008年的要素替代弹性测算的估计值显示,我国经济发展水平较高的省(区、市)(北京、天津、内蒙古、山东、福建、上海、浙江、江苏、广东)的要素替代弹性估计值在1.13和2.28之间,远高于中西部地区的大部分省(区、市)。邓明(2014)对我国各省(区、市)在1990—2010年的要素替代弹性测算结果显示,北京、天津、上海、浙江、江苏、福建等大部分东部发达地区的资本和要素替代弹性在1.14~1.98,显著大于1,与陈晓玲和连玉君(2012)的测算结果基本一致。随着产业结构升级,资本对劳动的替代弹性很有可能会逐渐增大。Berkowitz等(2015)基于中国工业企业数据库估算得到中国工业部门的资本和劳动的要素替代弹性显著大于1。陆菁和刘毅群(2016)的测算结果显示,中国工业部门1990—2010年的劳动资本要素替代弹性为2.906。工业部门是技术进步应用的先锋领域和经济增长的主动力,全国层面工业生产中的要素替代弹性已大于1,随着技术进步的逐级推广和产业升级的推进,全国层面劳动和资本要素替代弹性有进一步增大的可能。

另一方面,伴随着人口红利式微和刘易斯转折点的到来,我国劳动要素丰裕度在数量层面的增长乏力也可能成为劳动收入份额在产业升级过程中提高的阻滞因素。我国的要素禀赋较改革开放前已发生了很大变化。改革开放后,得益于有效的人口政策实施和农村劳动力流动政策的解绑,人口红利与农村剩余劳动力的"无限"供给相伴而来,充分的劳动供给为经济快速增长提供了源源不断的动力。但是近年来,人口红利式微与二元经济的刘易斯转折点相伴而来,我国劳动要素在数量层面的丰裕度正在下降。如图8.3所示,2010年全国劳动年龄人口相对比重到达峰值,劳动年龄相对比重在21世纪的第二个十年开始出现稳定的下降趋势。同时,劳动力绝对数量也紧随其后,在2013年到达峰值水平后也开始下降。而农村劳动力转移减速时点更早出现,2003年前后"民工荒"现象的出现表明农村劳动力向城市转移的进程放缓,中国经济发展可能已经进入刘易斯转折区间(蔡昉,2017)。与此同时,我国经济在前期高速发展中已积累大量资本。如图8.4所示,按张军等(2004)的方法测算得到的全国资本存量表征了我国资本存量的变动趋势,统计局公布的固定资本形成总额数据显示了我国资本累积的速度,两者的变动趋势表明我国资本快速积累的特征。对比资本积累和劳动年龄人口的变动趋势,我国要素禀赋优势正在发生很大变化,随着老龄化程度的加深以及生育水平的持续低位,劳动要素丰裕度相对资本要素而言正在逐年下降。因此,在不加干预的情况下,Acemoglu 技术引致机制将使技术进步自然偏向于相对丰裕的资本要素,这显然会进一步恶化我国收入分配状况。

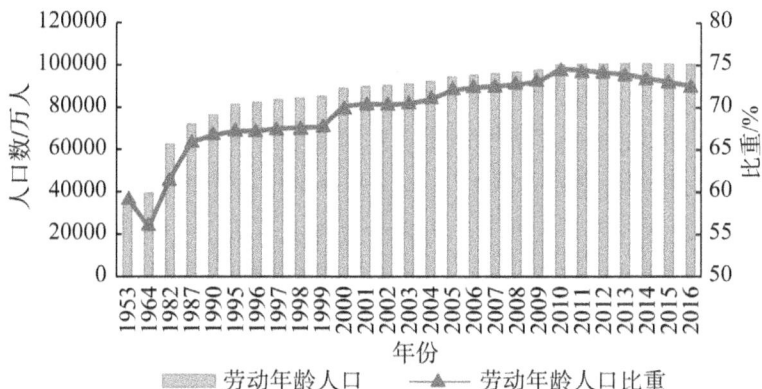

图 8.3 1953—2016 年中国劳动年龄人口绝对与相对数量变动

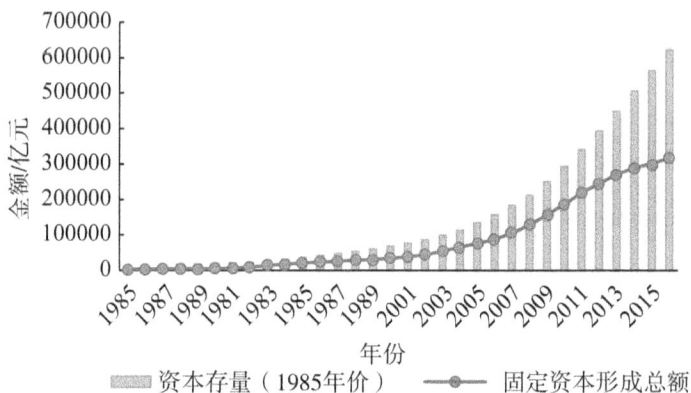

图 8.4 1985—2016 年中国资本存量和固定资本形成总额变动趋势

结合劳动和资本要素替代弹性逐渐增大以及劳动要素丰裕度相对下降的情况,在提升产业结构的过程中,倘若要素替代弹性大于1,则在资本相对更为丰裕时就会出现资本收入份额上升而劳动收入份额下降的情况。

本章提出必须警惕一种不利局面:产业升级过程中可能出现劳动收入份额的下降。产业结构升级往往伴随着生产过程中的技术进步。现有研究表明,非中性的技术进步是劳动收入份额变动的关键因素。技术进步外生时期的研究重点考察了外生技术进步对要素收入份额的影响,技术进步内生时期的相关研究则拓展了内生技术进步偏向形成的机制。根据Acemoglu 内生技术进步偏向理论,技术进步偏向内生决定于要素间的替代弹性和要素的相对供给水平:当要素替代弹性低(小于1)时,要素丰裕度的提高将降低该种要素的收入份额;而当素替代弹性高(大于1)时,要素的丰裕度提高将提高该种要素的收入份额。因此,我们在产业结构提升的过程中,必须警惕产业结构提升而劳动收入份额下降的不利局面。一方面,在产业升级过程中可能面临着资本和劳动要素替代弹性的增大;另一方面,资本不断积累,而劳动力却面临人口老龄化带来的数量下降的不利局面。这两个情况相伴出现将会导致产业结构升级过程中技术进步偏向于降低劳动收入份额。因此,产业结构提升仅是我国现阶段劳动收入份额提升的必要条件,而非充分条件,劳动收入份额的提升路径仍需探索。

第九章　一条包容性增长的新路径

要素流动障碍导致产业结构低端锁定,使其未能随禀赋结构的升级而升级,这是我国劳动收入份额陷入低位徘徊的症结所在。但是,打破要素流动障碍、实现产业结构升级仅是劳动收入份额提升的必要条件。根据Acemoglu内生技术进步偏向理论,在人口红利逐渐消失而资本又不断积累的当下,劳动和资本要素的相对充裕度的这种改变,在要素替代弹性较大的情况下,会导致产业升级过程中的技术进步偏向于资本,即促进产业升级的技术进步会提高资本收入份额,降低劳动收入份额。我国目前正处于经济发展新阶段,经济增长增速换挡,国际贸易冲突加剧,依靠技术进步实现产业升级和经济转型是我国经济持续增长和发展的根本出路所在,而保持社会公平、维持社会稳定又是我国经济持续增长和发展的前提保障。面对日趋复杂的社会经济环境,如何实现增长和分配的平衡,走出一条适合我国的包容性增长之路,是我国政府面临的重要课题。传统的就业和收入保护政策是政府提升劳动收入份额的常用政策工具,但往往陷入效率与公平难以兼顾的困境。为此,我们将劳动收入份额提升问题放在我国经济转型和产业升级的广阔背景下,借助内生经济增长理论,探寻一条在技术进步、经济增长的同时,劳动收入份额亦获得提升的包容性增长新路径。

第一节　包容性增长

包容性增长(inclusive growth)是倡导机会平等的增长。这一概念最初由亚洲开发银行组建的研究小组在 2007 年 3 月提交的《新亚洲、新亚洲开发银行》的研究报告中提出,并在此后 10 余年间由世界银行、经济合作与发展组织(OECD)和联合国(UN)等国际组织逐渐完善。包容性增长可从多重视角进行理解。包容性增长最初定义为经济社会机会平等的增长,即一个社会的包容性应该体现在机会平等、市场准入、商业管理环境公平有序等因素上。一方面,包容性增长也是与可持续发展相契合的一种经济增长,世界银行最早将两者的内涵相结合,认为包容性增长应该契合可持续发展理论。在此视角下,包容性增长意味着在经济保持稳定增长的同时,技术进步与人力资本对经济增长的贡献占据主导地位,同时节约资源使用,环境污染可控。另一方面,包容性增长也被定位于反贫困视角,与世界银行1990年提出的"广泛基础的增长"(broad-based growth)和"益贫式增长"(pro-poor growth)内涵相近,侧重于倡导机会平等,强调要建立具有包容性的制度,提供广泛的机会,确保增长效益为大众所广泛共享,切实提高贫困人群的生活水平(Raineri and Ramos,2013)。虽然包容性增长具有多重视角的理解,但从经济增长理论角度看,包容性增长是与非包容性增长相对立的一种增长模式,非包容性增长单纯追求GDP,追求经济增长在数量层面的表现,而忽视了增长成果的共享,忽视了生态环境和增长的可持续性,忽视了经济主体参与经济发展的权利和机会的平等。因此,包容性增长是一个广泛的对增长的前提、过程、结果和经济参与主体实现尽可能大的包容的增长。

2008年金融危机后,各国经济以及各种发展模式均受到金融危机的强烈冲击,"包容性增长"理念逐渐走入主流视野,逐渐被各界认可、采纳。中国是较早参与并践行包容性增长的国家之一。包容性增长提出于"十一五"收官之际,为"十二五"规划奠定了基调,是在社会经济利益日益复杂、社会分化日益严重的情况下,得以让中国经济实现长期持续发展、让改革成果惠及更多经济主体、让各阶层利益更为和谐的发展理念,为中国经济未来的长远发展确立了方向。2009年11月15日,国家主席胡锦涛在亚太经合组织第17次领导人非正式会议上首次提出并强调统筹兼顾,倡导包容性增长。[①] 2010年9月16日,国家主席胡锦涛在第五届亚太经合组织会议发表的题为"深化交流合作、实现包容性增长"的致辞中将"包容性增长"作为关键词之一,强调要实现经济增长的包容性和可持续性,切实解决经济发展中出现的社会问题。[②] 在2016年9月召开的G20杭州峰会上,国家主席习近平强调,

---

① 胡锦涛.合力应对挑战 推动持续发展:在亚太经合组织第十七次领导人非正式会议上的讲话[J].研究与实践,2009(6):4—6.

② 胡锦涛.深化交流合作 实现包容性增长:在第五届亚太经合组织人力资源开发部长级会议上的致辞[J].党建文汇:上半月,2010(10):2.

面对当前挑战,应该落实 2030 年可持续发展议程,促进包容性发展。[①] 2017 年 6 月,夏季达沃斯年会在大连举行,主题为"在第四次工业革命中实现包容性增长",会议对有关构筑包容性增长新动能的相关议题进行了深入探讨。李克强总理在致辞中,将就业视作中国包容性增长的根本,精准扶贫是包容性增长的亮点,而中国的创业创新是包容性增长的有效途径。[②] 2017 年 1 月 16 日,世界经济论坛(WEF)发布《2017 年包容性增长与发展报告》("The Inclusive Growth and Development Report 2017"),指出若不及时调整经济增长模式和衡量标准,或将错失经济发展机遇并破坏社会公平性。报告认为,应将持续提高人民生活水平,即全面提升人民经济收入、经济机遇、生活质量与生命安全水平作为国家经济发展最基本的目标。

　　总体而言,包容性增长就是不单纯以经济在数量上的增长为目标,是一个多维度的增长目标,尤其注重机会的平等和经济收益的广泛分享。具化到本书研究主题上,就是在经济增长的同时确保增长的经济收益为更为广泛的劳动者所分享。其实,这一理念早已体现在政府出台的众多收入分配政策及制度改革措施中。党的十七大报告明确提出,要提高劳动报酬在初次分配中的比重。《中共中央关于制定国民经济和社会发展第十二个五年规划的建议》中提出了"两个同步",即努力实现居民收入增长和经济发展同步、劳动报酬增长和劳动生产率提高同步;同时明确提出提高"两个比重",即提高居民收入在国民收入中的比重,提高劳动报酬在初次分配中的比重。这说明我国政府已经注意到我国经济增长中存在的收入分配问题,并不断积极地寻求改善国民收入分配结构的路径,自始至终地关注着经济增长的包容性问题。根据本书前几章的分析,笔者发现我国事实上面临着潜在的困境:一方面要提升劳动收入份额必须实现产业升级;另一方面根据 Acemoglu 内生技术进步偏向理论,在我国目前的经济状况下,产业升级中的技术进步极有可能导致劳动收入份额的下降。面对如此困境,再结合我国当前面临的复杂的内外部环境,包容性增长的重要性由此进一步凸显。显然,我们不能简单地就事论事地讨论劳动收入份额问题,而要把劳动收入

---

　　① 习近平:落实 2030 年可持续发展议程 促进包容性发展[EB/OL].(2016—09—04)[2019—05—06].http://www.gov.cn/xinwen/2016—09/04/content_5105292.htm.

　　② 中国政府网.李克强总理 2017 年夏季达沃斯论坛致辞实录[EB/OL].(2017—06—27)[2019—05—06].http://www.gov.cn/xinwen/2017—06/27/content_5205948.htm.

份额问题放入更为广阔的社会经济背景中,将劳动收入份额与当前的产业升级和经济转型结合起来考虑,探寻一条适合我国当前国情的技术进步与经济增长下的劳动收入份额提升的包容性增长新路径。

第二节　劳动力产权和就业保护研究综述

一、劳动力产权研究综述

(一)国外研究

马克思主义经济学是研究劳动力产权问题的主要背景之一。马克思主要从两方面论证了劳动力产权。一是劳动力产权的性质。马克思认为劳动力产权是经济关系的反映,劳动力产权关系变动和发展的根源在于生产关系的变革,尤其是生产资料所有制的变革。生产资料所有制通过制约和影响经济关系从而在劳动力产权的根本性质和其发展演变中起着重要作用。二是劳动力产权的权能结构。马克思认为劳动力产权是一组权利的集合,包括所有权、支配权、占有权、使用权、收益权和处置权。

新制度经济学中的产权理论为劳动力产权的研究提供了理论基础和研究框架。科斯在《企业的性质》中提出交易成本的概念,阐述了交易成本如何影响产权的分配并如何决定资源配置的效率。德姆塞茨较早研究产权,并从经济功能和社会功能两方面对产权进行定义,他认为产权的经济功能是使人们受益,产权的社会功能是使人们形成合理预期。菲吕博腾和配杰威齐强调产权的行为特征,指出产权是指由物的存在及关乎它们的使用所引起的人与物之间相互认可的行为关系,产权安排确定了每个人相应于物时的行为准则,每个人都得遵守他与其他人之间的相互关系,或承担不遵守这种关系的成本。威廉姆森在科斯的基础上开创了交易成本理论,认为产权主要研究博弈规则和制度环境,关于具体博弈的实现或具体的治理制度则属于交易成本理论范畴。巴泽尔在《产权的经济分析》中提出产权在界定过程中具有清晰程度的相对性和产权界定的渐进性,产权被完全界定的成本太高,因此也不可能被完整地界定。

产权理论为劳动力产权研究提供了理论基础和研究框架,人力资本理论的提出和发展则将劳动的地位得到了切实的提高。人力资本理论主要由舒尔茨提出,贝克尔、明瑟补充完善了微观研究。该理论认为,人是社会进步最根本的决定性因素。人力资本存量和人力资源质量与劳动生产率息息相关。同时,人力资本的取得并非免费,也是需要投资的,而使用者需要付出成本。人力资本除了能提高劳动生产率,还能改善物质资本的使用效率。人力资本理论通过强调人力资本的重要性,使得劳动的地位得以提升,劳动者权益得到重视。

(二)国内研究

从劳动力产权的内涵界定角度,姚先国和郭继强(1996)认为,劳动力产权是指劳动者作为其劳动力的所有者的行使权,也就是劳动者在生产过程中受益或受损的行为权。郭继强(1996)对劳动力产权和劳动产权做了区分,认为劳动力产权和劳动产权贯穿于生产过程和分配过程,劳动力是企业不可缺少的基本要素,其产权为"劳动力产权",劳动产权包含在劳动力产权之中。姚先国和盛乐(2002)认为,企业产权不仅包括物质资本产权,还包括人力资本产权。相对于人力资本产权,劳动力产权包含了人力资本产权且内涵更为广泛。

从劳动力产权的内容角度,姚先国和郭继强(1996)认为,劳动力产权至少应包括以下权利:①享受其所处的特定社会历史环境中所给予的基本生存权和基本发展权;②获得劳动力再生产所必需的生活资料的权利;③劳动力自主支配权;④一部分剩余索取权。盛乐和包迪鸿(2001)认为,劳动力产权包括劳动力产权权能、劳动力产权权益和劳动力产权权责。劳动力产权的具体内容涉及:劳动者有接受用人单位聘用和辞去用人单位工作的权利,保障劳动力资源可以流动和不断随经济结构变化而再配置;劳动者具有与用人单位在工资和其他待遇方面讨价还价的权利;劳动者有在合同期间内享受工作所得利益的权利;劳动者有遵守和履行合同的义务和责任;等等。姚先国和盛乐(2002)认为,人力资本产权由人力资本产权权利、产权权能、产权权益和产权权责四者有机构成。范省伟和白永秀(2003)认为,劳动力产权既不等同于劳动力所有权,也并不一定包含剩余索取权,更不是单一的剩余索取权,而是一组由劳动力所有权引发的行为权利束。

从劳动力产权和劳动力市场的关系出发,姚先国和郭继强(1996)认为,并非只有确立劳动力的商品地位,才可以建立劳动力市场,他们认为通过确立劳动力产权和让渡劳动力产权,同样可以建立劳动力市场。交换实质上是双方权利的相互让渡,这种双边的供给—购买关系的总和就是市场。那么劳动力市场也是由劳动者和厂商双方权利相互让渡的总和所构成的。正如其他市场一样,劳动力和厂商的双方权利交换中存在着交易成本。在劳动力资源配置过程中总是存在大于零的交易成本。在交易成本大于零的现实世界中,不同权利的初始界定,将带来不同效率的资源配置。因此,对劳动力产权的不同初始界定才会造成不同的劳动力资源配置效率。根据前文的定义,在保证了劳动力的前三项权利,并在法律上确认了最后一项即一部分剩余索取权后,劳动力产权最好由市场来界定并加以实现。原因有三:一是资源的市场配置方式的效率要高于行政配置方式。二是劳动力市场的建立可以给劳动者自主择业、自由迁徙创造有利条件。三是劳动力产权的具体界定通过劳动者和企业之间不断试错和重复博弈来实现,可以最大化两者的利益。由此,也可以看出劳动者的收入取决于:一是劳动者个人在该经济组织中的劳动贡献大小。二是该经济组织总体的生产经营状况。三是劳动者和企业的讨价还价能力。四是外界环境因素的影响。在建立和完善劳动力市场的过程中,政府应该保障劳动者的基本生存权和发展权,维持劳动力的再生产权和自由择业权、自由迁徙权。另外要保证劳动力产权中一部分剩余索取权的合法性。这样的初始界定有助于提高劳动力资源的配置效率。最后,政府应该尽可能地降低劳动力市场的交易成本。

周其仁(1996)认为,违背市场自由交易法则的法权和其他制度安排,可能导致劳动力产权在德姆塞茨意义上的"残缺"。劳动力产权中某些权利束的残缺不仅本身就意味着对劳动力产权和劳动者地位的某种损害,而且这种残缺也可能削弱劳动者在劳动力市场上的议价能力。而劳动力产权的模糊也可能导致劳动者在劳动关系中处于不利地位。从产权经济学的角度看,调整劳动关系、维护劳动者权益就是要明晰劳动力产权的边界(陶志泉,2001)。赖普清和姚先国(2011)对劳动力产权强度进行了论述,认为劳动力市场化程度在改革开放过程中已经大大提高,以市场机制配置劳动力资源的体制已经基本确立。然而各种劳动冲突、纠纷问题频出,劳动者在劳资关系中的弱势地位受到学者们的关注。从新制度经济和产权经济学的角度出发,劳动力产权残缺或者产权模糊被认为是劳动者地位处于不利局面的主要原因。

姚先国(2006)认为,决定劳动者地位的因素可以概括成两类:一是对劳动者的制度保护程度,或者说对人力资本的产权界定、保护与实现的制度安排。二是劳动者所拥有的人力资本。赖普清与姚先国(2011)进一步从劳动力产权的实现能力或劳动力产权的强度来分析劳动者地位的问题。他们认为,如果改革开放初期劳动者的地位受制于劳动力产权残缺的状态,那么在劳动力市场和劳动法律制度日臻完善、逐步成熟后,劳动者的地位取决于劳动力产权强度,即其实现劳动力产权的能力。劳动力产权强度的主要决定因素有三个维度:个人变量、结构变量和制度变量。其中个人变量包括个人人力资本存量、个人收入水平和非工资收入。在其他条件一定时,人力资本存量越高,劳动者的劳动力产权强度就越强。个人工资对劳动力产权强度具有重要影响,而个人工资水平的主要决定因素又是人力资本水平。而人力资本投资主要有三种方式:教育、干中学和迁移。人力资源生产和再生产的关键在于激发人们对人力资本投资的热情。因此,要发挥劳动力市场配置劳动力的基础性功能。而明晰劳动力产权、营造劳动力市场主体又是建立和完善劳动力市场的前提(姚先国、郭继强,1996)。

姚先国和盛乐(2002)认为,产权制度的安排会影响企业效率,而企业产权制度中对人力资本产权的权利、权能、权益和权责进行合理有效的界定是提升企业经济效率的重要因素。企业产权结构的合理安排关键是要充分界定和明晰人力资本产权,只有人力资本产权才对行为者具有直接激励约束作用,也只有人力资本产权界定的差异性才是造成企业经济效率差异的最根本原因,经济行为取决于人力资本产权是否得到有效界定和充分保护。人力资本产权的界定是企业产权结构合理安排的关键,而经营者作为企业生产过程中的决策者和对其他成员的监督者,在企业中具有举足轻重的地位,因此,要形成企业产权结构合理的制度安排首先就是要充分界定经营者的人力资本产权。

(三)劳动力产权研究现状小结

从已有的劳动力产权研究中可以发现,国内外学者对劳动力产权的研究从其内涵、性质内容以及劳动力产权与劳动力市场等方面展开。国外研究中马克思主义政治经济学、制度经济学以及人力资本理论是劳动力产权研究的主要背景,并为劳动力产权研究内容和深度的拓宽提供了理论基础和研究框架。马克思主义政治经济学界定了劳动力产权的性质以及劳动力产权的权能;制度经济学对劳动力产权的界定为研究其如何对资源配置效率产生影响提供了基础;而人力资本理论的提出和发展切实提高了劳动的经济地位,强调了人力资本的重要性,使得劳动者权益得到进一步的重视。

国内学者对劳动力产权的研究进行了延伸,在界定了劳动力产权的内涵和内容的基础上,进一步说明了界定和保护劳动力产权的作用和影响。姚先国和郭继强(1996)对劳动力产权进行了明确的界定,并对劳动力产权的内容进行了阐述,并以此为基础描述了劳动力产权和劳动力市场的关系。姚先国和盛乐(2002)对人力资本产权的内容也进行了描述,并阐述了人力资本产权界定对企业效率的影响。从现有文献中不难看出,就劳动力市场而言,对劳动者的劳动力(或人力资本)产权进行激励,不仅有利于劳动者依据市场信号快速明确未来流动方向,也能有效强化劳动者的劳动力产权,增强其在就业竞争中的博弈力量,预期的劳动力价值也会随之提升。劳动力产权决定了劳动者参与劳动力市场博弈的力量和地位,继而也决定了劳动者的博弈结果。劳动力产权界定是否清晰影响劳动者就业权益的受保护程度。产权界定是否清晰是影响产权作用的发挥的关键因素,也是保障产权完整的重要前提。

综上所述,劳动力产权是指劳动者作为其劳动力的所有者的行使权,也就是劳动者在生产过程中受益或受损的行为权。首先,劳动力产权的明确界定有利于降低劳动力市场中的交易成本,从而提高劳动力资源的配置和使用效率,充分发挥劳动力及其人力资本;其次,劳动力产权的有效保护是劳动者最大化其劳动力产权收益的制度前提,也是劳动者进行人力资本投资、完成劳动力再生产的保障;最后,劳动力产权保护机制到位也会激励人力资本投资,进而提高劳动力产权强度,提升劳动者议价能力,形成劳动者自我保护机制。因此劳动力产权的明确界定和有效保护是提高劳动收入、保障人力资本的经济回报充分兑现的基础前提。

二、就业保护的研究综述

OECD将就业保护定义为有关劳动力市场雇佣和解雇的管理规定,涉及弱势群体就业、临时合同、固定合同、培训要求、不公平解雇、解除终止合同、经济性裁员、经济补偿、最短的预先通知期、解雇限制和行政申报与工会代表的事先磋商等。卡赫克和齐尔贝尔博格(2007)认为,就业保护立法是一整套强制性的限制辞退雇员的措施,规定这些限制措施的目的在于增加就业人数,提高就业的稳定性。Heckman 和 Pagés(2000)则将就业保护界定为所有增加解雇工人成本的法律。Addison 和 Teixeira(2003)认为,就业保护有狭义和广义之分,狭义的就业保护是指经济合作与发展组织成员定义的法律法规,广义的就业保护还应当包括劳动标准、最低工资等。

由此可见,现有的就业保护(employment protection)是为了构建稳定的劳动关系,通过提高解雇成本形成的关于雇佣和解雇的限制性规定。就业保护制度的核心在于增加就业人数,增加工作的稳定性,以减少经济的不确定性给劳动者带来的负面影响。就业保护的制度安排有多种形式,劳动立法往往在现实中扮演就业保护制度中最重要的角色,因此,在讨论就业保护问题时也常常使用就业立法(employment protection legislations)这一概念。

(一)国外研究

就业保护的经济学分析发轫于 20 世纪 70 年代,欧美国家不同的就业保护对失业率和劳动力流动影响的不同结果吸引了学者的关注,由此,理论和实证研究逐渐展开。就业保护主要通过其产生的解雇成本(包含解雇费用和企业行政费用)影响到劳动力市场的运作,理论研究主要从解雇成本出发研究就业保护对劳动力市场灵活度、流动性、失业以及工资水平等各方面的影响。

Nickell(1986)提出,因就业保护而产生的劳动力调整成本会减缓企业的劳动力调整速度。Millard 和 Mortensen(1997)通过劳动力市场均衡模型分析,显示解雇成本对失业产生难以确定的影响,但解雇成本会减少就业机会,从而降低劳动力的流动性。Garibaldi(1998)运用匹配模型证明就业保护会同时降低就业创造和就业毁灭,因而减少职位流动。Mortensen 和 Pissarides(1999)基于搜寻均衡理论讨论了存在雇佣成本和解雇成本的双层工资结构机制,认为解雇成本的提高一方面会降低解雇率,另一方面也会使企业减少职位的创造,因而最终结果要视具体经济环境而定。Petrin 和 Sivadasan(2006)指出,解雇成本会带来劳动力边际收入和边际成本的差异,从而扭曲资源配置造成效率损失。

卡赫克和齐尔贝尔博格(2007)基于 Mortensen 和 Pissarides(1999)的模型,分析了在工资外生给定(实行法定最低工资)的背景下就业保护的影响。认为解雇成本会对失业率产生难以确定的影响,一方面解雇成本会降低职位破坏率,另一方面又会减少职位创造。而当工资由谈判决定而内生时,解雇成本不会对失业退出率和职位破坏率产生影响,而是表现为工资的下降。

实证研究中也验证了理论研究中的相关结论和推断。理论研究显示劳动力市场中就业和失业之间的流动性与就业保护立法的宽松程度正相关,而实证研究也支持这一推断。Lazear(1990)使用22个OECD国家1956—1984年的跨国时间序列数据考察解雇成本对失业的效应,认为遣散费用会影响雇主行为,表现为降低工作岗位数量、提高失业率,结果显示解雇成本过高是若干欧洲国家失业率增加的主要原因。而就业保护强度与长期失业之间存在着正向关系,严格的就业保护会降低失业者和就业者的流动性,从而造成长期失业问题(Bertola,1999;Blanchar and Portugal,2001)。

关于解雇成本对于失业率仅产生轻微甚至不确定的影响的理论研究结论也在实证研究中得到证实。Nikell(1997)使用20个OECD国家1983—1994年的数据分析发现,就业保护倾向于减少失业,但是效果甚小。Garibaldi等(1997)使用相同的指标并没有发现OECD的就业保护综合指数和失业率之间有任何显著关系。而OECD在1999年也证实了这一结论。

在对发展中国家的实证研究中,Pagés和Montenegro(2007)利用智利的数据,建立了一个就业安全措施对不同年龄阶段人群工资水平影响的模型,结果发现,就业安全措施会减少年轻人的相对工资率。Zilibotti等(2008)利用Besley和Burgess(2004)收集的关于印度各地就业保护法案修正案的资料,研究它和行业发展之间的相互影响。结果发现,实施灵活就业保护法规地区的行业增长快于实施严格就业保护法规的地区。Heckman和Pagés(2000)收集了拉丁美洲就业保护法规对就业和经济增长影响的数据,利用时间序列数据对就业保护法规的影响进行了实证分析。结果发现,严格的就业保护措施不利于就业安置和企业经营状况的改善;并且对就业的影响是结构性的:严格的就业保护法规的最大不利影响群体是青年人、边缘工人和低技能工人;而在用人单位中,内部人是这些法规的受益者,外部人是受害者,从而认为就业安全措施导致就业的不平等。

然而,也有部分研究证实了就业保护的积极效应。其中有部分学者从人力资本投资角度研究就业保护,发现就业保护能促进人力资本投资,提高劳动生产率,刺激经济增长,增加社会总福利。

OECD指出,就业稳定性的提高有利于提高工人满意度,促进工人与企业的合作,从而有利于促进新技术形成,增强企业核心竞争力从而提高生产率,同时,也有研究显示就业保护对人力资本投资有不同的引导效应。Estevez-Abe 等(2001)认为,就业保护将激励工人投资企业专用技术,而在缺乏就业保护的情况下,会刺激工人投资通用技术。Wasmer(2002)也支持了这一观点,他认为美国的工人投资更多的通用技术而欧洲人投资更多的专用技术是其就业保护程度使然。Belot 等(2007)发现,在就业保护水平较低时增加解雇成本有利于增加专用人力资本的投资,从而提高劳动生产率。

Nickell 和 Layard(1999)认为,就业保护可能刺激经济增长,他们认为生产率改进依赖于工人的合作。他们使用跨国数据发现就业保护是唯一对增长有正效应的制度,其他的劳动力市场制度对增长并没有影响。阿西莫格鲁证明,在不完全市场中,自由放任的政策环境将带来无效率的低工资偏向,适当的劳动力管制将提高劳动生产率和社会福利。但其他一些研究者的实证研究结果并不支持这一观点。Botero 等(2004)对 85 个国家的就业法、集体关系法和社会保障法的管制进行了计算,结合 1977 年的数据得到的结果显示,高劳动力市场管制与低劳动参与率和高失业率并存,并不支持劳动力市场管制会提高社会福利的说法。

从广义的范畴来看,最低工资也是就业保护的一种。最低工资是指劳动者在法定工作时间或依法签订的劳动合同约定的工作时间内提供了正常劳动的前提下,用人单位依法应支付的最低劳动报酬。理论上,最低工资通过提高劳动成本可能会对产出和就业产生负效应。学者对此问题的研究也由此展开。理论分析普遍认为最低工资的就业效应取决于最低工资的初始水平,同时受到最低工资所使用的劳动力市场特征的影响:完全竞争劳动力市场模型和基本匹配模型分析显示最低工资对就业会产生负面影响(卡赫克、齐尔贝尔博格,2007)。

实证研究用不同的方法来评价最低工资对就业的影响,但总体来说,实证研究结果显示,最低工资的确保证了某个阶层的工人的收入,最低工资对青年就业产生负效应,并倾向于提高就业流出率(卡赫克、齐尔贝尔博格,2007)①。Wessels(2005)实证发现,最低工资的提高显著降低了青少年(16～19岁)的就业率。具体而言,他发现最低工资每上升10%,青少年就业率就会下降1%～2%。Abdulahad 和 Guirguis(2003)通过经典的完全竞争模型以及前人关于兼职—全职的分析框架进行机理分析,发现实际(相对)最低工资的上升会对兼职、女性、青少年和黑人这几类人群的就业带来不利影响。具体而言,实际最低工资每上升10%,兼职、女性、青少年和黑人的就业比例分别下降3.0%、6.6%、2.9%、1.7%。萨比亚(Sabia)使用 1979—2004年美国的 CPS(Current Population Survey)月度数据研究发现,最低工资每上升10%,零售业就业率和周工作时间均会下降1%左右,且无经验工人(主要为青少年)的就业负效应更大。Coomer 与 Wessels(2013)利用两部门模型发现,覆盖部门就业率下降水平显著高于总体就业率,最低工资每上升10%,青少年总体就业率下降1%～2%,但覆盖部门就业率下降10%左右,大量青少年被迫进入未覆盖部门参与就业。因此,作者认为传统以整个青少年作为研究对象的方式很可能低估了最低工资的青少年就业负效应。因此许多实证研究支持最低工资虽然会提高一部分群体的收入,但是会对就业尤其是弱势群体的就业产生负效应。

(二)国内研究

相比工业国家,我国对就业保护制度的关注和相关政策法规的出台明显滞后。早期国内的相关研究着重于对国外就业保护的理论和实证研究进行梳理和分析,对国内相关问题的关注局限于劳动力市场转变中的劳动关系,但劳动者权益无法得到保障引起的劳动争议和收入分配不公等问题已引起了重视。2008年,以加强就业保护管制为核心的《中华人民共和国劳动合同法》(以下简称《劳动合同法》)的实施引起了学界和企业界有关就业保护对劳动力市场的灵活度以及效率的影响的讨论和关注。

---

① 事实上,学界对最低工资的就业效应观点并不一致,本书此处仅引用了卡赫克和齐尔贝尔博格的观点。有不少研究认为最低工资对就业的负面影响不显著,甚至有轻微的正向影响。1991年11月,*ILR Review*(《ILR 评论》)和普林斯顿大学一起开办了"新最低工资研究会议"并在会后发表的《工业和劳动力关系报告》中公布了会上的四篇重要文献,启动了对最低工资的全新系统研究。不过,这四篇文章并没有在最低工资对就业的影响上达成共识。Neumark 和 Wascher(1992)得出了最低工资上升降低年轻人就业的结论。Card(1992a,1992b)、Katz 和 Krueger(1992)认为没有显著影响或轻微正向影响。之后,更是在不同观点的学者间引发一场论战。

常凯(2009)认为,个别劳动关系是从属性劳动关系,劳动合同实际上是一种不对等的从属性契约,需要劳动立法进行规范,实现劳资双方力量的平衡。当前我国政府并非对劳动关系过度干预,而是对劳动者保护不力。他指出,《劳动合同法》加强解雇限制,可以提高劳动者对企业的认同,促进产业升级,实现劳动者、企业和国家的"三赢"。持不同意见的董保华(2007)认为,我国现有的《劳动合同法》中法律规定的对于解雇的限制过于严格,会产生就业减少的负面作用。首当其冲受到影响的会是可替代性低、流动性大的底层劳动者。他认为《劳动合同法》的高标准将导致工人、企业和政府的"三输"。唐跃军和赵武阳(2009)构建理论模型分析《劳动合同法》的影响,认为相对于《中华人民共和国劳动法》(以下简称《劳动法》),《劳动合同法》通过加强解雇限制等就业保护措施提高知识型员工的努力程度,并增加该类员工和企业的收益,但对体力型员工而言会降低其努力程度,损害企业利润。因此唐跃军和赵武阳认为《劳动合同法》有利于高端劳动力市场,而不利于低端劳动力市场。可以看出《劳动合同法》的就业保护措施是以保护劳动者权益和就业稳定性为目标,但对其可能产生的效果学界持不同意见。

近年,有学者对中国的就业保护强度进行度量。孙睿君(2010b)对1994年通过的《劳动法》和2007年通过的《劳动合同法》中的就业保护规定进行梳理,并利用OECD构建的指标体系计算了两部法律中的就业保护指标强度。相比OECD国家,《劳动法》中的就业保护强度较低;而《劳动合同法》通过长期就业、短期就业和经济性裁员三方面增强了就业保护管制强度,相比OECD国家,我国已经处在了较严格的水平。杨伟国和代懋(2012)也使用OECD就业保护法指数(EPLI)对中国历年的就业保护力度进行年度量化描述,以反映我国就业保护的发展变迁。结果显示,1978—1981年,我国仍然延续了"人人有其位"的充分就业政策,企业并未获得自由招聘和解雇员工的权利,就业保护指数为满分值;改革开放初期,劳动力市场的松动带来了就业保护政策制度供应的缺口,就业保护指数骤然下跌;其后,随着改革进程的推进,就业保护力度逐步提升,但是在90年代初仍有波动,制度供应仍显乏力;直至《劳动合同法》实施,我国的就业保护水平才首次赶超国际标准。

国内学者关于我国的就业保护对劳动力市场的影响效应的研究也有所跟进。孙睿君(2010a)使用1999—2006年各地区国有及具有规模以上非国有工业企业主要经济指标数据进行动态面板分析,对我国的动态劳动需求进行了研究。文章检验了就业保护制度对动态劳动需求的影响。研究发现,我国国有企业以及规模以上非国有工业企业的就业调整存在明显的刚性,就业保护中对雇佣和解雇行为的管制显著减缓了劳动力调整速度。同时,就业保护制度在经济环境变好时会减缓企业劳动力投入的增长速度,而在经济环境恶化时会减缓企业裁减劳动力的速度。孙睿君(2010b)利用2002年住户收入调查(CHIP)数据对我国不同期限类型劳动合同的工资决定机制以及工资差异进行了实证研究,发现劳动合同期限不同导致的工资差异符合补偿性工资差别理论,长期劳动合同是以更低的工资水平为代价,因而就业保护的加强会使均衡工资水平有所下降。陈东和刘金东(2014)认为,严格的劳动保护在加大合同保障的同时可能带来收入差距的扩大,他们使用CHNS中2004—2011年的数据,评估2008年开始实施的《劳动合同法》对就业弱势群体相对收入差距的影响,结果显示,《劳动合同法》提升了就业弱势群体的合同保障程度。

相比狭义的就业保护的实证研究,国内学者关于最低工资制度的相关实证研究更为充实。各类研究结果显示,最低工资制度对就业的影响因经济环境、最低工资标准、地区、行业等不同而不同。

罗小兰(2007)利用31个省(区、市)1994—2005年的面板数据分析发现:最低工资的提高对农民工就业的影响是先正向后负向的。其中东、西部地区为正,中部地区为负;制造业为正,建筑业为负。张潇晗(2009)利用CHNS数据实证分析发现,最低工资提高后,高收入和不被覆盖的人不会受到显著影响;而低工资水平劳动力,尤其是收入处于新旧最低工资标准之间的劳动力就业受到明显冲击。丁守海(2010)利用2009年粤闽两省439家企业的调查数据分析发现,最低工资管制的就业后果不仅取决于最低工资管制本身,还取决于外部监管环境。当监管强化到一定程度时,最低工资管制的就业冲击会扩大。由于劳动合同法引起的监管环境的强化和二元就业制度对城镇劳动力利益的优先保护,最低工资管制对城镇劳动力就业冲击没有扩大,但对农民工的就业冲击明显增强。王梅(2010)利用全国30个省(区、市)(除西藏外)1994—2007年面板数据分东部、中部、西部地区进行分析发现,由于我国农村存在大量剩余劳动力,劳动供给量随着最低工资的增加而增加,从而导致最低工资对劳动力流出大省的就业产生负向影响,对劳

动力净流入的地区就业有正面影响。马双等(2012)发现,最低工资每上涨
10%,制造业的平均工资就会上涨 0.4%~0.5%;制造业雇用人数则会下降
0.6%左右。姜广东和王菲(2013)的研究发现,从全国范围来看,在不同时
间段内,最低工资对就业均具有一定的负向影响。按地区来说,东部地区的
最低工资的就业负效应最强,并且 GDP 增长对就业的拉动作用最强;中部
地区的最低工资的就业负效应并不显著,GDP 增长对就业的拉动作用也适
中;而西部地区的最低工资却显现出了正的就业效应,但是 GDP 增长对就
业的拉动作用最弱。王光新和姚先国(2014)认为,最低工资相对于社会平
均工资每提高 10%,其他人员的就业在社会总就业中的比重将下降约
2.3%。Fang 和 Lin(2015)使用 UHS 2002—2009 年以及县级最低工资数
据发现最低工资每上升 10%,总体平均工资上升 4.7%左右;但最低工资在
中国,特别是中国东部,产生了显著的就业负效应。最低工资每上升 10%,
青少年就业率约下降 2.5%。同时研究还发现,最低工资对低技能(低教育
水平)、女性等的就业也产生了不利影响。Sun 等(2015)认为,从整体上看,
中国的实际最低工资并不具有显著的就业负效应,即使分为沿海和内陆、分
性别、分户籍进行子样本回归,结果依旧一致。最低工资的就业负效应仅体
现在私人部门上。实际最低工资显著缩短了工人的周工作时间,但显著提
高了最底层群体(主要是农村女性)的收入水平。

也有研究者认为最低工资未必会导致失业扩大,甚至可能会造成正的
效应。韩兆洲和安宁宁(2007)认为,在当前水平上,最低工资标准的适当提
高不会对失业产生显著影响,不会造成失业大幅增加;提高最低工资标准将
可促进劳动力供给的增加,但是这种增加效应两年后几乎衰减为零。陈叶
和朱必祥(2011)以南京市为研究对象,对 2000—2007 年的最低工资水平就
业效应进行实证分析,发现最低工资的提高并没有造成就业总量的损失。
孙书青(2007)通过对最低工资失业效应模型分析发现,在最低工资标准普
遍偏低的情况下,适度提高不仅不会造成就业总量损失,还有利于农村剩余
劳动力向城镇转移,加快城市化进程。张运婷(2011)的实证结果显示,最低
工资的提高在短期内对中国整体就业影响不大,但在长期中可以促进就业。

(三)就业保护效果述评

国内外现有研究从市场、企业、劳动者三个主体角度分别展开了就业保
护对劳动力市场就业状况、劳动参与以及劳动收入等各方面的影响的相关

分析。就业保护为人所诟病的最主要原因是影响劳动力市场的灵活度,从而阻碍劳动在市场上的有效配置。就业保护可能并不能提高就业水平,反而可能降低企业利润,造成就业不平等。严格的劳动保护并不能完全弥补市场机制带来的待遇差异,而只是将待遇差异从合同保障程度差异向收入水平差异的形式转变。

在理论研究范畴上,国外学者对就业保护与就业水平之间的逻辑关系进行了较为充分的研究。理论研究主要从解雇成本出发分析就业保护对劳动力市场灵活度、流动性、失业以及工资水平等各方面的影响。基于劳动力市场均衡模型、匹配模型和搜寻理论等不同理论模型,得到的结论较为一致,认为就业保护带来的解雇成本的升高对失业的影响难以确定,但可以肯定的是会降低劳动力的流动性,甚至会因为扭曲劳动力资源配置而造成效率损失。而在不存在最低工资制度,工资内生决定时,就业保护的加强并不会对劳动力流动产生影响,其影响表现为工资率的下降。由此可见,就业保护制度虽然是以保护就业稳定性和就业数量为初衷,但在理论分析中得到的结论未必支持这一目的的实现,甚至还会因为影响劳动力流动而对经济效率有所影响,或产生对工资收入的负面影响。对就业保护的实证研究基本证实了理论研究中的结论和推断。

我国的就业保护立法起步相对于工业国家较晚,近年展开的对我国就业保护水平的度量和国际比较显示,2007 年通过的《劳动合同法》中的就业保护条例相比 OECD 国家已经处于较为严格的高水平。同时关于就业保护对劳动力市场影响的实证研究也显示,就业保护制度伴随着一定的消极效应。就业保护减缓了企业的劳动力调整速度,不利于企业发展;对劳动者而言,过高强度的就业保护甚至是以工资水平降低为代价的,甚至还会扩大收入差距。

同样,最低工资制度相关的许多理论研究结果显示,最低工资往往达成了提高某类群体工资收入的效果,却对就业水平产生消极作用。理论分析普遍认为,最低工资的就业效应取决于最低工资的初始水平,同时受到最低工资相关的劳动力市场特征的影响。完全竞争劳动力市场模型和基本匹配模型的分析显示,最低工资对就业会产生负面影响。许多实证研究也证明,最低工资对青少年等弱势群体的就业产生负效应,并倾向于提高就业流出率。

综上所述,劳动力市场中的干预措施往往并不能达到理想的预期效果,各项政策、制度的实施效果要视经济环境而定。传统的就业保护措施,不论是狭义的岗位保护还是广义的最低工资制度,都较难对劳动者的就业和收入同时起到应有的保护作用。就业水平和劳动收入就如"跷跷板",在就业保护中往往顾此失彼,在劳动力市场制度实施过程中,难以达到"两全"的效果。

传统的就业保护是以消极的保护手段为主,防止劳动者利益在与企业的博弈中受损。提高解雇成本或是提高最低工资水平等手段措施是以保护劳动者利益为出发点,却可能间接影响劳动力市场的另一主体——企业——的经济利益。这也是传统的就业保护措施常常碰壁的原因所在。传统的就业保护措施虽然在法律上赋予了劳动者更多的保护,但是并未提升劳动者的实际生产能力,并不能为企业带来更多的利益。在与企业的博弈过程中,劳动者并不具备足够的议价能力,因此即使在较为严格的就业保护下也并不能提高自身利益,而资源禀赋较差的弱势群体就更可能成为这一制度的潜在受害者。

在劳动力市场中,两个主体的博弈能力并不仅仅由制度政策决定,相对于以消极手段为主的传统就业保护措施,保护劳动者权益、提高劳动收入应该是通过切实提高劳动者的潜能,形成一个积极的就业保护制度环境来实现。授人以鱼,不如授人以渔。

第三节　劳动力产权保障、积极就业
保护下的包容性增长路径

一、劳动力产权保障、积极就业保护提高劳动收入份额机理概述

国内外学者对于传统就业、收入保护政策的真实效应存在争议,持有异议的专家和学者认为,就业保护和劳动收入的提升间存在矛盾,传统政策并未真正有效地保护劳动者,极可能使劳动者陷入名义保护加强而实际受益甚微的窘境之中。我国近十几年的劳动收入份额整体低位徘徊的事实也说明近年来政府力推的此类政策法规虽然短期地提高了部分劳动者的收入,但政策法规的长期和全局效应还是有待商榷的。那么究竟怎样才能真正有

效地保护劳动者并可持续地提高劳动收入份额呢？本书将此问题放入我国目前经济转型、产业升级的宏观背景中加以考虑，力图为发展中的我国经济寻找一条可持续的劳动收入份额提升路径。技术日新月异的时代背景和经济转型升级的国内环境使我们的目光自然聚焦于经济学中极为活跃且与要素收入份额有着紧密联系的经济增长和技术进步领域。在技术进步、经济增长的同时实现劳动收入份额的提升正是我们追求的目标。为了达成这一目标，我们借助了一个依托于劳动力产权和积极就业保护政策的制度平台和一个基于内生经济增长理论的技术引致机制，并以此为基础分别形成有效人力资本投资的激励机制和提升劳动收入份额的诱导机制。依托于劳动力产权和积极就业保护政策的制度平台激励有效的人力资本投资，以此在劳动有效单位层面上扭转人口红利消失带来的劳动要素相对于资本要素丰裕度下降的趋势，然后由 Acemoglu 技术引致机制确保偏向劳动的技术进步的发生，最终在技术进步、经济增长的同时实现劳动收入份额的提升。

首先，本书强调有效的人力资本投资。传统思路下的人力资本投资往往忽视人力资本相较于普通资本的固有特性，忽略了人力资本投资的效力问题。人力资本是蕴含在劳动者身上的可以提高其劳动生产率的特质，是由其知识技能形成的特定的生产性资本储备。相较于普通资本（机器设备等），人力资本的特殊性就在于，无论从社会或个人价值角度看，人力资本都没有相对确定的生产力或相对明确的货币价值，相似的人力资本在不同的条件下会形成不同的生产力、表现为不同的货币价值。人力资本的这种不确定性突显了人力资本转化（实现或变现过程）的重要性，也引申出人力资本投资的效力问题。传统的人力资本投资重投入轻产出，不重视人力资本的转化过程。事实上，制度、经济、教育等各种外在因素都会影响到人力资本的转化过程，使相同投入成本的人力资本投资产生不同的人力资本收益，从而体现出不同的人力资本投资效力。始于 20 世纪 90 年代末的高校扩招是一项大规模的人力资本投资，本可以对我国的社会经济发展起到很大的促进作用，但是由于未重视人力资本的转化过程，没有在制度、经济、教育等方面做相应的配套和提升，因此人力资本投资效力低下。对社会而言，潜在的人力资本没有转化成应有的现实生产力，反而带来空前的就业压力；对个人而言，潜在的人力资本没有变现为应有的货币价值，反而造成"高不成低不就"。这样的现实令政府误以为人力资本投资过剩或超前，令个人误以为人力资本投资无用,严重挫伤政府和个人的人力资本投资积极性,严重误导政府和个人的人力资本投资决策。因此,本书在此提出人力资本投资效力这一新概念,强调人力资本投资的有效性以区别于传统思路。所谓的人力资本投资效力就是指人力资本投资的社会和个人效益,它依赖于人力资本转化为现实生产力和货币价值的能力,即人力资本的实现力和变现力。转型升级中的我国经济需要有效人力资本投资的支持,也只有有效的人力资本投资才可以将面临人口红利日渐消失的我国经济引入技术进步、经济增长和劳动收入份额提升兼顾的轨道。

其次,通过加强对劳动力产权的界定、保护与实现提升人力资本投资的变现力,激励有效人力资本投资。人力资本是蕴藏在劳动者身上的技能和生产知识的存量,其价值由这些知识技能在劳动力市场上能够得到的报酬来体现,人力资本这种转化为货币价值的能力就是人力资本变现力。劳动者通过成本收益的权衡来决定其自身的人力资本投资量,其中成本往往可以被较为准确地估计,而收益则在人力资本变现力的影响下呈现出不稳定的特征。人力资本投资的基础理论中更多考虑了现金的时间价值(折现率)对收益率的影响,但是未考虑人力资本变现力带来的影响。人力资本投资带来的未来收益流并非一个确定的数量序列,而是在人力资本变现力的影响下表现出随机序列的特征,每个时期的收入都是一个随机变量,对应着一个描述其性状的分布函数,这一系列分布函数及其联合分布函数才能完整刻画人力资本变现力约束下的人力资本投资收益流。也就是劳动者在每个时期面临的收入并非一个确定的量,而是一个标注了概率的收入束,劳动者在做人力资本投资决策时,纳入其决策函数的并不是收益的简单确定量,而是考虑了人力资本变现力的期望收益函数。显然,人力资本变现力的高低影响着劳动者个人的人力资本投资行为。有关劳动力产权的制度安排影响着劳动者的报酬体系,从而它是影响人力资本变现力的重要制度因素,我们可以通过劳动力产权制度建设,营造一个提升人力资本变现力的有利环境,激励劳动者的有效人力资本投资。劳动力产权是一组权利的集合,包括所有权、支配权、占有权、使用权、收益权和处置权。在劳动力市场化程度已大大提高的当下,以市场机制配置劳动力资源的体制已经基本确立,劳动力产权的具体界定主要通过劳动者和企业之间不断试错和重复博弈来实现,劳动者的实际收入依赖于劳动者在劳资博弈中的能力,即其实现劳动力产权的能力——劳动力产权强度。然而,各种劳动冲突、纠纷问题表明,劳动者在劳资关系中处于相对弱势地位,劳动力产权强度还相对较低,人力资本变现力有待加强。因此,我们必须通过加强有利于劳动力产权界定、保护与实现的制度安排,提升劳动力产权强度,增强劳动者人力资本变现力,以此激励劳动者个人的有效人力资本投资。应该注意到,在这种有利制度安排下,人力资本投资与其变现间形成一种循环加强关系:人力资本投资增加,劳动者个人能力提升,在有利制度安排下,劳动力产权强度提升,劳动者人力资本变现充分性增加,这反过来又激励劳动者的人力资本投资。因此,有利于劳动力产权界定、保护与实现的制度安排会使劳动者形成有效人力资本投资的自我激励机制。

再次,通过积极就业保护政策提升人力资本的实现力,激励有效人力资本投资。人力资本实现力是指人力资本转化为现实生产力的能力,它是经济增长之源,亦是人力资本变现的基础。传统的就业保护政策主要是有关劳动力市场雇佣和解雇的管理规定,涉及弱势群体就业、劳动合同等,广义上还包括劳动标准、最低工资等。这些政策往往只关注货币工资的基本水平以及就业岗位的保存,并不关注劳动者人力资本的现实生产力转化问题。然而,没有现实生产力作为基础的最低工资提升是不可持续的提升,没有现实生产力作为基础的就业岗位保留是难以为继的保留。从这个意义上说,传统的就业保护政策是消极的就业保护政策,它可能或多或少、或强或弱地在一定程度上改善了部分劳动者群体的短期状况,但是,就全局和长期来看,过于严格地推行传统就业保护政策很可能弊多利少。尤其当前我国处于三期叠加的特殊时期,结构要转型,产业要升级,增长面临换挡,前期刺激政策尚待消化,结构性失业与周期性失业混杂,劳动市场问题极为复杂,就业任务极为艰巨。相比于片面地追求某些局部目标,我们更应着眼于整个劳动市场乃至整个经济全局,针对我国国情,开拓思路,拓展并重新定义就业保护概念,推出更为积极的、有利于整体劳动者和整个经济的就业保护政策,实现劳动者与整体经济的共同发展。当前我国劳动市场,一方面,劳动年龄人口已连续多年下降,民工荒波及多个相关产业及诸多经济发达地区;另一方面,大学生就业难日益突出,产能过剩引起的减岗减员压力日益增大。面对如此错综复杂的就业局势,我们的就业保护政策要尊重、顺应劳动力市场的自身规律,注重人力资本实现力的提升,激励有利于整体经济和劳动者个人的有效人力资本投资。我们要明确认识到劳动需求是引致需求这一经济学的基本观点,从劳动力市场的供需两头发力,提升教育结构和产业结构,注重加强教育结构和产业结构的双联动,以此提升劳动力市场供需匹配的契合度,促进人力资本向现实生产力的充分转化,在解决就业问题的同时,更好地促进整体经济发展。这样的积极就业保护政策督促学校能着眼我国目前劳动力市场需求,提供更多切合需求的教育培训内容和灵活便利的教育培训模式,为我国经济供给更具学习力和适应力的高人力资本的劳动者群体。这样的积极就业保护政策注重整体经济的转型升级,通过产业结构的提升,为现有及将来的劳动者群体提供一个更合适的人力资本实现平台,为经济的可持续发展注入长久的动力。积极的就业保护政策将就业问题放到经济发展的大背景中去解决,理顺了劳动供需关系,提高了劳动市场的配置效率,提升了人力资本的实现力,提高了社会劳动生产率,促进了经济发展,这将会调动社会的有效人力资本投资积极性。不仅如此,积极的就业保护政策通过更为切合劳动市场需求的教育培训以及人力资本实现平台的提供,切实地促进人力资本向现实生产力转变,为人力资本的变现奠定下坚实的基础,激励劳动者个人的有效人力资本投资。

最后,Accmoglu 技术引致机制确保了以有效人力资本投资为路径提升劳动收入份额的诱导机制的运转。随着人口红利的消失,我国的要素禀赋发生了变化,劳动要素的丰裕度下降,而资本逐渐充裕,近十余年不时出现的"民工荒"正是反映了这种变化。一波又一波的"民工荒"推动了用工成本的不断上涨,但是这样的劳动收入上升现象并不会持久,它或者随经济停滞而止步,或者因偏向于资本的技术进步而终结,而后者可能性更大,因为没有一个国家会放任自身竞争力下降而坐视不管。根据 Acemoglu(2002)的技术引致机制,技术进步的偏向内生决定于要素间的替代弹性和要素的相对供给水平。在要素替代弹性大于 1 的情况下,要素相对丰裕度的提升将增加其要素收入份额,而在要素替代弹性小于 1 的情况下,要素相对丰裕度的提升将减少其收入份额。就我国目前的状况和未来发展趋势而言,部分地区劳动和资本要素间替代弹性已经较高,而总体的替代弹性也在上升通道中,因此,未来技术进步会内生偏向于相对丰裕的资本要素,这意味着我国在产业成功升级后很可能出现资本收入份额上升、劳动收入份额下降的局面。为了改变这一局面,为了实现劳动收入份额的提升,必须改变劳动和资本要素的相对供给水平。在人力资本语境下,经济学家将劳动者概念化为可以出租给雇主的一整套技能,此时投入社会生产函数的劳动量不再是全体劳动者供给的原始劳动时间,而是其供给的原始劳动时间所包含着的劳动有效单位,也就是说考虑了人力资本后的劳动要素投入包含着数量(人口)和质量(技能)两个维度,两者结合共同决定投入生产的劳动有效单位。具有有效高人力资本的劳动者其现实生产力数倍于普通劳动者,同样原始劳动时间下其产生的劳动有效单位也数倍于普通劳动者,因此我们考虑通过有效的人力资本投资来提升劳动要素的质量,从而增加投入生产的总劳动有效单位,以此提高劳动要素相对于资本要素的丰裕程度。在劳动和资本要素替代弹性较高时,弱偏向内生技术进步效应超过传统替代效应,技术进步会被引致偏向于丰裕要素,而此时的丰裕要素是通过有效人力资本投资增加了相对供给水平的劳动要素。需要特别注意的是,只有通过有效人力资本投资促进现实生产力的真实提升,才能在劳动有效单位层面改变要素间的相对丰裕度,只有有效人力资本投资带来的劳动偏向型技术进步才能最终帮助我们实现包容性经济增长——在经济增长和技术进步的同时实现劳动收入份额的提升(见图 9.1)。

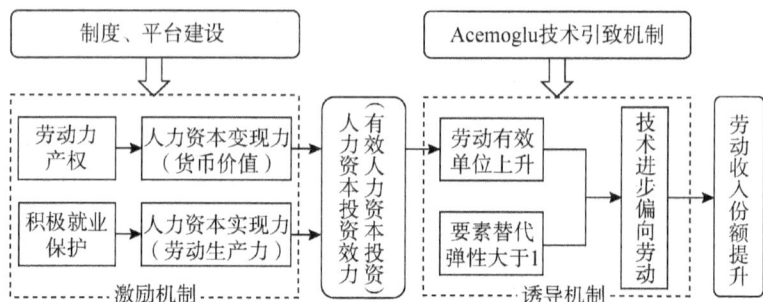

图 9.1 劳动力产权、就业保护提高劳动收入份额机理

二、劳动力产权、积极就业保护对有效人力资本投资的激励机制

(一)劳动力产权对有效人力资本投资的影响机理

劳动力产权是指劳动者作为所有者对劳动力的行使权,是劳动者在生产过程中受益或受损的行为权(姚先国、郭继强,1996)。劳动力产权至少应包括享受其所处的特定社会历史环境中所给予的基本生存权和基本发展

权、获得劳动力再生产所必需的生活资料的权利、劳动力自主支配权和一部分剩余索取权。劳动力市场是由劳动者和企业双方权利相互让渡的总和所构成的。正如在其他市场中一样,劳动力和企业的双方权利交换中存在着交易成本。在劳动力资源配置过程中总是存在大于零的交易成本。现实世界中交易成本大于零,权利的初始界定不同,资源配置效率也将不同。因此,劳动力产权的初始界定对劳动力资源配置效率有着重要影响。

人力资本的变现力是人力资本转化为现实货币价值的能力,而这取决于以劳动力产权为核心的四大因素:一是劳动者个人权利,包括劳动力产权;二是劳动者所拥有的人力资本;三是劳动者的组织力量;四是政府对劳动者个人权益和产权的保护程度。可见,劳动力产权的明晰界定和有效保护有助于增强人力资本变现力,激励劳动者的有效人力资本投资。

劳动力产权的明确界定有利于降低劳动力市场中的交易成本,提高劳动力资源的配置效率和使用效率,减少人力资本交易过程中的损耗,使得劳动者的人力资本得到充分的变现。根据科斯定理,在交易费用不为零的情况下,不同的权利配置界定会带来不同的资源配置。劳动力资源配置过程处于交易成本大于零的现实世界中,对劳动力产权进行不同的初始界定就会产生不同的劳动力资源配置效率,进而影响社会总体的人力资本在交易过程中的损耗及其变现力。劳动力产权的残缺(如劳动力市场城乡分割背景下自由迁徙权、自主支配权和再生产权利的缺失)和劳动力产权模糊(如国有企业中经营者的人力资本产权模糊),将大大提高劳动力资源的交易成本,进而降低劳动力资源的配置效率,市场的搜寻匹配机制难以有效发挥作用,劳动者无法最大化其人力资本价值,削弱了人力资本的变现力。在初始界定的基础上,劳动力产权最好由市场来完成界定并加以实现。首先,劳动力资源市场配置的效率要高于行政配置方式;其次,劳动者自主择业、自由迁徙需要借助劳动力市场来完成;最后,通过劳动者和企业之间不断试错和重复博弈来实现劳动力产权的具体界定,可以最大化两者的利益。因此,劳动者在劳动力产权由市场界定并有完善的制度保护的情况下,可以通过有效劳动力市场来实现自身人力资本使用和配置的最优化,增强人力资本变现力来最大化其劳动力产权收益,并激励其有效人力资本投资。

人力资本的变现不仅需要对劳动力产权进行明确界定,还需要对劳动力产权加以保护。人力资本并不像土地一样可以转让,而是依附于个人。

因此人力资本不同于物质资本,它属于一种"能动资产",在人力资本产权受到限制或者被删除时,并不会像土地或其他资产一样发生转让,而是对部分资产进行关闭或是掩盖。因此,人力资本的变现依赖于劳动力产权保护机制的到位。在劳动力产权中的生存权和发展权、维持劳动力再生产权利、自由择业权及自由迁徙权得到政府的有效保护,且一部分剩余索取权得到法律认可的情况下,劳动者的人力资本变现力取决于劳动者和企业合作博弈过程中的议价能力。劳动者实际收入及其人力资本收益的变现力依赖于劳动者在劳资博弈中的能力,即其实现劳动力产权的能力——劳动力产权强度,而劳动力产权强度受到劳动者个人能力和制度环境因素的影响,然而各种劳动冲突、纠纷问题表明,劳动者在劳资关系中处于相对弱势地位。通过恰当的制度安排,加强劳动力产权的界定、保护与实现,可以提升劳动力产权强度,增强劳动者的博弈能力,提升劳动者的人力资本变现力,以充足的人力资本回报激励劳动者的人力资本投资。这样,在恰当的劳动力产权制度安排下,人力资本投资与人力资本回报间建立起正反馈机制:人力资本投资增加,劳动者个人能力提升,在恰当的制度安排下,劳动力产权强度提升,劳动者人力资本变现力增强,人力资本回报更充足,这反过来又激励劳动者的人力资本投资。

(二)就业保护再界定及积极就业保护政策对有效人力资本投资的影响机理

传统就业保护是为了构建稳定的劳动关系,通过提高解雇成本形成的关于雇佣和解雇的限制性规定。传统就业保护政策的核心在于增加就业人数,提高工作的稳定性,以减少经济的不确定性给劳动者带来的负面影响。但是,理论和实证研究表明,传统就业保护政策影响劳动力市场的灵活度和流动性,降低了劳动市场的配置效率。就业保护提高就业水平的作用并不显著,就业的稳定性可能是以收入差异性为代价的,而且还可能造成就业不平等。

历史现实也表明,传统的就业保护政策手段并不能保证就业保护目的的实现。二战以来,西方各国对其本国的劳动力市场制定了诸多保护工人权益的法案。就业保护逐渐被各国采用,成为劳动力市场制度的重要组成部分。这些法案试图保证工人权益、提高工资水平以及保障工作稳定性。20世纪70年代发生的石油危机给西方发达国家带来了较大的经济冲击,使其结束了二战以来高增长、低失业率的"黄金时期"。然而,美国和欧洲国家在石油危机之后的劳动力市场表现上存在着明显的差异：美国的失业率最初上升之迅猛远超欧洲，但很快就回落到了危机前的水平，而欧洲各国的失业率却依然保持在较高水平上。学者们将目光聚焦在两者劳动力市场的制度安排上，认为欧洲较高的就业保护水平影响了劳动力供需两端的匹配速度，从而影响了劳动力市场整体的灵活度，进而影响了整个经济体的调整速度。

　　传统的就业保护政策一定程度上束缚了企业的自由，降低了劳动市场的效率，在保护一部分劳动者的同时，使另一部分劳动者陷入不利境地。本书认为，传统就业保护政策是较为消极的保护政策，降低了总体劳动者的人力资本收益变现力，也降低了总体经济效率。相比于固守在较为消极的传统就业保护政策并陷入无尽的争论中，我们更应开拓思路，拓展并重新定义就业保护概念，推行更为积极的就业保护政策，实现劳动者与整体经济的共同发展。当前处于后全球化时代，国际局势复杂，世界贸易冲突不断，而我国国内已进入经济发展新阶段，产业面临转型升级，经济急需寻找新的增长动能。劳动市场中结构性失业和周期性失业并存，失业就业状况颇为复杂，就业任务极为艰巨。因此，我们不能"就失业论失业""就分配论分配"，而应着眼于整个劳动市场乃至于经济全局，针对我国的国情，推出有利于整体劳动者和整体经济的就业保护政策。由此，本书提出对就业保护进行新的界定。从消极的就业保护范畴中走出来，构建积极的就业保护。积极的就业保护同样是以保护就业数量、提高就业稳定性为目标。不同于传统的就业保护以提高企业解雇成本为主要手段，本书提倡的积极的就业保护是从劳动力市场的供需两头发力，在提升教育结构和产业结构的同时，注重加强教育结构和产业结构的双联动，以此提升劳动力市场供需匹配的契合度，促进人力资本向现实生产力的充分转化，在解决就业问题的同时，更好地促进整体经济发展。

　　积极的就业保护政策不仅能更好地保护就业，还有助于人力资本实现力的提升，激励社会和劳动者个人的有效人力资本投资。人力资本实现力是人力资本转化为现实生产力的能力，是人力资本变现的基础。唯有将潜在的人力资本投入生产并转化成应有的现实生产力，才能产生人力资本投资的社会和个人收益。现代经济增长以连续而根本性的技术变迁和产业结构升级为其最重要的特征（Kuznets，1966）。经济的发展充满了"创造性的破坏",体现在产业结构上,表现为产业结构的调整和升级;体现在就业结构上,是原有的一些工作岗位式微或消失了,而有一些新工作岗位被创造出来。劳动者在此过程中将面临诸多变化,许多自身人力资本不足或者不符合结构需求的劳动者被迫失业,甚至退出劳动力市场。积极的就业保护政策强调劳动力市场的供需匹配,注重加强教育结构和产业结构的双联动,为人力资本积累需求者提供灵便的再教育及培训途径,激活和更新他们的人力资本,增强其人力资本实现力,激励其有效人力资本投资。我国经过40多年的高速发展,要素禀赋结构已经发生了很大的变动,产业结构面临升级的关键期,但是,既有经济发展方式下形成的要素流动障碍导致产业结构被迫锁定于低端。产业结构低端锁定阻碍了经济的进一步发展,扭曲了劳动力需求结构,使我国陷入"民工荒"和大学生就业难并存的就业困境,人力资本难以转化成现实生产力,人力资本投资的社会和个人收益无从实现,严重挫伤政府和个人的人力资本投资积极性,严重误导政府和个人的人力资本投资决策。积极的就业保护政策从劳动力市场的供需两头发力,强调教育结构和产业结构的提升和联动。一方面,督促教育系统能着眼于我国劳动力市场需求,提供更多切合市场需求且灵活便利的教育及培训模式,为我国经济供给更具学习力和适应力的高人力资本的劳动者群体;另一方面,强调通过破除要素流动障碍来促进产业结构的提升,为人力资本提供现实生产力转化和价值变现的平台,为经济的可持续发展注入长久的动力。积极的就业保护政策通过教育结构和产业结构的提升和联动,理顺了劳动供需关系,提高了劳动市场的配置效率,提升了人力资本的实现力,奠定了人力资本变现的基础,促进了经济发展,这将会激励社会和个人的有效人力资本投资积极性。

三、有效人力资本投资提升劳动收入份额的诱导机制

本书借助 Acemoglu 技术引致机制来确保以有效人力资本投资为路径提升劳动收入份额的诱导机制的运转。第一步,通过有效的人力资本投资切实提高劳动生产率,主动创造人口质量红利以弥补人口数量红利的损失,使以劳动有效单位计量的劳动要素的相对丰裕度得到提升。第二步,在我国目前劳动与资本替代弹性较高的背景下,通过 Acemoglu 技术引致机制确保劳动偏向技术进步的发生,以此提升我国的劳动收入份额。

由于经济发展和独生子女政策的推广实行,我国的要素禀赋较改革开放前已发生了很大变化,人口红利消失,劳动要素的丰裕度下降,而资本由于不断积累变得逐渐充裕。近十余年劳动成本的不断上涨正是反映了这种变化。用工成本的普遍上涨会损害我国企业的竞争力,这也是目前我国实体经济面临的一大困境。当然,不少发达省份正在推行诸如机器换人项目等举措,而这类偏向于资本的技术进步的发生也可能是 Acemoglu 技术引致机制自然发挥作用的结果。Acemoglu(2002)表明,技术进步的偏向内生决定于要素间的替代弹性和要素的相对供给水平。在要素替代弹性大于1的情况下,要素相对丰裕度的提高将提高其要素收入份额;而在要素替代弹性小于1的情况下,要素相对丰裕度的提高将使其收入份额下降。根据有关文献,我国目前劳动和资本要素间替代弹性较高,技术进步会内生偏向于相对丰裕的资本要素,这意味着我国在技术改造和产业成功升级后很可能出现资本收入份额上升、劳动收入份额下降的局面。因此,当前这种"用工荒"带来的劳动收入上升现象并不能持久,它不但不能缓解我国面临的收入分配问题,相反地,很可能因引致资本偏向的技术进步而加剧收入分配问题。为了使我国经济不陷入这一局面,为了实现劳动收入份额的提升,必须改变劳动和资本要素的相对供给水平,巧借 Acemoglu 技术引致机制之力,将技术进步引导到劳动偏向型的轨道上来。

在考虑人力资本的经济增长理论中,劳动投入可以拆分为原始劳动时间投入和人力资本两项,也可以用劳动有效单位度量劳动投入,投入社会生产函数的劳动量不是全体劳动者供给的原始劳动时间,而是其供给的原始劳动时间所包含着的劳动有效单位,也就是说考虑了人力资本后的劳动要素投入同时包含着数量和质量两个维度,人口和劳动者技能水平(或劳动生产率)两者结合共同决定投入生产的劳动有效单位。这就为我们提升劳动要素的相对丰裕度提供了一个切入点,我们可以通过提高劳动者技能水平或其劳动生产率在劳动有效单位层面改变要素间的相对丰裕度。具有有效高人力资本的劳动者其劳动生产率远高于普通劳动者,其供给的原始劳动时间中包含的劳动有效单位也多于普通劳动者,因此我们可以通过有效的人力资本投资来提升劳动生产率,从而增加投入生产的总劳动有效单位,以此提高劳动要素相对于资本要素的丰裕程度。这里,我们再次强调有效的人力资本投资。因为只有通过有效人力资本投资才能促进人力资本转变为现实生产力,使得劳动生产率真正得到提升。

通过有效人力资本投资提高劳动要素的相对丰裕度,在要素替代弹性大于 1 的情况下,Acemoglu(2002)的技术引致机制会诱致劳动偏向的技术进步,我国的劳动收入份额就可以获得提升。根据内生经济增长理论,长期中,技术进步才是经济增长的原动力。因此,本书提出的劳动收入份额提升路径亦是促进经济增长之路。值得注意的是,这条在经济增长和技术进步中兼顾劳动收入份额提升的包容性增长路径是否真正可行取决于资本和劳动这两个生产要素的替代弹性大小。只有在劳动与资本替代弹性较大的背景下,才能通过 Acemoglu 技术引致机制确保劳动偏向技术进步的发生,才能提升我国的劳动收入份额。虽然不少文献发现我国目前劳动和资本要素间替代弹性确实较大,但是本书仍对要素替代弹性做了估算,并对包容性增长新路径进行可行性分析,以此确保可实现性。

第四节　要素替代弹性和技术进步方向估算

一、要素替代弹性等相关指标的测算方式

资本和劳动的要素替代弹性大小是包容性增长新路径是否可行的关键所在,因此需要先对要素替代弹性 σ 进行测算。国外的相关研究文献中已提及多种测算方式,主要是基于克曼塔(Kmenta)在 1976 年提出的生产函数法进行,但由于各研究使用的数据或者估计方程的差异,各项研究结果迥异,且并不稳健。Klump 等(2007)发现,要素增强型技术进步的 CES 一般化函数形态经过标准化处理后,经济含义明显,且结果稳健。León-Ledesma(2010)进行的蒙特卡罗模拟结果显示,Klump 等(2007)采用的"标准化供给面系统"方法最为稳健且估计得到的结论也最为稳定。因此,本书同样使用 Klump 等(2007)提出的"标准化供给面系统"对要素替代弹性等相关指标进行测算。

首先,同样是基于 CES 生产函数:

$$Y_t = \left[(A_t^L \cdot L_t)^{\frac{\sigma-1}{\sigma}} + (A_t^K \cdot K_t)^{\frac{\sigma-1}{\sigma}} \right]^{\frac{\sigma}{\sigma-1}} \tag{9.1}$$

由于 CES 生产函数族的唯一区别在于要素的替代弹性的设定,而 CES 生产函数族拥有相同的固定点(或基线)。这一基线值包含资本(K_0)、劳动

（L_0）、产出（Y_0）、边际替代率（$\dfrac{\partial Y_0/\partial L_0}{\partial Y_0/\partial K_0}$）和分配参数（$\pi_0$）（或资本密集度）。意味着在最一般的非完全竞争的情况下，μ 代表价格加成，W_0 表示每个雇员的劳动报酬，q_0 表示资本使用成本，P_0 表示产出价格。那么 CES 函数族中拥有一样的固定点分配参数的 π_0：

$$1 - \pi_0 = \frac{W_0 L_0}{W_0 L_0 + q_0 K_0} = (1 + \mu)\frac{W_0 L_0}{P_0 Y_0} \tag{9.2}$$

设定资本增强型技术进步 A_t^K 和劳动增强型技术进步 A_t^L 的增长形式为：

$$A_t^K = A_{t_0}^K \, e^{g_K\,(t,t_0)} \tag{9.3}$$

$$A_t^L = A_{t_0}^L \, e^{g_L\,(t,t_0)} \tag{9.4}$$

其中，$g_K(t,t_0)$ 和 $g_L(t,t_0)$ 表示各自技术进步的增长速率，且在基准线上 $g_K(t_0,t_0) = g_L(t_0,t_0) = 0$。由于已有的实证研究中对技术进步的增长率应该是常数还是对数增长抑或双曲线增长形式并无一致结论。因此，采用博克斯（Box）和考克斯（Cox）于 1964 年提出的 Box-Cox 形式：

$$g_i(t) = \frac{\gamma_i t_0}{\lambda_i}\left[\left(\frac{t}{t_0}\right)^{\lambda_i} - 1\right], t > 0, i = K, L \tag{9.5}$$

该形式所设定的技术进步增长率更具一般性，包含了常数增长、指数增长、对数增长和双曲线增长等形式，主要由 Box-Cox 函数的曲率参数 λ_i 所决定。当 $\lambda_i = 1$ 时，技术进步方程 g_i 是时间的线性函数；当 $\lambda_i = 0$ 时，技术进步方程是对数线性函数；而当 $\lambda_i < 0$ 时，则是双曲线函数。（9.3）式和（9.4）式中的 $A_{t_0}^K$ 和 $A_{t_0}^L$ 表示两个技术水平在一般基准线时间 t_0 上的基准点。那么标准化 CES 生产函数意味着同一个 CES 函数族的成员在固定点上的技术进步水平也是相同的，为了保证这一特性在存在技术进步增长的情况下也能被满足，那么就需要：

$$A_{t_0}^L = \frac{Y_0}{L_0}\left(\frac{1}{1-\pi_0}\right)^{\frac{\sigma}{1-\sigma}}; A_{t_0}^K = \frac{Y_0}{K_0}\left(\frac{1}{\pi_0}\right)^{\frac{\sigma}{1-\sigma}}, e^{g_K\,(t_0,t_0)} = e^{g_L\,(t_0,t_0)} = 1$$

$$\tag{9.6}$$

这就保证了一般固定点，要素份额不由要素增强型技术进步的增长速率决定，而是等于分配参数 π_0 和 $1 - \pi_0$。

将（9.3）式、（9.4）式和（9.6）式代入（9.1）式，就可以得到标准化的 CES 方程：

$$Y_t = Y_0 \left\{ (1-\pi_0) \left[\frac{L_t}{L_0} \cdot e^{g_L(t,t_0)} \right]^{\frac{\sigma-1}{\sigma}} + \pi_0 \left[\frac{K_t}{K_0} \cdot e^{g_K(t,t_0)} \right]^{\frac{\sigma-1}{\sigma}} \right\}^{\frac{\sigma}{\sigma-1}}$$

$$(9.7)$$

考虑到选择合适的基准值,要尽可能地从数据中去检测并获得足够多的信息,因此引入一个规模因子 ζ,使得 $Y_0 = \zeta \overline{Y}$,$K_0 = \overline{K}$,$L_0 = \overline{L}$,$t_0 = \overline{t}$,$\pi_0 = \overline{\pi}$。其中前三项样本平均为几何平均值,后两项为算术平均。那么就获得标准化供给面系统的三个方程:

$$\log\left(\frac{W_t L_t}{p_t Y_t}\right) = \log\left(\frac{1-\overline{\pi}}{1+\mu}\right) + \frac{1-\sigma}{\sigma}\left[\log\left(\frac{Y_t/\overline{Y}}{L_t/\overline{L}}\right) - \log\zeta - \frac{\overline{t}\,\gamma_L}{\lambda_L}\left(\left(\frac{t}{\overline{t}}\right)^{\lambda_L} - 1\right)\right]$$

$$(9.8)$$

$$\log\left(\frac{r_t K_t}{p_t Y_t}\right) = \log\left(\frac{\overline{\pi}}{1+\mu}\right) + \frac{1-\sigma}{\sigma}\left[\log\left(\frac{Y_t/\overline{Y}}{K_t/\overline{K}}\right) - \log\zeta - \frac{\overline{t}\,\gamma_K}{\lambda_K}\left(\left(\frac{t}{\overline{t}}\right)^{\lambda_K} - 1\right)\right]$$

$$(9.9)$$

$$\log\left(\frac{Y_t}{L_t}\right) = \log\left(\frac{\zeta \cdot \overline{Y}}{\overline{L}}\right) + \frac{\overline{t}\,\gamma_L}{\lambda_L}\left(\left(\frac{t}{\overline{t}}\right)^{\lambda_L L} - 1\right) - \frac{\sigma}{1-\sigma}\log$$

$$\left[\overline{\pi}\, e^{\frac{1-\sigma}{\sigma}\left[\frac{\overline{t}\,\gamma_L}{\lambda_L}\left(\left(\frac{t}{\overline{t}}\right)^{\lambda_L}-1\right) - \frac{\overline{t}\,\gamma_K}{\lambda_K}\left(\left(\frac{t}{\overline{t}}\right)^{\lambda_K}-1\right)\right]} \times \left[\frac{K_t/\overline{K}}{L_t/\overline{L}}\right]^{\frac{\sigma-1}{\sigma}} + (1-\overline{\pi})\right]$$

$$(9.10)$$

戴天仕和徐现祥(2010)简化了非完全竞争下的涨幅设定,据此构建的标准化系统为:

$$\log\left(\frac{Y_t}{\overline{Y}}\right) = \log\zeta + \frac{\sigma}{\sigma-1}\log\left\{ (1-\overline{\pi})\left[\frac{L_t}{\overline{L}}\exp\left(\frac{\overline{t}\,\gamma_L}{\lambda_L}\left(\left(\frac{t}{\overline{t}}\right)^{\lambda_L} - 1\right)\right)\right]^{\frac{\sigma-1}{\sigma}} + \overline{\pi}\left[\frac{K_t}{\overline{K}}\exp\left(\frac{\overline{t}\,\gamma_K}{\lambda_K}\left(\left(\frac{t}{\overline{t}}\right)^{\lambda_K} - 1\right)\right)\right]^{\frac{\sigma-1}{\sigma}} \right\}$$

$$(9.11)$$

$$\log\left(\frac{W_t L_t}{Y_t}\right) = \log(1-\overline{\pi}) + \frac{\sigma-1}{\sigma}\log\zeta - \frac{\sigma-1}{\sigma}\log\left(\frac{Y_t/\overline{Y}}{L_t/\overline{L}}\right) + \frac{\sigma-1}{\sigma}\frac{\overline{t}\,\gamma_L}{\lambda_L}\left(\left(\frac{t}{\overline{t}}\right)^{\lambda_L} - 1\right)$$

$$(9.12)$$

$$\log\left(\frac{r_t K_t}{Y_t}\right) = \log(\pi) + \frac{\sigma-1}{\sigma}\log\zeta - \frac{\sigma-1}{\sigma}\log\left(\frac{Y_t/\overline{Y}}{K_t/\overline{K}}\right) + \frac{\sigma-1}{\sigma}\frac{\overline{t}\,\gamma_K}{\lambda_K}\left(\left(\frac{t}{\overline{t}}\right)^{\lambda_K}-1\right)$$

$$(9.13)$$

根据此系统,使用各期总产出 Y_t、劳动投入 L_t、资本投入 K_t、资本分配份额 ks 等数据,通过非线性似不相关(NL-SUR)方法对参数进行估计,可得到要素替代弹性 σ、资本密集度(分配参数)π 用于估算资本增强型技术进步 A_t^K 和劳动增强型技术进步 A_t^L,进而对技术进步偏向进行估算。

二、技术进步指标的构建

要对技术进步进行具体的度量,首先需要设定生产函数。虽然柯布—道格拉斯生产函数具有的要素收入份额稳定的特征使其在宏观经济研究中一直占据重要的地位,但是柯布—道格拉斯生产函数中资本与劳动的替代弹性为1,因此技术进步并不会影响资本边际产出与劳动边际产出之比,在此设定下就无法衡量技术进步的偏向问题。因此参考 David 和 Van de Klundert(1965)的设定,假设生产函数为线性齐次的 CES 生产函数:

$$Y_t = \left[(1-\pi)(A_t^L \cdot L_t)^{\frac{\sigma-1}{\sigma}} + \pi(A_t^K \cdot K_t)^{\frac{\sigma-1}{\sigma}}\right]^{\frac{\sigma}{\sigma-1}} \qquad (9.14)$$

其中,Y_t 为产出,A_t^L 和 A_t^K 分别表示为劳动效率和资本效率,或劳动增强型技术进步和资本增强型技术进步,π 为资本密集度(分配参数),σ 为劳动与资本的替代弹性。资本与劳动的边际产出分别为:

$$MP_K = \frac{\partial Y}{\partial K} = \pi\left(\frac{Y_t}{K_t}\right)^{\frac{1}{\sigma}}(A_t^K)^{\frac{\sigma-1}{\sigma}} \qquad (9.15)$$

$$MP_L = \frac{\partial Y}{\partial L} = (1-\pi)\left(\frac{Y_t}{L_t}\right)^{\frac{1}{\sigma}}(A_t^L)^{\frac{\sigma-1}{\sigma}} \qquad (9.16)$$

根据 Acemoglu 技术引致机制中稳态均衡下要素增强型技术进步相对水平表达式(8.24)可以得到:

$$\frac{A_t^K}{A_t^L} = \eta^\sigma \left(\frac{1-\gamma}{\gamma}\right)^\varepsilon \left(\frac{K}{L}\right)^{\sigma-1} \qquad (9.17)$$

从上式可知,对 Acemoglu 技术引致机制的验证需要对要素替代弹性 σ 和各期的资本增强型技术进步 A_t^K、劳动增强型技术进步 A_t^L 进行测算。

假设劳动和资本按其边际产出获得报酬,根据(9.15)式和(9.16)式可以得到:

$$r_t = MP_K = \frac{\partial Y}{\partial K} = \pi \left(\frac{Y_t}{K_t}\right)^{\frac{1}{\sigma}} (A_t^K)^{\frac{\sigma-1}{\sigma}} \tag{9.18}$$

$$w_t = MP_L = \frac{\partial Y}{\partial L} = (1-\pi) \left(\frac{Y_t}{L_t}\right)^{\frac{1}{\sigma}} (A_t^L)^{\frac{\sigma-1}{\sigma}} \tag{9.19}$$

由此得到：

$$\frac{r_t}{w_t} = \frac{\pi}{1-\pi} \left(\frac{L_t}{K_t}\right)^{\frac{1}{\sigma}} \left(\frac{A_t^K}{A_t^L}\right)^{\frac{\sigma-1}{\sigma}} \tag{9.20}$$

代入(9.13)式,得到:

$$Y_t = \left[(1-\pi)(A_t^L \cdot L_t)^{\frac{\sigma-1}{\sigma}} + \pi \left(\frac{1-\pi}{\pi} \frac{r_t K_t}{w_t L_t}\right)(A_t^L \cdot L_t)^{\frac{\sigma-1}{\sigma}} \right]^{\frac{\sigma}{\sigma-1}}$$

$$\tag{9.21}$$

由此得到资本增强型技术进步 A_t^K、劳动增强型技术进步 A_t^L 的计算公式:

$$A_t^L = \frac{Y_t}{L_t} \left(\frac{w_t L_t}{(1-\pi)(w_t L_t + r_t K_t)}\right)^{\frac{\sigma}{\sigma-1}} = \frac{Y_t}{L_t} \left(\frac{1-ks}{1-\pi}\right)^{\frac{\sigma}{\sigma-1}} \tag{9.22}$$

$$A_t^K = \frac{Y_t}{K_t} \left(\frac{r_t K_t}{\pi(w_t L_t + r_t K_t)}\right)^{\frac{\sigma}{\sigma-1}} = \frac{Y_t}{K_t} \left(\frac{ks}{\pi}\right)^{\frac{\sigma}{\sigma-1}} \tag{9.23}$$

其中, r_t 表示资本回报率, w_t 表示工资率; ks 表示资本分配份额,即资本所得占总产出比重。由(9.22)式和(9.23)式可见,测算资本增强型技术进步 A_t^K 和劳动增强型技术进步 A_t^L 除需要各期总产出 Y_t、劳动投入 L_t、资本投入 K_t、资本分配份额 ks 等数据外,还需根据"标准化供给面系统"测算要素替代弹性 σ 和资本密集度 π。

三、我国资本与劳动要素替代弹性和技术进步方向估算

技术进步方向的测算将涉及总产出、劳动投入、资本投入、劳动所得以及资本所得等相关数据,本书对指标选取和数据来源的说明如下。

在我国的国民收入核算体系中,收入法生产总值构成项目由劳动者报酬、生产税净额、固定资产折旧和营业盈余四项组成。由于本书只涉及劳动和资本两项要素,不涉及政府收入,因此需要将生产税净额划分成两部分,各归为劳动所得和资本所得。遵循戴天仕和徐现祥(2010)的做法,我们将生产税净额由劳动和资本按比例分摊如下:

$$劳动所得 = 劳动者报酬 +$$

$$生产税净额 \times \frac{劳动者报酬}{劳动者报酬 + 固定资产折旧 + 营业盈余}$$

$$资本所得 = 固定资产折旧 + 营业盈余 +$$

$$生产税净额 \times \frac{固定资产折旧 + 营业盈余}{劳动者报酬 + 固定资产折旧 + 营业盈余}$$

$$总产出 = 劳动所得 + 资本所得$$

根据白重恩和钱震杰(2009)的做法,劳动者报酬、生产税净额、固定资产折旧和营业盈余数据均采用省际收入法生产总值数据。其中1978—1992年数据来源于《中国国内生产总值核算历史资料 1952—1995》,1993—2004年数据来源于《中国国内生产总值核算历史资料 1952—2004》,2005 年以后的数据来源于各年的《中国统计年鉴》。收入数据使用生产总值指数 1952 年价进行折算,生产总值指数以 1952 年为基期的数据中,1978—2008 年数据来源于《新中国六十年统计资料汇编》,2009—2014 年数据根据各年《中国统计年鉴》中以上一年为 100 的生产总值指数计算得到。各省(区、市)的地区生产总值指数中,1978—2008 年的数据来源于《新中国六十年统计资料汇编》,2009 2014 年的数据来源于各年《中国统计年鉴》。资本投入数据采用张军等(2004)计算的省际资本存量数据(1952 年价),并根据其计算方法扩展到 2014 年。因此,资本存量、劳动所得、资本所得以及总产数据均是以1952 年为基期的不变价数据,全国数据由各省(区、市)数据加总得到。

劳动投入数据采用就业人员数,全国数据使用各省(区、市)数据加总得到。分省(区、市)数据中,1978—2008 年数据来源于《新中国六十年统计资料汇编》,2009—2014 年数据来源于各省(区、市)统计年鉴。其中部分省(区、市)2014 年数据缺失。故各省(区、市)技术进步方向根据该数据长度分别使用 1978—2014 年 37 期或 1978—2013 年 36 期数据对技术进步方向进行测算。

有少量数据缺失,处理方式如下:重庆市 1978—1992 年数据缺失,1993年以后数据与四川省合并;海南省缺失 1978—1989 年收入法生产总值及构成项目数据和以 1952 年为基期的生产总值指数,因基础数据缺失较为严重,因此进行剔除处理;西藏自治区缺失 1978—1984 年收入法生产总值的构成项目数据,也进行剔除处理。2014 年全国就业人员年末数根据 2011—2013

年的趋势进行估计所得。

我们采用上文所述的标准化供给面系统,分别针对全国和 28 个省(区、市)的时间序列数据,估计(9.11)式至(9.13)式,得到要素替代弹性的估算结果。根据全国数据对要素替代弹性进行估算,结果如表 9.1 所示。

表 9.1　全国要素替代弹性估算结果及对比

要素	估算 I	估算 II	估算 III	对比组
	1978—2014 年	1978—2005 年	1997—2014 年	1978—2005 年
σ	0.9415*** (0.0054)	0.9397*** (0.0023)	1.1620*** (0.0171)	0.736*** (0.005)
ζ	1.1279*** (0.0247)	1.0197*** (0.0194)	0.9860*** (0.0058)	0.954*** (0.010)
π	0.3955*** (0.0032)	0.3785*** (0.0027)	0.4377*** (0.0028)	0.411*** (0.002)
γ_L	0.1031*** (0.0076)	0.0449*** (0.0143)	−0.0600*** (0.0105)	0.093*** (0.002)
λ_L	1.9599*** (0.3052)	4.7710*** (0.6324)	−2.4065*** (0.6685)	1.849*** (0.072)
γ_K	−0.1751*** (0.0104)	−0.0622*** (0.0173)	−0.0333** (0.0133)	−0.011*** (0.002)
λ_K	2.2323*** (0.2349)	4.9226*** (0.5755)	7.9394*** (1.7186)	4.835*** (0.448)
观测值	37	28	18	28

注:***、**、*分别表示在 1%、5%、10% 的显著性水平下显著。估计值下方括号内为基于 White 异方差的标准误。
资料来源:对比值数据来自戴天仕和徐现祥(2010)。

如表 9.1 所示,本书对全国数据进行了 1978—2014 年全时段和分段估计,分段估计主要是为了观察资本和劳动要素替代弹性的变化趋势。分段估算中,本书首先选取了与戴天仕和徐现祥(2010)相同的时段,即 1978—2005 年,进行改革开放前期要素替代弹性的估算,以便与戴天仕和徐现祥(2010)的估计结果进行对比;其次考虑到标准化供给面系统中非线性估计对样本量的要求,本书选取 1997—2014 年段进行估计,观察要素替代弹性在改革开放后期的变化趋势,主要结果如下。

(1)基于 1978—2014 年全时段的全国数据估算结果显示,我国劳动和资本的替代弹性为 0.9415,表明在总样本区间内我国资本和劳动总体上呈总互补状态,但已较接近于 1。

(2)基于 1978—2005 年段的全国数据估算结果显示,我国改革开放前期劳动和资本的替代弹性为 0.9397,表明在改革开放前期我国资本和劳动总体上也呈总互补状态。本书对 1978—2005 年的替代弹性估算(估算 II)结果与戴天仕和徐现祥(2010)的估算结果(对比组)略有差异,但两者的替代弹性估算值都小于 1,不影响对资本劳动间替代弹性大小的定性判断,考虑到两者对缺失数据的处理方式不同[1],这样的结果在我们的接受范围内。

(3)基于 1997—2014 年段的全国数据估算结果显示,我国改革开放后期劳动和资本的替代弹性为 1.1620,表明改革开放后期我国资本和劳动的替代弹性开始增大,要素间从总互补关系向替代关系转变。

(4)其他参数估计结果的经济意义与现实基本符合。劳动增强型技术进步的增长参数 γ_L 在估算 I 和估算 II 中得到的值为正,而在估算 3 中为负值,表示劳动增强型技术进步的增长率在总体上保持正向,而在近年出现了负增长;而资本增强型技术进步的增长参数 γ_K 在估算 I、估算 II 和估算 III 中均为负值,表示资本增强型技术进步增长率是负的;资本密集度 π 在估算 I 中为 0.3955,在估算 II 中为 0.3785,在估算 III 中为 0.4377,均接近资本所得份额的样本平均,而分段估计结果从前半段的 0.3785 上升到后半段的 0.4377,其趋势与资本收入份额增长的趋势相吻合;规模因子接近于 1。

基于标准化供给面系统,本书使用 28 个省(区、市)1978—2013/2014 年的数据对要素替代弹性进行估算,结果如表 9.2 所示。

表 9.2　1978—2014 年各省(区、市)的要素替代弹性估算结果

省(区、市)	σ	ζ	π	γ_L	γ_K	λ_L	λ_K
北京	1.163***	0.946***	0.533***	0.160***	−0.203***	0.719***	0.969***
	(0.006)	(0.036)	(0.006)	(0.007)	(0.005)	(0.091)	(0.047)
天津	0.910***	1.113***	0.580***	−0.014**	−0.012***	−0.290	6.147***
	(0.013)	(0.025)	(0.006)	(0.007)	(0.004)	(0.284)	(0.681)
河北	1.000***	1.167***	0.405***	1.807	−2.689	2.684***	2.758***
	(0.0004)	(0.025)	(0.005)	(1.300)	(1.941)	(0.523)	(0.545)

---

① 差异可能主要来源于对数据缺失省份的处理方式,本书删去了数据缺失严重的西藏自治区和海南省的数据,而戴天仕和徐现祥(2010)使用估计值对缺失数据进行了补全。

续表

省(区、市)	σ	ζ	π	γ_L	γ_K	λ_L	λ_K
山西	0.992***	1.219***	0.471***	1.055***	−1.199***	1.151***	0.968***
	(0.003)	(0.028)	(0.009)	(0.296)	(0.326)	(0.188)	(0.200)
内蒙古	1.034***	1.196***	0.402***	−0.057***	0.084***	5.225***	3.896***
	(0.011)	(0.021)	(0.009)	(0.020)	(0.032)	(1.033)	(1.294)
辽宁	0.989***	1.173***	0.496***	−0.814	0.807***	0.784	0.991***
	(0.002)	(0.020)	(0.005)	(0.097)	(0.106)	(0.098)	(0.111)
吉林	0.981***	1.115***	0.419***	0.657***	−0.898***	1.438***	1.090***
	(0.003)	(0.019)	(0.006)	(0.073)	(0.089)	(0.106)	(0.114)
黑龙江	0.993***	1.277***	0.478***	1.249***	−1.328***	1.285***	1.083***
	(0.002)	(0.045)	(0.009)	(0.237)	(0.242)	(0.156)	(0.157)
上海	1.372***	0.973***	0.590***	0.081***	−0.115***	0.623***	0.838***
	(0.006)	(0.035)	(0.004)	(0.003)	(0.004)	(0.101)	(0.065)
江苏	1.093***	1.000***	0.461***	−0.036***	−0.026**	2.344***	0.027
	(0.007)	(0.021)	(0.004)	(0.011)	(0.011)	(0.426)	(0.266)
浙江	1.572***	1.096***	0.500***	0.00001	−0.065***	15.540***	2.565***
	(0.022)	(0.020)	(0.005)	(0.00004)	(0.003)	(4.207)	(0.171)
安徽	0.975***	1.134***	0.356***	0.415***	−0.741***	1.297***	0.995***
	(0.005)	(0.018)	(0.008)	(0.072)	(0.122)	(0.176)	(0.185)
福建	1.941***	1.162***	0.406***	0.004***	−0.022***	−0.443**	5.028***
	(0.021)	(0.025)	(0.005)	(0.001)	(0.006)	(0.144)	(0.572)
江西	1.048***	1.123***	0.320***	−0.121***	0.285***	3.982***	2.497***
	(0.008)	(0.024)	(0.008)	(0.022)	(0.049)	(0.394)	(0.332)
山东	1.494***	1.171***	0.458***	0.008***	−0.074***	−0.134	2.224***
	(0.033)	(0.021)	(0.007)	(0.002)	(0.006)	(0.201)	(0.176)
河南	0.991***	1.146***	0.369***	0.821***	−1.376***	1.448***	1.195***
	(0.002)	(0.027)	(0.006)	(0.112)	(0.211)	(0.144)	(0.138)
湖北	1.008***	1.108***	0.398***	−0.448*	0.623***	2.693***	2.391***
	(0.003)	(0.022)	(0.008)	(0.115)	(0.164)	(0.440)	(0.419)

续表

省(区、市)	σ	ζ	π	γ_L	γ_K	λ_L	λ_K
湖南	0.297***	1.003***	0.232***	0.040***	−0.061***	1.217***	2.125***
	(0.001)	(0.020)	(0.009)	(0.001)	(0.002)	(0.070)	(0.110)
广东	1.356***	1.143***	0.405***	−0.015***	−0.023***	3.111***	3.914***
	(0.026)	(0.020)	(0.004)	(0.005)	(0.007)	(0.827)	(0.612)
广西	0.935***	1.250***	0.316***	0.126***	−0.254***	1.117***	1.709***
	(0.012)	(0.033)	(0.006)	(0.021)	(0.042)	(0.154)	(0.206)
四川	0.743***	1.077***	0.325***	0.043***	−0.044***	2.246***	4.035***
	(0.003)	(0.027)	(0.003)	(0.002)	(0.005)	(0.216)	(0.297)
贵州	0.528***	1.004***	0.259***	0.035***	−0.043***	1.954***	3.054***
	(0.009)	(0.031)	(0.010)	(0.001)	(0.007)	(0.169)	(0.536)
云南	0.996***	1.124***	0.364***	1.272***	−2.194***	0.844***	0.690***
	(0.001)	(0.026)	(0.005)	(0.253)	(0.440)	(0.122)	(0.120)
陕西	1.050***	1.096***	0.358***	−0.097***	0.216***	4.252***	2.712***
	(0.009)	(0.029)	(0.006)	(0.024)	(0.043)	(0.632)	(0.539)
甘肃	0.987***	1.058***	0.389***	0.578***	−0.913***	0.958***	0.715***
	(0.004)	(0.022)	(0.005)	(0.121)	(0.189)	(0.143)	(0.135)
青海	0.893***	1.117***	0.345***	0.107***	−0.165***	1.597***	2.056***
	(0.008)	(0.032)	(0.007)	(0.006)	(0.010)	(0.167)	(0.197)
宁夏	0.995***	1.138***	0.394***	0.180	−0.243	2.106***	2.606***
	(0.003)	(0.035)	(0.004)	(0.137)	(0.214)	(0.352)	(0.612)
新疆	0.998***	1.139***	0.351***	1.154***	−2.805***	1.134***	1.036***
	(0.001)	(0.019)	(0.005)	(0.335)	(0.647)	(0.132)	(0.139)

注:***、**、*分别表示在1%、5%、10%的显著性水平下显著。估计值下方括号内为基于White异方差的标准误。

表9.2展示了28个省(区、市)的参数估计值,可以看到大部分的参数在1%的显著性水平下显著。其中资本—劳动要素替代弹性大于1的省(区、市)分别为北京、山东、上海、江苏、浙江、福建、广东、江西、湖北、陕西、内蒙古,表示这些省(区、市)的劳动和资本之间存在替代关系;其他省(区、市)的

要素替代弹性小于1,表示在这些省(区、市)中资本和劳动要素呈现总互补的关系。

陈晓玲和连玉君(2012)与邓明(2014)同样基于标准化供给面系统对各省(区、市)1978—2008年和1990—2020年的要素替代弹性进行了估算,两者基本使用了相同的数据处理方法,与本书最主要的不同之处在于使用个人三年期贷款利率测算资本租金,并结合资本存量计算资本所得。但是通过此种方法计算得到的资本收入份额与劳动收入份额之和并不等于1,与模型设定不符。本书使用省际收入法生产总值数据,剔除了生产税净额的"楔子"作用,从而使得劳动收入份额和资本收入份额加总等于1。但本书还是计算了1978—2008年的要素替代弹性用以进行比较和观测趋势变化。在同一样本区间上,比较估算V与陈晓玲、连玉君(2012)的结果,本书的测算结果在替代弹性的定性判断上与已有研究的结果趋势基本一致。结果如表9.3所示。

表9.3　各省(区、市)要素替代弹性估算结果比较

省(区、市)	估算 IV (1978—2014 年)	估算 V (1978—2008 年)	陈晓玲、连玉君 (1978—2008 年)	邓明 (1990—2010 年)
北京	1.163	1.142	1.147	1.335
天津	0.910	0.578	1.133	1.241
河北	1.000	0.471	0.763	0.784
山西	0.992	0.982	0.328	0.420
内蒙古	1.034	0.714	1.353	1.138
辽宁	0.989	0.988	0.215	0.321
吉林	0.981	0.979	0.192	0.301
黑龙江	0.993	0.874	0.579	0.504
上海	1.372	1.100	1.772	1.809
江苏	1.093	1.175	1.402	1.650
浙江	1.572	1.378	1.742	1.844
安徽	0.975	0.966	0.126	0.412
福建	1.941	1.142	2.103	1.545
江西	1.048	0.976	0.161	0.384

省(区、市)	估算 IV (1978—2014 年)	估算 V (1978—2008 年)	陈晓玲、连玉君 (1978—2008 年)	邓明 (1990—2010 年)
山东	1.494	1.243	2.280	1.987
河南	0.991	0.405	0.619	0.794
湖北	1.008	0.729	0.419	0.538
湖南	0.297	0.304	0.169	0.374
广东	1.356	0.918	1.744	1.942
广西	0.935	0.867	0.306	0.374
四川	0.743	0.649	0.761	0.799
贵州	0.528	0.439	0.132	0.245
云南	0.996	0.990	0.962	0.913
陕西	1.050	1.024	0.587	0.602
甘肃	0.987	0.982	0.696	0.674
青海	0.893	0.907	0.214	0.209
宁夏	0.995	0.998	0.888	0.717
新疆	0.996	0.923	0.518	0.484

根据表 9.1、表 9.2 和表 9.3,对全国和各省(区、市)的要素替代弹性和技术进步方向有以下初步的发现:一是我国资本和劳动的替代弹性有增大趋势。虽然我国资本和劳动要素在观测区间内总体上表现为总互补,但是分段结果显示资本和劳动要素间有向相互替代的方向转变的趋势,改革开放后期替代弹性已大于 1。二是各省(区、市)的要素替代弹性增长趋势明显。除极个别省份外,大部分省份的替代弹性从估算 V(1978—2008 年)到估算 IV(1978—2014 年)均有所增加。1978—2014 年各省(区、市)的要素替代弹性均值为 1.048,1978—2008 年各省(区、市)的替代弹性均值为 0.887,与全国数据得到的变化趋势相一致,即总体上要素替代状态正在从总互补向总替代转变。三是要素替代弹性较高的省份,如北京、山东、上海、江苏、浙江、福建、广东多集中于经济发达地区,说明我国经济发达地区资本与劳动要素间更易呈替代关系。

本书使用估计得到的参数,结合产出、劳动投入、资本投入、劳动所得、资本所得等数据,根据(9.11)式和(9.12)式计算我国 1978—2014 年的劳动增强型技术进步、资本增强型技术进步和技术进步相对水平的变化趋势,结果如表 9.4 所示。

表 9.4　1978—2014 年中国技术进步方向的估计结果及对比

年份	资本增强型技术进步 A_t^K	劳动增强型技术进步 A_t^L	技术进步相对水平 A_t^L / A_t^K
1978	0.1355	0.0231	0.1705
1979	0.2302	0.0168	0.0731
1980	0.1902	0.0179	0.0942
1981	0.3254	0.0125	0.0383
1982	0.3721	0.0108	0.0289
1983	0.3286	0.0107	0.0325
1984	0.3366	0.0101	0.0301
1985	0.2242	0.0124	0.0555
1986	0.2224	0.0120	0.0540
1987	0.1308	0.0166	0.1270
1988	0.1243	0.0190	0.1531
1989	0.1149	0.0214	0.1861
1990	0.2439	0.0135	0.0554
1991	0.1171	0.0212	0.1807
1992	0.0445	0.0446	1.0016
1993	0.0252	0.0676	2.6843
1994	0.0452	0.0512	1.1324
1995	0.0856	0.0361	0.4215
1996	0.0909	0.0343	0.3780
1997	0.0965	0.0309	0.3198
1998	0.0787	0.0313	0.3980
1999	0.0535	0.0357	0.6676
2000	0.0290	0.0500	1.7253
2001	0.0234	0.0534	2.2760

年份	资本增强型技术进步 A_t^K	劳动增强型技术进步 A_t^L	技术进步相对水平 A_t^L / A_t^K
2002	0.0162	0.0628	3.8830
2003	0.0070	0.1085	15.4278
2004	0.0005	1.0253	1894.0542
2005	0.0004	1.1399	2544.5084
2006	0.0003	1.5957	5530.6742
2007	0.0002	1.9631	8991.5544
2008	0.0027	0.1830	67.4473
2009	0.0025	0.1634	65.4866
2010	0.0013	0.2773	220.3049
2011	0.0011	0.3045	275.9362
2012	0.0013	0.2311	175.0112
2013	0.0012	0.2291	197.4181
2014	0.0012	0.1931	155.7922

注:本表中技术进步的相关估算使用上文中全国1978—2014年全时段的各参数估算结果。

由表9.4可以发现,在1978—2014年,我国的资本增强型技术进步和劳动增强型技术进步有着相反的变化趋势。资本增强型技术进步经历了三个阶段,三个阶段的技术进步指标量级逐级递减。在第一阶段(1978—1991年),资本增强型技术进步保持在较高水平,而在第二阶段(1992—2002年)资本增强型技术进步有所放缓,相比第一阶段下降了一个量级,第三阶段(2003—2014年)则又下降了一个量级,资本增强型技术进步的速度已处在较低的水平。劳动增强型技术进步经历了一个相反的过程:在第一阶段(1978—2003年)经历了一个稳步上升的过程,从改革开放初的0.01左右上升到0.1;第二阶段(2004—2007年)则出现一个异常高水平发展的时期,2004—2007年的大幅提升可能涉及2004年和2008年统计口径调整带来的影响;在2007年之后的第三阶段恢复到一个相对正常但比第一阶段高水平的发展。劳动和资本技术进步相对水平的变化也反映出在经济发展过程中,劳动增强型技术进步的发展更快,在2004年后保持着一个较大的比值。1978—2014年,劳动增强型技术进步发展加快,而资本增强型技术进步发展

223

速度减缓,两者相对水平在近年表现出的趋势符合 Acemoglu 引致机制中的推论:当要素替代弹性小于 1 时,资本—劳动相对供给水平上升,使得劳动增强型技术进步相对比资本增强型技术进步发展更快。

第五节　新路径的可行性探讨

我们提出了在经济增长和技术进步中兼顾劳动收入份额提升的包容性增长路径:通过劳动力产权保障和积极就业保护促进有效人力资本投资,以此提高劳动要素的相对丰裕度,借助 Acemoglu 技术引致机制,将技术进步内生诱致成为劳动偏向的技术进步,进而提升劳动收入份额。该条新路径可行与否基于对要素替代弹性变动趋势的掌握和 Acemoglu 技术引致机制的运行保障。上文对全国和省级层面的测算结果为包容性增长新路径的可行性提供了依据。

第一,我国要素替代弹性大于 1 的趋势明显。从本书对全国和省级层面的要素替代弹性的估计结果中可以发现,要素替代弹性虽然从全时段上看在两个层面都表现为总互补状态,但根据分段数据的估计结果可以发现,要素替代弹性正在逐渐增大,有向相互替代转变的趋势:全国的资本和劳动的替代弹性在观测区间内总体上表现为总互补,分段结果显示,资本和劳动的替代弹性有向相互替代的方向转变的趋势。各省(区、市)的要素替代弹性增长趋势明显。除极个别省(区、市)外,大部分省(区、市)的替代弹性从估算 V(1978—2008 年)到估算 IV(1978—2014 年)均有所增加。其中要素替代弹性较大的省(市),如北京、山东、上海、江苏、浙江、福建、广东,多集中于经济发达地区,说明我国经济发达地区资本与劳动要素间更易呈替代关系。从全国以及各省(区、市)的纵向变化上看,改革开放初期我国的对外开放程度、市场化程度以及资本深化程度都相对较低,技术水平也处在低端水平,增加了资本和劳动之间的替代难度,因此总体上表现为总互补的关系。随着改革开放和市场化建设的展开,我国市场开放程度和贸易自由化程度不断改善,不论是产品市场还是劳动市场、金融市场,市场化程度都在逐渐提高,资本存量和劳均资本都快速增长,在此条件下均有利于经济效率的提升,因此逐渐提高了资本和劳动的替代弹性,尤其在近些年逐渐加快。同样,省级数据的横向比较也可以得到解释。从数据上看,1978—2008 年阶段要素替代弹性已经大于1的省(市)除陕西外,其余的北京、山东、浙江、上海、江苏、福建均位于东部沿海地区,相对于中西部地区在改革开放过程中更具优势,在对外贸易过程中不断积累资本、获取先进的技术和管理组织模式,从而更快地提高市场化程度。因此这些省(市)的要素替代弹性先于其他地区达到了大于1的水平,要素替代程度提高。虽然国外文献中对发达国家的要素替代弹性的测算结果较多为低于1的水平,但是资本—劳动要素替代弹性不仅仅是经济发展的一个效率参数,更能体现一个国家、地区的经济和市场发展状态,要素替代弹性并不是一成不变的,现有的全国和省级数据也体现了这一趋势。未来随着我国社会经济的发展、市场化程度的提高,要素替代弹性会逐渐发生转变,这就为本书提出的基于 Acemoglu 技术引致机制以有效人力资本投资为路径提高劳动收入份额提供了一个实行窗口。

第二,Acemoglu 技术引致机制在我国得到验证。首先,从本书对全国的技术进步的估算结果中可以发现,我国的资本增强型技术进步和劳动增强型技术进步有着相反的变化趋势,资本增强型技术进步相对于劳动增强型技术进步水平逐年下降,即相对于资本增强型技术进步,劳动增强型技术进步在这 37 年间有更快的发展和提升。Acemoglu 技术引致机制显示,资本和劳动的相对供给水平会影响要素增强型技术进步的相对水平,影响方向则取决于要素替代弹性。当要素替代弹性小于1时,资本—劳动相对供给水平的上升将使得资本增强型技术进步相对小于劳动增强型技术进步。从资本存量上看,1978—2014 年,我国资本存量年均增长13.2%,劳均资本存量年均增长 10.8%,结合上文对资本劳动要素替代弹性总体上小于1的结论,就解释了我国资本增强型技术进步和劳动增强型技术进步的变动趋势。其次,根据第八章(8.26)式,当要素替代弹性小于2时,资本—劳动相对供给水平的上升将会导致资本—劳动相对价格的下降。本书使用资本所得/资本存量和劳动所得/就业人员数量求得的平均资本价格和平均劳动价格的数据显示,资本相对价格在 1978—2014 年的时间段内经历了大幅下降(见图9.2)。这就意味着 Acemoglu 技术引致机制在技术进步趋势和劳动—资本相对价格趋势上的理论预期足以解释我国的现实状态。最后,根据 Acemoglu 技术引致机制中关于技术进步偏向对要素收入份额的影响机理[见(8.27)式],当要素替代弹性小于1时,资本—劳动相对供给水平的增加将会降低资本—劳动相对收入份额。但在现实中我们观察到,改革开放以

来我国的劳动收入在 1978—1991 年经历了短暂的上升期后,在 1992—2003
年这一时段下降,2004 年以来我国劳动收入份额水平处在一个低位徘徊的
状态,在 53.8% 水平上下浮动,这一变动趋势与要素替代弹性小于 1 的情况
下资本要素供给相对劳动要素供给会降低资本收入份额和提高劳动收入份
额的理论预期不符。但事实上在资本和劳动要素替代弹性小于 1 的前提下,
关于一直以来资本存量水平逐渐提高并没有明显降低资本收入份额的一个
可能的解释是我国的资本要素流动渠道并不通畅。在资本要素市场,政府
主要通过产业政策和金融抑制政策部分替代市场配置资本的功能,这种政
府主导的资本配置造成了资本流动障碍问题。要素流动障碍的存在直接影
响到要素价格的变动趋势,虽然我们观察到我国在改革开放以来资本要素
的价格相对劳动要素的价格下降趋势明显,但潜在的要素流动障碍可能使
得资本价格下降速度没有达到预期水平,而劳动价格的上升受到限制,在两
者的共同作用下,资本和劳动要素价格的扭曲使得资本和劳动相对要素价
格下降并未到达理论水平,从而劳动收入份额处于低端徘徊状态而不是像
理论预期那样出现上扬的趋势。

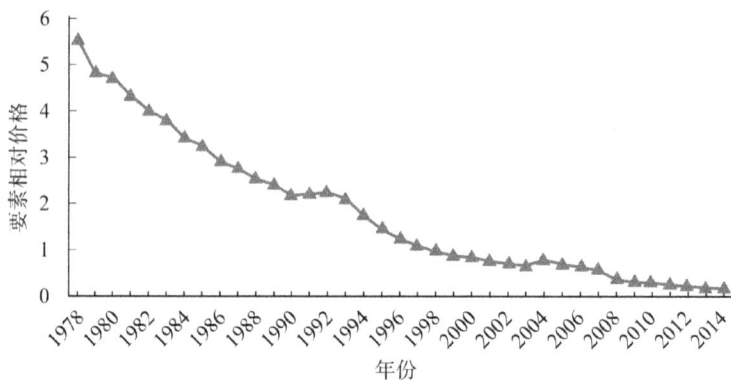

图 9.2　要素相对价格变动趋势(w_K / w_L)

　　第三,在要素替代弹性大于 1,且 Acemoglu 技术引致机制在我国得到验
证的情况下,有效人力资本投资可成功诱致劳动偏向性技术进步,以劳动力
产权保障、积极就业保护提升劳动收入份额的包容性增长路径得到保障。
随着社会经济发展和市场化建设的深入,要素流动障碍必然会在产业结构
升级过程中逐渐消除。在要素流动障碍消除的情况下,改革开放 40 余年间
积累的资本对经济发展各方面的影响将得到完全的释放。以目前物质资本

积累相对人力资本积累速度更快的状态，要素替代弹性大于 1，将会使技术进步偏向资本，从而打破现阶段劳动收入份额低位徘徊的短期稳定，使得劳动收入份额进一步下滑。在此背景下，劳动收入份额的变动对资本和劳动相对供给水平变化带来的影响将更为敏感。因此，要想在经济增长、技术进步、产业结构升级的背景下提高劳动收入份额，就应该紧紧抓住这一转变时机，通过提高人力资本回报、促进劳动力无障碍流动以及就业、教育和产业结构的互动匹配程度的提高，以激励人力资本投资，进而增加劳动有效单位的供给，打破资本积累快于有效劳动供给增速的状态，来争取实现劳动收入份额的提高。为了提高劳动收入份额，最切实有效的手段就是鼓励人力资本的积累，切实提高有效劳动供给水平，从而改变有效劳动相对于资本的供给水平，人力资本积累加速如若赶超资本要素积累的速度，则将扭转资本要素积累更快的局面，那么就会引导技术进步偏向于劳动，从而实现我国劳动收入份额提升的目标。

包容性增长提倡多维度增长目标，尤其注重经济增长的收益为更为广泛的群体所享有。我们在我国经济转型、产业升级的大背景之下讨论劳动收入份额提升问题，提出一条包容性增长的新路径，在促进经济增长、技术进步的同时实现劳动收入份额的提升。通过依托于劳动力产权和积极就业保护政策的制度平台激励有效的人力资本投资，进而提高劳动要素的相对丰裕度，借助 Acemoglu 技术引致机制，将技术进步内生诱致成为劳动偏向的技术进步以提升劳动收入份额。经济若能按此路径运行，则既能实现高质量经济增长，还能提升劳动收入份额，使广大民众能够分享到经济增长的收益。当然，这条在经济增长和技术进步中兼顾劳动收入份额提升的包容性增长路径是否可行取决于资本和劳动这两个生产要素的替代弹性。因此，本书对包容性增长新路径进行可行性分析。通过对要素替代弹性的估计，证实我国要素替代弹性具增大趋势，即将从要素间互补关系转向替代关系，在部分省份这两者已经是替代关系。同时，还利用要素替代弹性估算相关结果，计算要素增强型技术进步，印证了 Acemoglu 技术引致机制在我国的运行。两者结合可以确保以有效人力资本投资为路径提升劳动收入份额的诱导机制的运转，因此本书提出的新路径在我国切实可行。

第十章　结论和政策建议

第一节　结　论

劳动收入份额作为反映要素收入分配状况的重要指标,它的变化受到政府和民众的关注。通过对经济发展中我国劳动收入份额变动状况进行理论和实证的分析,我们得到如下主要结论。

一、我国改革开放以来劳动收入份额呈现出阶段性变动特征,目前正处于低水平徘徊阶段

就我国劳动收入份额的变动趋势而言,尽管不同学者依据不同年份数据采用不同调整方法计算所得到的劳动收入份额的具体数值存在差异,但所得出的结论是基本一致的——劳动收入份额经历了先上升后下降的过程。在改进测度方法的基础上,本书获得了剔除生产税净额和个体经济收入统计口径变化影响后的我国 1978—2014 年劳动收入份额的变动趋势。就劳动收入份额的具体数值而言,本书得到 2004 年前的测算结果可以与以往的许多研究所描述或揭示的状况相互参照和印证。因为处理了 2004 年和 2008 年两次个体经济收入统计口径变化的影响,本书可以得到更为完整且口径相对一致的劳动收入份额变化趋势,并进而分析其阶段性变动特征。

总体而言,改革开放以来我国劳动收入份额呈现出明显的阶段性变动特征。劳动收入份额在 1992—2003 年经历了相对较长时间的快速下降,而现阶段则处于工业化中后期,劳动收入份额基本上围绕着 53.8% 的低位水平上下徘徊。本书与以往研究的最大不同在于两点:一是结合工业化进程讨论劳动收入份额变动趋势;二是对我国现阶段劳动收入份额变动趋势进行了基本判断,认为我国目前正处于低水平徘徊阶段。

二、通过国际比较发现，发达国家工业化进程中的劳动收入份额呈现出形如"羹匙曲线"的变化，而转型国家劳动收入份额的变化规律性不强

本书广泛采集文献数据并结合数据库数据，在口径可比的基础上，得到英国、美国、德国、法国和日本五个发达国家在工业化进程中的劳动收入份额变动轨迹，发现其形似"羹匙曲线"：工业化早期经历下降，工业化中后期呈现劳动收入份额的回升，在后工业阶段，特别是 20 世纪 80 年代后，又呈现回落态势。虽然不同国家在历史文化背景、社会制度安排等方面存在的差异会导致劳动收入份额绝对水平的国别差异，但这不影响其变动轨迹的规律化呈现。总体来看，后工业化阶段的劳动收入份额高于工业化早期的劳动收入份额。通过进一步分析，本书发现产业结构伴随工业化进程的规律性变化是劳动收入份额"羹匙曲线"形成的主因。

但是，对转型国家的研究发现，尽管大部分经济转型国家都经历过劳动收入份额的下降，但总体上并没有呈现出整体一致的趋势。通过对典型国家的具体分析可以发现，它们的制度演进路径存在差异。本书以为，转型国家劳动收入份额变化没有规律是各国制度演进路径不同造成的，它改变了工业化进程中原本规律化的劳动收入份额变动轨迹。因此，经济制度是考察劳动收入份额变动不可忽视的重要影响因素。

三、工业化中后期存在着一个稍纵即逝的劳动收入份额提升的机会窗口

工业化进程中劳动收入份额的"羹匙曲线"表明，劳动收入份额在工业化中后期存在着一个回升的机会窗口，劳动者在工业化初期失去的奶酪可以在工业化中后期复得，这也是发达国家至今能保持较高劳动收入份额的重要原因。但是，由于后工业化阶段劳动收入份额会下降，因此这种"机会窗口"稍纵即逝。同时，后发国家面临更为宽广的技术选择范围、快速转型升级的消费结构、步伐加快的技术更新。一方面，产业结构演替速度加快，中后期持续时长趋于缩短；另一方面，新技术的发展加速了人工智能对劳动密集型产业中劳动者的替代，劳动收入份额变动速率上升的概率变小。因此，"羹匙曲线"所隐含的"机会窗口"在缩小。我国若想在后工业化阶段拥有较高的劳动收入份额,务必抓住这个不容错失的时机。

四、一个新诊断:我国现阶段劳动收入份额处于低位徘徊状态的主要症结在于既有经济发展方式下要素流动障碍导致的产业结构低端锁定

我国目前已进入工业化中后期,但是劳动收入份额并未出现"羹匙曲线"所预示的回升,反而自 2004 年开始表现出低位徘徊趋势。我们认为,改革开放以来,我国劳动收入份额的变动轨迹是经济发展方式和工业化进程双重叠加的结果。而现阶段劳动收入份额的低位徘徊不是工业化进程中的固有现象而是我国经济转型中的特有现象,其主要症结在于既有经济发展方式下要素流动障碍导致的产业结构的低端锁定。

政府主导的既有经济发展方式,确实曾对推动改革开放、促进经济增长有过重要的积极影响,但政府过多深层次地介入,影响了要素市场的发育,生产要素价格的市场决定机制仍不完善。因此,要素相对价格发生扭曲,无法反映要素禀赋结构优势的新变化,企业在扭曲的价格引导下做出不合理的利润最大化决策,其选择的产业和技术不能顺应比较优势的变动而变动,出现了产业结构低端锁定现象。产业结构低端锁定意味着相对偏低的生产技术形成低增值产出,经济中存在大量低技能、低工资岗位,制约着劳动收入份额的提升。

五、警惕一种可能出现的不利局面:在提升产业结构过程中,倘若要素替代弹性大于 1,则在资本相对丰裕时就会出现资本收入份额上升,而劳动收入份额下降的情况

在产业结构提升过程中,有一点必须强调,即产业结构提升并不能充分保证劳动收入份额的提高。根据 Acemoglu 内生技术进步偏向理论,技术进步偏向内生决定于要素间的替代弹性和要素的相对供给水平,在要素替代弹性低(小于 1)时,要素丰裕度的提高将降低该种要素的收入份额,而当要素替代弹性高(大于 1)时,要素丰裕度的提高将提高该种要素的收入份额。本书的估算结果以及其他许多研究的结论表明,我国资本和劳动间要素替代弹性在不断增大,尤其许多发达地区的要素替代弹性已大于 1。考虑到资本的积累,资本要素丰裕度不断提高,最终会出现资本收入份额上升而劳动

收入份额下降的局面。产业结构提升仅是我国现阶段劳动收入份额提升的必要条件,而非充分条件。

六、一条包容性增长新路径:以劳动力产权保障、积极就业保护激励有效人力资本投资,借助 Acemoglu 技术引致机制诱导劳动偏向的技术进步,在提升劳动收入份额的同时促进经济增长

本书将劳动收入份额提升问题放入我国目前经济转型、产业升级的宏观背景中加以考虑,力图从经济发展中寻找机会,因势利导地开拓发展劳动收入份额提升的新路径,在技术进步、经济增长的同时实现劳动收入份额的提升。我们借助了一个依托于劳动力产权、积极就业保护政策的制度平台和一个基于内生经济增长理论的技术引致机制,并以此为基础分别形成有效的人力资本投资的激励机制和提升劳动收入份额的诱导机制。通过依托于劳动力产权和积极就业保护政策的制度平台激励有效的人力资本投资,以此在劳动有效单位层面上扭转人口红利消失带来的劳动要素相对于资本要素丰裕度下降的趋势,经由 Acemoglu 技术引致机制形成偏向劳动的技术进步,最终实现劳动收入份额的提升。本书的实证结果一方面证实我国要素替代弹性逐渐增大,另一方面印证了 Acemoglu 技术引致机制在我国的运行,两者结合可以确保以有效人力资本投资为路径提升劳动收入份额的诱导机制的运转,因此本书提出的新路径在我国切实可行。

第二节　政策建议

现阶段中国要素收入分配面临的问题是劳动收入份额的低位徘徊。本书的研究表明,我国经济制度转型尚未完成,既有经济发展方式影响了要素市场的发育完善,扭曲的要素价格下产业结构未能随着要素禀赋比较优势的升级而提升,产业结构低端锁定造成目前劳动收入份额低位徘徊的状态。要打破这种分配状况,必须注重以下三个方面。

一、加快经济体制转型,转变我国经济发展方式,转变政府职能,为打破产业结构低端锁定奠定基础

第一,深化体制机制改革,实施遵循要素禀赋结构比较优势的发展战

略。实施遵循要素禀赋结构比较优势的发展战略,协调有效市场和有为政府的关系,以适应经济发展的变化。

新结构经济学指出,一个经济体的经济结构内生于其要素禀赋结构,具体来说,资源禀赋决定经济体在生产某种产品或服务方面拥有的比较优势,而比较优势又决定经济体在国内市场和国际市场实现最强竞争力的最佳经济结构。实施遵循要素禀赋结构比较优势的发展战略,意味着根据要素禀赋结构的变化来推动持续的经济发展,通过有效市场实现资源禀赋和比较优势的现实转化,促进有效反映要素禀赋结构比较优势的要素相对价格体系的形成,以此引导企业做出合理的生产和技术选择,在不断积累物质资本和人力资本的同时,带来产业结构的顺利升级和经济的可持续发展。

在经济发展初级阶段,我国要素禀赋结构呈现出劳动力相对丰富但资本相对稀缺的特点。但在国际政治经济环境制约以及工业化积累方式约束的特殊背景下,政府并没有遵循要素禀赋结构特征专业化于生产劳动密集型产业,反而选择了优先发展重工业的赶超战略。产业结构背离比较优势造成了我国产业结构失调、国民收入分配扭曲、居民收入和生活水平长期得不到提高等一系列问题。改革开放以来,政府逐步放弃了优先发展重工业的赶超战略,强调遵循比较优势,大力发展劳动密集型的轻工业,极大促进经济增长。

实施遵循要素禀赋结构比较优势的发展战略,需要政府扮演因势利导的积极作用,为产业升级和多样化提供便利,但政府不应该主动、直接地干涉经济转型。推动机制改革,进一步推进财税体制改革,改革政绩考核制度。在深化财税体制改革方面,改变以财政税收增长最大化为指导思想的工作方式,通过理顺中央和地方关系,适度加强中央事权和支出责任。在改进完善政府绩效考核制度方面,转变政府部门政绩观,从增长第一转为以社会民生发展为重,以建设服务型政府为原则设计考核指标设计,既要看GDP增长、财政收入增长等一般性经济指标,也要看其他社会指标和环境指标;既要看当前的发展,也要看发展的可持续性;既要看经济增长总量,也要看经济增长质量。

第二,破除制约要素市场发育的体制性障碍,发挥市场在资源配置中的决定性作用。

打破既有经济发展方式对要素市场发育的制约,需要进一步深化经济体制改革,促进发展战略、官员考核制度及财税制度的变革,弱化其对政府介入要素市场的激励,加快要素市场自身的发育完善,使市场机制在资源配置中发挥决定性作用,促进要素的自由流动,创造产业升级的有利环境。政府应进一步转变职能,转为公平公正的市场规则的制定者、执行者和维护者,推动政府和市场关系由政府主导向市场主导转变。政府不应该主动、直接地干涉资源配置过程,应该作用在加强市场基础设施建设和破除体制障碍上,通过信息平台、法律制度等的建设,促进要素市场的发育和完善。

改革和完善官员考核制度,建立多元化考核监督体系。科学的官员考核制度既需要考虑经济增速,还需要考虑经济建设成果惠及广大人民群众的程度。只有在现有考核指标体系的基础上,引入民生改善、收入提升、可持续发展等多项指标,保证此类惠及人民群众的指标在考核体系中的比重,才能更加科学地评价官员政绩,从而改变现行官员考核制度下地方政府"为增长而竞争"的行为模式,弱化其对政府抓取资源配置权的激励。

进一步深化财税体制改革,建立事权与支出责任相适应的制度。减少政府影响要素流动的动机,在财税方面关键在于平衡地方政府的收支。一方面,进一步明晰地方政府的事权,赋予地方政府与其事权相统一的财权、财力,降低地方政府的税收压力。另一方面,地方政府应优化税源结构,适当减轻企业税负,涵养优质税源,促进财税收入的可持续性。

进一步发挥市场在资源配置中的决定性作用,深化经济体制改革,提高要素市场化程度。建立城乡统筹的公共服务体系,将户籍制度改革和公共服务、社会保障体制改革相结合消除户籍身份附着的福利差异,消除城乡和区域劳动力市场的制度性障碍,建立城乡统一的、有序竞争开放的劳动力市场体系;建立和完善工资增长微观机制,完善工资集体协商制度,增强劳动者参与工资决策的话语权,建立健全职工工资的正常增长机制。加大利率市场化改革力度,消除一切不利于资本流动的体制机制障碍;改善金融服务,降低金融准入门槛,缓解民营企业和中小微企业的融资困难,扩大民间资本可进入的金融领域,充分有效地盘活民间资本市场为实体经济服务。推动土地要素市场化改革,完善土地要素价格机制,进一步落实十八届三中全会提出的深化土地制度改革的目标,加速推进切实可行的土地产权制度建设,打破土地制度的二元结构,促进各类土地多种途径流转、交易,合理定价土地资源。加快以市场化方式深化农村土地制度改革,赋予农民长期而有保障的土地财产权,加快建立城乡统一的建设用地市场。

第三,减少直接干预型产业政策的运用,推动产业政策向功能性政策转型,促进产业政策作用的有效发挥。

在一般性竞争领域,政府应尽可能减少运用行政手段对具体产业进行选择性干预和歧视性对待,创造一个统一、开放、竞争、有序的现代市场环境,最大限度地利用市场的协调功能和优胜劣汰机制。在产业政策的制定过程中,政府应减少直接干预形式的产业政策,转向实施市场友好型的功能性产业政策。

直接干预形式的产业政策并不能有效发挥政策作用。政府应减少直接干预形式的产业政策,避免以政府的判断和选择来代替市场的作用。政府在减少直接干预型产业政策的同时,可以实施市场友好型的功能性产业政策。例如,推动知识产权保护建设,建立高效的审查授权机制、健全的成果转移机制以及完善的创新成果保护机制。为企业建立良好的创新保护机制、营造良好的发明创新氛围。政府可以加强公共信息平台建设,用于为企业及时发布行业信息、技术发展动态及趋势、经济运行信息等。政府还可通过完善法律法规及基础设施,营造良好的产业发展环境,降低企业的交易成本,进而推动高端产业的发展。

要充分发挥企业能动性和主动性,依靠技术创新的集约型经济增长方式,进一步推动经济增长动力转换。在劳动力成本上升的现实背景下,企业的创新发展在为自身形成新竞争优势的同时,也能为产业结构的加快升级创造机遇,能够促进技术密集型、知识密集型的高新技术产业和现代服务业的发展,带来中高端产业比重的提升,推动经济的可持续增长。而要充分发挥企业开展技术创新的自主性和能动性,需要改变原有政府主导的产业政策,制定更加遵循市场规律的产业政策,做好激励创新、促进竞争的相关基础设施建设。

第四,深化政治体制改革,进一步转变政府职能。

转变政府职能,明确政府边界,改革政府主导市场经济的宏观调控模式,在最大限度减少政府对微观经济的直接干预的同时,继续推进法治政府、服务型政府建设进程。

进一步深化行政管理体制和投资体制改革,加强法治政府建设。创新行政审批制度,进一步下放权力,提高运作透明度和公信力;坚决实行政企分开,减少政府对资源和生产要素配置的直接干预,并进一步探索适应经济发展新阶段经济内生性增长的科学调控体系和政策手段。通过各种制度的建立和完善以及市场秩序的规范,保障宏观经济稳定和培育创新环境,尤其要建设对劳资双方合法权益同等保护的"中性政府"。

进一步明确建设服务型政府的目标,完善问责机制。服务型政府重视政府职能的全面履行,并突出强调社会管理和公共服务职能的重要性,强调政府应提供普惠型的基本公共服务,确保全体人民共享改革开放成果。服务型政府的建设是促进经济发展方式转变的重要支撑之一。而服务型政府的进一步建设,离不开政府管理体制改革的助力,通过问责机制的完善来约束地方政府行为,确保政府职能全面履行。中央政府可以在完善现有纵向问责机制的同时,重视向社会分权,赋予地方人民代表大会参与地方政府党政领导干部任免、奖惩等决策的权力,建立以社会力量为主体的横向问责机制。

推动税收制度和转移支付制度改革。调整完善税制结构,提升个人所得税免征额,适当调整累进税率,降低流转税和间接税比重,免除或减轻低收入者和大部分依赖工资性收入者的税负,让高收入者或财产性收入者适当多做贡献,从而发挥税收对收入分配的调节功能。优化财政转移支付结构,改进转移支付分配设计,根据地区间经济发展水平、人均收入水平分配转移支付资金,缓解地区财政转移收支不平衡,改进住房公积金等转移支付制度设计,有效提升低收入者可支配收入;调整财政转移支付区域格局,加大中央对地方转移支付的规模力度,尤其是对贫困地区的转移支付,增加对贫困地区基础设施、基础教育等的财政扶持力度,以保障低收入人群的基本生存发展需求,合理发挥转移支付的再分配调节功能。

推动基本公共服务均等化,进一步完善社会保障体系。教育和健康是人力资本的重要组成部分,高素质国民人力资本的形成离不开注重公共服务领域的机会公平。一方面,加大对基础教育的投入和转移支付的力度,特别注重农村及落后地区学前教育事业建设,保障弱势家庭子女早期智力发育和公平接受良好教育的机会,同时注重弱势群体的职业教育和技能培训,增加其充分积累人力资本的机会;另一方面,加快医药卫生体制改革,提高基本公共卫生服务水平,重点加强基层公共卫生服务网络建设,实现人人享有基本医疗服务。此外,进一步完善社会保障体系,扩大社会保障覆盖面,继续推动社保一体化,有效控制并逐步缩小群体间保障待遇差距,加快制度衔接与整合,加强社保在地区之间的转续衔接,增强劳动者的市场谈判能力,提高其争取自身权利与福利的机会。

第五,内化技术创新为企业自觉需求,促进产业结构升级。

发达市场经济国家劳动收入份额的演变历史,揭示了我国劳动收入份额可能的变化趋势,即在涉及资源配置的市场化改革推进顺利的基础上,工业化中后期实现产业结构转型升级后,特别是第二产业向技术密集型、知识密集型产业转变,服务业等第三产业比重提高后,我国劳动收入份额的提高就能够得到支撑。进一步加快产业结构转型,顺利推进工业化进程,需要改变原有政府主导的产业政策,制定更加遵循市场规律的产业政策。而遵循市场规律的产业政策重在激励创新、促进竞争,构建促进创业、创新的经济环境和运行机制。

目前我国各类企业的技术创新活动难以开展,体制机制未能给技术创新提供充分的空间、保障和支持,扭曲的生产要素价格固化低成本优势,企业缺乏自主创新的激励。一方面表现为大中型国有企业创新动力不足。我国技术创新的主要承担者是国有大中型企业,但是由于其主要分布在垄断行业,可以较为容易地获取高额利润,其自主开展技术创新的动力不足。另一方面表现为中小企业存在技术创新融资问题,面临激烈市场竞争压力的中小企业(民营企业)尽管具有技术创新的积极性,却由于融资约束、知识产权保护政策缺失等因素的影响,缺乏较强的技术研发能力。作为追求利润最大化的市场经济组织,企业应当会在利润最大化的理性目标下开展技术创新,但如果现实环境没有提供创新活动所需要的资金,创新成果的专利保护缺失,缺乏创新成果商业转化的信息、渠道及政策等,技术创新活动就会受到抑制。

要内化技术创新为企业发展的自觉需要,需多管齐下。首先,要进一步深化市场经济体制改革。市场竞争是技术进步最有效的推动力,消除市场进出壁垒,破除行业保护政策,让企业尽可能地参与市场竞争,实现以市场为导向、以企业为主体的技术创新资源的最佳配置。通过推进金融市场改革,健全完善资本市场发展,为中小企业拓宽进行技术创新的融资渠道。其次,良好的创新环境对技术创新起着极大的激励推动作用。加强知识产权及专利保护,开展技术创新活动的税收优惠政策,奖励专利拥有者及其他创新成果的创造者,提升改善我国的创新环境,可以提高我国自主创新能力。最后,促进激励技术创新成果的商业转化。科研机构和大学是技术创新的知识供给者,企业是技术创新的实践者,政府通过在政策方面为科研机构、大学与企业的合作提供支持保障,促进技术创新成果转化为现实生产力。

在市场经济体制改革深化的基础上,改善技术创新的市场环境,通过市场本身激励企业创新、求变,通过完善激励机制将技术创新内化为企业发展的自觉需要。在劳动力成本上升的背景下,企业的创新发展在自身形成新的竞争优势的同时,也为产业结构的加快升级创造了机遇,不仅能够促进技术密集型、知识密集型的高新技术产业和现代服务业的发展,而且能够带来中高端产业比重的提升,从而实现劳动者报酬水平的提升。

二、培育和发展要素市场,令生产要素充分涌动,为产业结构顺利提升奠定基础

第一,进一步健全多层次资本市场,拓宽投融资渠道,化金融抑制为金融发展。

健全多层次资本市场,着眼于我国直接融资比重长期低水平、投融资渠道狭窄的现状,着力发展多层次资本市场,扩大资本市场规模,直接对接资金供给方和需求方,提高资金配置效率。为不同规模、不同行业、处于不同发展阶段的企业提供合适的融资渠道。同时,进一步加强资本市场制度建设,完善资本市场法律制度,进行充分有效的信息披露,以防范金融风险、保护投资者的合法权益,引导资本市场实现长期健康发展。

进一步发展股票市场。一方面,放开股票市场行政管制,积极落实新修订的《中华人民共和国证券法》的实施,稳步推进股票发行注册制改革,把投融资的自主权、股票发行的定价权交还给市场。另一方面,根据实体经济发展需求,完善我国多层次股票市场体系,为不同类型企业以及投资者提供便利。我国由主板、中小板、创业板、全国中小企业股份转让系统以及地方股权(产权)交易场所构成的多层次股票市场体系初步形成,但股市运作仍然受到政府相关部门相当多的管制和直接干预,适当限制行政干预有利于股市健康发展。

进一步发展债券市场,尤其是发展企业债和公司债。在风险可控的前提下,适当降低商业银行发行小微企业金融债的门槛,简化流程,减少行政

控制,扩大发行规模,使债券市场为各类企业提供充足的中长期债务性资金,促进解决资本流动障碍问题。

进一步发展风险投资业,发挥风险投资业支持新创企业的技术创新以及促进新兴产业和高科技产业发展的作用。同时,加强对风险投资机构的监管,加强对信息披露的监督,培育和发展一批合格的、长期的投资机构。有效地盘活民间资本市场,实现资本的自由流动和资源的优化配置。

第二,构建公平竞争的金融环境,提高资本配置效率。

激活银行业竞争,同时通过加快信用评估机构的发展解决银行和企业间的信息不对称问题,推动利率市场化,健全利率形成机制,缓解我国资本流动障碍问题,从而提高资本配置效率。

逐步放开金融市场,加快推动具备条件的民间资本依法发起设立民营银行,扩大银行业中民营资本的比例,推动多层次竞争性银行体系建设。充分发挥民营银行的行业优势,使其更好地服务广大中小企业。同时,需做好新设民营银行的风险防范工作,加强监管。

推动信用评估机构建设,实现信贷市场信用评级的市场化。信用评级是商业银行确定贷款风险程度的依据,也是整个金融市场风险管理的信息基础。需要进一步推动信用评估机构建设,培养信用评估及风险管理的专业人才,提高信用评估机构的信用评级能力,提升其信用评价的客观性和有效性,解决银行与企业(特别是中小民营企业)间的信息不对称问题。客观公正的信用评价是自由竞争市场下企业获取银行贷款的重要保障,进一步推动我国的信用评估机构建设可以为具备成长性的中小民营企业提供资金保障。

进一步加大利率市场化改革力度,健全利率形成机制,消除一切不利于资本流动的体制机制障碍。利率市场化有助于加大银行业竞争力度,提高银行业整体服务水平和创新能力。目前,存贷款利率管制都已经取消,金融机构已经具备利率的自主定价权,但我国的利率市场化之路实际上尚未完成。银行需进一步完善风险定价机制,加强资产负债管理能力和流动性风险管理能力建设。

第三,进一步推动户籍制度改革,实现公共服务与户籍逐步分离,打破劳动力流动障碍。

将户籍制度改革和公共服务、社会保障体制改革相结合,消除户籍身份附着的福利差异,推进城乡一体化,降低劳动力流动成本,从而推动劳动要素的自由流动。

进一步推动城乡一体化,有序推进农业转移人口市民化。深化户籍制度改革,消除户籍给城乡和区域劳动力市场带来的制度性障碍。建立城乡统一、竞争有序的劳动力市场体系,使城乡劳动者享有平等的就业机会和同工同酬的工资待遇,有利于打破劳动力流动障碍。

进一步推进公共服务均等化。深化户籍制度改革离不开公共服务的协同改革,重点在于切实剥离附着在户籍上的公共服务,将实现户籍人口和非户籍人口的公共服务均等化作为推进户籍制度改革的关键"抓手"。现阶段根据国务院公布的《关于进一步推进户籍制度改革的意见》,相当一部分地区实施了城乡统一户口登记制度,但成为"市民"的农村居民在最低生活保障、保障性住房等公共服务的获得上仍存在困难;一些地区开展了以居住证为载体向城镇常住人口提供基本公共服务的实践,但仍存在外来人口与户籍人口在享有公共服务方面的差距。唯有进一步推进公共服务均等化,才能减少外来劳动者的城市融入障碍,促进劳动力的自由流动。

三、通过劳动力产权界定和积极就业保护政策,激励有效人力资本投资,提升劳动收入份额,促进经济的包容性增长

第一,通过劳动力产权的界定与保护,增强劳动者人力资本变现力。

劳动力产权的明晰界定和有效保护,将提升劳动力产权强度,提高劳动者在市场中与企业博弈的能力,促进劳动者人力资本投资收益的充分兑现。要充分发挥市场在界定和实现劳动力产权中的积极作用,建立和完善统一开放的竞争性劳动力市场,优化公共资源和公共服务配置,从而提升劳动力产权强度,增强劳动者人力资本变现力,使劳动者形成有效人力资本投资的自我激励机制。

要充分发挥市场在界定和实现劳动力产权中的作用。首先,要明晰劳动力产权的初始界定。政府应保障劳动者的生存权和发展权、维持劳动力再生产权利、自由择业权及自由迁徙权。同时,可以考虑在法律上赋予劳动力产权一部分具有合理经济基础的剩余索取权。然后,在上述基础上由劳动力市场来界定劳动力产权并加以实现。在市场化条件下,劳动力产权的具体界定主要通过劳动者和企业之间的不断试错和重复博弈来实现。政府

要完善调整劳动关系的法律法规,创造有利于发挥市场作用的制度环境,在这种恰当的制度安排下,人力资本投资与其变现间形成一种循环加强关系:人力资本投资增加,劳动者个人能力提升,劳动力产权强度提升,劳动者人力资本变现充分性增加,这反过来又激励劳动者的人力资本投资。

要建立和完善统一开放的竞争性劳动力市场,形成基于劳动力产权的工资定价机制。一方面,要以劳动者平等就业、公民权利均等化为基准,打破劳动力市场制度性分割和歧视,打破劳动力市场的流动阻碍,消除工资水平和福利待遇的差别,形成一个规则统一的开放、公平竞争的劳动力市场。另一方面,应促进劳资博弈,均衡双方力量,形成基于劳动力产权的工资决定机制。政府要通过各种制度的建立和完善规范劳动力市场秩序,建设对劳资双方合法权益同等保护的"中性政府"。要依靠法制手段和市场机制去均衡劳资双方的博弈力量,推广并完善工资集体协商制度,增强劳动者参与工资决策的话语权,建立更加平等的劳资对话机制,促进劳资双方的沟通和合作博弈。

要优化公共资源和公共服务配置,促进劳动力产权的实现。优化公共资源和公共服务配置应在提高公共资源和公共服务充裕度的同时着力于缩小地区间和城乡间的差距,促进劳动力产权均衡。一方面,要优化教育资源投入,缩小地区间和城乡间的教育投入差距;另一方面,要优化社会保障体系,为劳动者的自由流动提供保障。促进公共事业和公共服务发展完善,为劳动者提供更多机会和渠道获得医疗保健、就业保障、社会福利和政府补贴的资源。劳动者若能不断提高自身人力资本、增强劳动力产权,则更容易在劳资博弈中占据有利地位以保障自身权益的实现。

第二,推行积极的就业保护政策。

拓展就业保护的内涵与政策范围,改消极的就业保护为积极的就业保护,提高人力资本的实现力,将人力资本切实地应用于生产中,为人力资本变现奠定基础,促进经济持续增长,以此激励社会和个人的人力资本投资积极性。我们要从劳动力市场的供需两头发力,注重加强教育结构和产业结构各自的提升以及两者的匹配与联动,提高劳动力市场供需匹配的契合度,从而促进人力资本向现实生产力的充分转化,在解决就业问题的同时,更好地促进经济的整体发展。

从供给侧看,要加大教育投入,灵活教育培训模式,督促教育系统着眼于我国劳动力市场需求,提供更多切合市场需求且灵活便利的教育及培训模式,为我国经济发展供给更具学习力和适应力的高人力资本的劳动者群体。

其一,教育投入的增加首先应该加强全体国民的基础教育,升级教育结构。建议在条件允许的情况下将义务教育延伸到高中阶段,推迟普通教育和职业教育的分流时间点。当今社会是一个高度竞争、高速变化发展的社会,劳动者不仅要具有专业知识技能,更要具有与转变相关的知识技能,这样才能在大数据支持下人工智能突飞猛进的时代保持持久的竞争力。普通高中教育对于学生转变技能的培养尤为重要,一方面,它提供了进入普通高等教育所需的所有学科基础知识,为学生的未来发展提供更多选择机会;另一方面,学生的身心在此阶段才逐渐趋于成熟,其潜能逐渐被激发,个性也逐渐显现,这将有利于其在此阶段培养发展高水平的学习技能、解决问题的能力、决策力以及情商(例如责任感、进取心、人际关系、团队合作、独立工作能力)等与转变相关的知识技能。过早的分流使许多学生在懵懂间就被外界强加定型,不利于人才潜能的开发,也不利于转变技能的开发。未来的劳动力市场需要更多更具学习力和适应力的高人力资本的劳动者,因此,有必要提高全体国民的基础教育水平,为满足高速变化发展的未来需求做好先期准备。

其二,教育投入的增加还体现在受教育机会的增加上,创建更加开放的教育体系和友好的再教育环境。当今社会,技术进步日新月异,劳动力市场对劳动力的需求也是与时俱进,这就驱使劳动者进行终身学习,对人力资本结构做出及时的调整和再积累才能在劳动力市场的竞争中胜出,但目前我国的继续教育体系并不完善。一方面,正规高等教育的高门槛拦截大部分已经在劳动力市场中服务社会多年的劳动者。另一方面,短期的继续教育课程的教育质量往往不尽如人意。因此需要降低劳动者继续教育的进入门槛以满足产业结构升级下"现役"劳动者的人力资本再积累或人力资本结构更新的需求,逐渐放开研究生和成人教育的准入条件,但同时严格控制教学质量和毕业门槛。既为人力资本积累需求者提供更多的教育机会和途径,帮助"现役"劳动者进行再教育和人力资本的更新,又能保证人力资本的有效性,培养更具学习力和适应力的高人力资本人才,而不是徒有证书的"高学历低能力人才"。在经济发展、产业结构升级的背景下,继续教育是"现役"劳动者对自身人力资本进行再积累和结构更新的重要途径之一,劳动者需要及时更新资本人力资本以提高劳动力生产率、保证自身竞争力。

其三,在加大教育投入的基础上还要重视社会培训的形式,提高人力资本投资的效力,即人力资本投资的有效性,重点提高劳动者的学习能力、应变能力和职业灵活性。社会培训作为除教育外最主要的人力资本投资方式有着灵活快捷的优点。通过培训,劳动者可以在较短的时间内提高其人力资本存量应对劳动力市场的即时需求的变动。因此,要积极鼓励"干中学"和各类培训以切实提高"现役"劳动者的生产潜力和匹配能力,跟上产业结构升级步伐,为因产业结构升级人力资本积累不足而被淘汰的"现役"劳动者提供人力资本再投资的机会。

从需求侧看,需要进行产业结构的提升,为人力资本提供现实生产力转化和价值变现的平台。我国目前所面临的"民工荒"和大学生就业难并存的就业困境并非由人力资本投资过剩或教育过度所致,而是由产业结构未能顺利升级致使劳动力需求结构扭曲引起的。由前文可知,一国的产业结构应该顺应要素禀赋结构比较优势的改变而改变。经过改革开放40多年的高速发展,我国的要素禀赋结构已经发生了很大的变动,但是由于要素流动障碍,产业结构被迫锁定于低端。产业结构低端锁定阻碍了经济的进一步发展,扭曲了劳动力需求结构,还使劳动收入份额陷于低位徘徊状态。无论是从总体经济发展的诉求出发,还是从劳动收入份额提升、摆脱就业困境等目标出发,都必须实现产业结构的升级。同时,产业结构的升级为人力资本的变现和实现提供了平台,有利于激励有效人力资本投资。

为促进产业结构升级,其一,应着力于促进要素市场的发育完善,以合理的能反映要素禀赋比较优势的要素相对价格引导企业选择合适的要素投入和技术,促成产业结构的自然升级。完善法律法规等市场运行的基础设施,营造良好的产业发展环境。政府应推动知识产权保护建设,建立高效的审查授权机制、健全的成果转移机制以及完善的创新成果保护机制;同时做好公共信息平台建设,用于为企业及时发布行业信息、技术发展动态及趋势、经济运行信息等。要促进要素市场的发育完善,建立城乡统筹的公共服务体系,将户籍制度改革和公共服务、社会保障体制改革相结合,消除户籍身份附着的福利差异,进一步推动劳动要素自由流动;进一步加强资本市场制度建设,完善资本市场法律制度,进行充分有效的信息披露,以防范金融风险、保护投资者的合法权益,引导资本市场实现长期健康发展;推动土地要素市场化改革,完善土地要素的价格机制。

其二,应转化产业转型升级的方式,内化技术进步为企业的自觉需求。改善技术创新的市场环境,通过市场本身激励企业创新、求变,通过完善激励机制将技术创新内化为企业发展的自觉需要,从而使得技术进步更加符合我国的要素禀赋结构,由要素禀赋结构诱致技术进步的偏向,引导产业结构的转型升级,从而充分利用要素禀赋资源,在创造更多的可供分配的经济剩余的同时为人力资本的效力发挥提供平台。

从供需两者的联动匹配看,政府可以在完善劳动力市场机制和优化劳动者就业决策方面发挥更为积极的作用。政府应大力建设供需信息的交流平台。供需两端的联动和匹配还需要消除信息性障碍和技术性障碍,政府可以建立和完善各种信息平台。短期看,可以充分利用就业中介机构接收、处理和传送就业信息,继续开展并完善一系列的就业现状统计调查、职位空缺和劳动力流动调查以及企业就业动态变化监测,对劳动力需求进行有效的监测和实时的反馈,为劳动者的就业进行指导。长期看,可以结合产业结构变动和人口预测数据、劳动力参与率预测数据等对我国的劳动力供给水平进行长期的预测,也可以通过各种综合模型测算分职业的岗位需求水平,从而在对较长时间段未来劳动力供需形势做出合理预判的基础上向社会发送预测信息,改善劳动力供求结构的匹配状况。应该鼓励企业提供更多的实习岗位等“准就业机会”,促进产业结构和教育结构的对接。使得劳动者有更多机会了解业内生产对技能的需求状况,从而对“准劳动者”的人力资本积累进行引导,使其更符合产业的需求结构。通过更多的就业窗口提高劳动者的适应能力和学习能力,使其在科技快速发展的现代化过程中能够快速学习、灵活转换角色,提高自身的变现力和实现力,从而提高劳动者群体的有效劳动供给水平,为提高劳动收入份额创造有利条件。

参考文献

巴泽尔,1997.产权的经济分析[M].费方域,段毅才,译.上海:三联书店上海分店,上海人民出版社.

白重恩,钱震杰,2009a.国民收入的要素分配:统计数据背后的故事[J].经济研究(3):27-41.

白重恩,钱震杰,2009b.谁在挤占居民的收入:中国国民收入分配格局分析[J].中国社会科学(5):99-115.

白重恩,钱震杰,2010.劳动收入份额决定因素:来自中国省际面板数据的证据[J].世界经济(12):3-27.

白重恩,钱震杰,武康平,2008.中国工业部门要素分配份额决定因素研究[J].经济研究(8):16-28.

卞靖,2014.工业发展阶段性变化的国际经验及规律研究[J].当代经济管理(5):1-5.

波斯坦,哈巴库克,2002.剑桥欧洲经济史(第六卷):工业革命及其以后的经济发展:收入、人口及技术变迁[M].王春法,张伟,赵海波,译.北京:经济科学出版社.

蔡昉,2009a.蔡昉论文选[M].北京:中华书局.

蔡昉,2009b.科学发展观与增长可持续性[M].北京:中华书局.

蔡昉,2013.理解中国经济发展的过去、现在和将来:基于一个贯通的增长理论框架[J].经济研究(11):4-16.

蔡昉,2017.改革时期农业劳动力转移与重新配置[J].中国农村经济(10):2-12.

曹静,2013.劳动报酬份额与宏观经济波动的动态关联[J].当代经济研究(5):45-50.

曹正汉,2009.2010年扩内需:不妨第三波民营化[J].人民论坛(22):60.

常凯,2009.是谁引发工人集体行动?[J].管理@人(9):40-42.

陈东,刘金东,2014.劳动保护有助于缩小就业弱势群体的相对收入差距吗:以新《劳动合同法》的实施为例[J].财贸经济(12):111-120.

陈佳贵,黄群慧,2005.工业发展、国情变化与经济现代化战略:中国成为工业大国的国情分析[J].中国社会科学(4):4-16.

陈佳贵,黄群慧,吕铁,等,2012.中国工业化进程报告(1995—2010)[M].北京:社会科学文献出版社.

陈建军,2004.长江三角洲地区的产业同构及产业定位[J].中国工业经济(2):19-26.

陈诗一,2011.中国工业分行业统计数据估算:1980—2008[J].经济学(季刊)(2):735-776.

陈爽英,井润田,龙小宁,等,2010.民营企业家社会关系资本对研发投资决策影响的实证研究[J].管理世界(1):88-97.

陈晓玲,连玉君,2012.资本—劳动替代弹性与地区经济增长:德拉格兰德维尔假说的检验[J].经济学(季刊)(4):93-118.

陈叶,朱必祥,2010.最低工资就业效应的实证研究:以南京为例[J].河北工程大学学报(社会科学版)(4):41-45.

陈英,2008.经济全球化中的后工业经济"解构":对产业结构"升级论"的后现代主义挑战[J].经济学动态(2):30-34.

陈宇峰,叶志鹏,2014.区域行政壁垒、基础设施与农产品流通市场分割:基于相对价格法的分析[J].国际贸易问题(6):99-111.

陈璋,张晓娣,2005.投入产出分析若干方法论问题的研究[J].数量经济技术经济研究(9):84-91.

陈钊,熊瑞祥,2015.比较优势与产业政策效果:来自出口加工区准实验的证据[J].管理世界(8):67-80.

陈宗胜,宗振利,2014.二元经济条件下中国劳动收入占比影响因素研究:基于中国省际面板数据的实证分析[J].财经研究(2):41-53.

程伟,2004.计划经济国家转轨异同及其绩效[J].经济社会体制比较(5):35-44.

储德银,建克成,2014.财政政策与产业结构调整:基于总量与结构效应双重视角的实证分析[J].经济学家(2):80-91.

褚敏,靳涛,2013.为什么中国产业结构升级步履迟缓:基于地方政府行为与国有企业垄断双重影响的探究[J].财贸经济(3):112-122.

达格穆,1995.加拿大、美国和英国的要素分配[M]//阿西马科普洛斯.收入分配理论.赖德胜,等译.北京:商务印书馆:217-243.

戴天仕,徐现祥,2010.中国的技术进步方向[J].世界经济(11):54-70.

戴园晨,黎汉明,1988.工资侵蚀利润:中国经济体制改革中的潜在危险[J].经济研究(6):3-11.

戴园晨,诸建芳,1995.价格工资螺旋的生成和演衍[M].北京:中国劳动出版社.

邓明,2014.人口年龄结构与中国省际技术进步方向[J].经济研究(3):130-143.

邓于君,2009.发达国家后工业化时期服务业内部结构的演变、机理及启示[J].学术研究(9):62-71.

丁守海,2010.最低工资管制的就业效应分析:兼论《劳动合同法》的交互影响[J].中国社会科学(1):85-102.

董保华,2007.论我国无固定期限劳动合同[J].法商研究(6):53-60.

董礼华,2012.劳动生产率及其计算方法[J].中国统计(3):30-33.

董直庆,王芳玲,高庆昆,2013.技能溢价源于技术进步偏向性吗?[J].统计研究(6):37-44.

杜修立,王维国,2007.中国出口贸易的技术结构及其变迁:1980—2003[J].经济研究(7):137-151.

樊纲,关志雄,姚枝仲,2006.国际贸易结构分析:贸易品的技术分布[J].经济研究(8):70-80.

樊纲,王小鲁,朱恒鹏,2011.中国市场化指数:各地区市场化相对进程 2011 年报告[M].北京:经济科学出版社.

范从来,张中锦,2012.提升总体劳动收入份额过程中的结构优化问题研究:基于产业与部门的视角[J].中国工业经济(1):5-15.

范省伟,白永秀,2003.劳动力产权的界定、特点及层次性分析[J].当代经济研究(8):42-46.

范斯坦,2004.1860 年以来联合王国国民收入分配的变化[M].//马赛厄斯,波斯坦.剑桥欧洲经济史(第七卷):工业经济:资本、劳动力和企业(上册):英国、法国、德国和斯堪的纳维亚.徐强,译.北京:经济科学出版社.

方文全,2011.中国劳动收入份额决定因素的实证研究:结构调整抑或财政效应?[J].金融研究(2):32-41.

冯飞,王晓明,王金照,2012.对我国工业化发展阶段的判断[J].中国发展观察(8):24-26.

付凌晖,2010.我国产业结构高级化与经济增长关系的实证研究[J].统计研究(8):79-81.

干春晖,郑若谷,余典范,2011.中国产业结构变迁对经济增长和波动的影响[J].经济研究(5):4-16.

高德步,2006.经济发展与制度变迁:历史的视角[M].北京:经济科学出版社.

格鲁伯,沃克,1993.服务业的增长:原因与影响[M].陈彪如,译.上海:上海三联书店.

龚刚,杨光,2010.论工资性收入占国民收入比例的演变[J].管理世界(5):45-55.

顾强,成卓,徐鑫,2015."基本实现工业化"的内涵、标志及展望[J].工业经济论坛(1):1-12.

顾雪松,韩立岩,周伊敏,2016.产业结构差异与对外直接投资的出口效应:"中国—

东道国"视角的理论与实证[J].经济研究(4):102-115.

关丽洁,2013."中等收入陷阱"与中国经济发展战略[D].长春:吉林大学.

关志雄,2002.从美国市场看"中国制造"的实力:以信息技术产品为中心[J].国际经济评论(4):5-12.

郭继强,1996.劳动力产权与劳动产权之辨析[J].经济体制改革(2):131-133.

郭克莎,2000.中国工业化的进程,问题与出路[J].中国社会科学(3):60-71.

郭庆旺,吕冰洋,2011.论税收对要素收入分配的影响[J].经济研究(6):16-30.

国家统计局,2003.中国国民经济核算体系(2002)[M].北京:中国统计出版社.

国家统计局,2010.中国统计年鉴(2010)[M].北京:中国统计出版社.

国家统计局,2011.中国统计年鉴(2011)[M].北京:中国统计出版社.

国家统计局,2012.中国统计年鉴(2012)[M].北京:中国统计出版社.

国家统计局,2013.中国统计年鉴(2013)[M].北京:中国统计出版社.

国家统计局,2014.中国统计年鉴(2014)[M].北京:中国统计出版社.

国家统计局,2015.中国统计年鉴(2015)[M].北京:中国统计出版社.

国家统计局国民经济核算司,2007.中国经济普查年度国内生产总值核算方法[M].北京:中国统计出版社.

国家统计局农村社会经济调查司,2008.2008中国农村住户调查年鉴[M].北京:中国统计出版社.

哈努谢克,沃斯曼因,2017.国家的知识资本:教育与经济增长[M].银温泉,译.北京:中信出版集团.

韩毅,2007.美国工业现代化的历史进程:1607—1988[M].北京:经济科学出版社.

韩永辉,黄亮雄,王贤彬,2015.产业结构升级改善生态文明了吗:本地效应与区际影响[J].财贸经济(12):129-146.

韩兆洲,安宁宁,2007.最低工资、劳动力供给与失业:基于VAR模型的实证分析[J].暨南学报(哲学社会科学版)(1):38-44.

何传启,2016.中国现代化报告:服务业现代化研究[M].北京:北京大学出版社.

何菊莲,李军,赵丹,2013.高等教育人力资本促进产业结构优化升级的实证研究[J].教育与经济(2):48-55.

胡家勇,陈雪娟,2010.在深化改革中推进经济发展方式的根本转变[J].求是(23):33-35.

胡秋阳,2016.产业分工与劳动报酬份额[J].经济研究(2):82-96.

黄亮雄,安苑,刘淑琳,2013.中国的产业结构调整:基于三个维度的测算[J].中国工业经济(10):70-82.

黄茂兴,李军军,2009.技术选择、产业结构升级与经济增长[J].经济研究(7):

143-151.

黄群慧,贺俊,2015.真实的产业政策:发达国家促进工业发展的历史经验与最新实践[M].北京:经济管理出版社.

黄先海,宋学印,诸竹君,2015.中国产业政策的最优实施空间界定:补贴效应、竞争兼容与过剩破解[J].中国工业经济(4):57-69.

黄先海,徐圣,2009.中国劳动收入比重下降成因分析:基于劳动节约型技术进步的视角[J].经济研究(7):34-44.

黄颖,2011.产业转型升级的方向、途径和思路[J].中国经贸导刊(22):21-22.

霍布斯鲍姆,2016.工业与帝国:英国的现代化历程[M].梅俊杰,译.北京:中央编译出版社.

江飞涛,李晓萍,2010.直接干预市场与限制竞争:中国产业政策的取向与根本缺陷[J].中国工业经济(9):26-36.

姜广东,王菲,2013.我国最低工资制度的就业效应分析[J].财经问题研究(12):117-125.

姜琍,2010.捷克与斯洛伐克政治、经济和外交转型比较[J].欧洲研究(1):99-118.

蒋萍,许宪春,2014.国民经济核算理论与中国实践[M].北京:中国人民大学出版社.

蒋尉,2007.德国工业化进程中的农村劳动力流动:机理、特征、问题及借鉴[J].欧洲研究(1):101-114.

金碚,2011.中国工业的转型升级[J].中国工业经济(7):5-14.

金双华,2014.要素收入视角下税收对收入分配的调节[J].税务研究(2):22-26.

靖学青,2005.产业结构高级化与经济增长:对长三角地区的实证分析[J].南通大学学报(社会科学版)(3):51-55.

卡赫克,齐尔贝尔博格,2007.劳动经济学[M].沈文恺,译.上海:上海财经大学出版社.

凯恩斯,1997.就业利息与货币通论[M].徐毓枬,译.北京:商务印书馆.

科迪,休斯,沃尔,1990.发展中国家的工业发展政策[M].张虹,等译.北京:经济科学出版社.

科斯等,1994.财产权利与制度变迁:产权学派与新制度学派译文集[M].上海:上海人民出版社.

孔田平,1992.休克疗法与渐进改革:波兰与匈牙利经济转轨战略之比较[J].经济社会体制比较(4):28-31.

孔田平,2005.从中央计划经济到市场经济:波兰案例[J].俄罗斯中亚东欧研究(1):8-14.

孔田平,2010.国际金融危机背景下对中东欧经济转轨问题的再思考[J].国际政治研究(4):17-30.

库兹涅茨,1985.各国的经济增长:总产值和生产结构[M].常勋,等译.北京:商务印书馆.

库兹涅茨,1989.现代经济增长[M].戴睿,易诚,译.北京:北京经济学院出版社.

赖普清,姚先国,2011.再议劳动者地位问题:劳动力产权强度的视角[J].学术月刊(3):73-80.

蓝庆新,陈超凡,2013.新型城镇化推动产业结构升级了吗?:基于中国省级面板数据的空间计量研究[J].财经研究(12):57-71.

李博,胡进,2008.中国产业结构优化升级的测度和比较分析[J].管理科学(2):86-93.

李稻葵,刘霖林,王红领,2009.GDP中劳动份额演变的U型规律[J].经济研究(1):70-82.

李逢春,2012.对外直接投资的母国产业升级效应:来自中国省际面板的实证研究[J].国际贸易问题(6):124-134.

李钢,廖建辉,向奕霓,2011.中国产业升级的方向与路径:中国第二产业占GDP的比例过高了吗[J].中国工业经济(10):16-26.

李广众,2001.金融抑制过程中政府收益的经验研究及国际比较[J].世界经济(7):16-19.

李洪亚,2016.产业结构变迁与中国OFDI:2003—2014年[J].数量经济技术经济研究(10):76-93.

李琦,2012.中国劳动份额再估计[J].统计研究(10):23-29.

李善同,侯永志,刘云中,等,2004.中国国内地方保护问题的调查与分析[J].经济研究(11):78-84.

李文溥,龚敏,2010.出口劳动密集型产品导向的粗放型增长与国民收入结构失衡[J].经济学动态(7):57-61.

李文溥,李静,2011.要素比价扭曲、过度资本深化与劳动报酬比重下降[J].学术月刊(2):68-77.

李文溥,谢攀,刘榆,2012.两税合并的要素收入份额影响研究[J].南开经济研究(1):50-62.

李祥云,祁毓,2011.中国的财政分权、地方政府行为与劳动保护:基于中国省级面板数据的分析[J].经济与管理研究(3):98-110.

李新,2014.对俄罗斯经济两次转型的认识[J].俄罗斯学刊(1):34-47.

李新,刘晓丹,2006.转型国家经济改革的经验教训及其对中国现代化的启示[J].俄罗斯研究(4):16-21.

李扬,1992.收入功能分配的调整:对国民收入分配向个人倾斜现象的思考[J].经济研究(7):34-44.

李扬,殷剑峰,2007.中国高储蓄率问题探究:基于1992—2003年中国资金流量表的分析[J].经济研究(6):14-26.

李增伟,2013.波兰缘何对欧债危机"免疫"[N].人民日报,2013-05-07(22).

厉以宁,2010.工业化和制度调整:西欧经济史研究[M].北京:商务印书馆.

梁茂信,2011.当代美国外来移民的学历构成分析:1965—2000年[J].史学集刊(1):98-106.

林毅夫,2012a.繁荣的求索[M].北京:北京大学出版社.

林毅夫,2012b.解读中国经济[M].北京:北京大学出版社.

林毅夫,2012c.新结构经济学[M].北京:北京大学出版社.

林毅夫,蔡昉,李周,2009.中国的奇迹:发展战略与经济改革(增订版)[M].上海:格致出版社.

林志帆,赵秋运,2015.金融抑制会导致劳动收入份额下降吗?:来自世界银行2012年中国企业调查数据的经验证据[J].中国经济问题(6):49-59.

刘伟,1991.所有权的经济性质、形式及权能结构[J].经济研究(4):57-65.

刘志彪,2011.从后发到先发:关于实施创新驱动战略的理论思考[J].产业经济研究(4):1-7.

陆菁,刘毅群,2016.要素替代弹性、资本扩张与中国工业行业要素报酬份额变动[J].世界经济(3):118-143.

罗长远,2008.卡尔多"特征事实"再思考:对劳动收入占比的分析[J].世界经济(11):86-96.

罗长远,2011.比较优势、要素流动性与劳动收入占比:对工业部门的一个数值模拟[J].世界经济文汇(5):35-49.

罗长远,2014.中国劳动收入占比变化的趋势、成因和含义[M].上海:上海人民出版社.

罗长远,陈琳,2012.融资约束会导致劳动收入份额下降吗?:基于世界银行提供的中国企业数据的实证研究[J].金融研究(3):29-42.

罗长远,张军,2009.劳动收入份额下降的经济学解释:基于中国省级面板数据的分析[J].管理世界(5):25-35.

罗斯托,1962.经济成长的阶段[M].国际关系研究所编译室,译.北京:商务印书馆.

罗斯托,2001.经济增长的阶段:非共产党宣言[M].郭照保,王松茂,译.北京:中国社会科学出版社.

罗小兰,2007.我国最低工资标准农民工就业效应分析:对全国、地区及行业的实证研究[J].财经研究(11):114-123.

吕冰洋,台航,2013.我国个人所得税的要素结构分析[J].税务与经济(2):87-90.

吕光明,2011.中国劳动收入份额的测算研究:1993—2008[J].统计研究(12):22-28.

吕光明,李莹,2015.中国劳动报酬占比变动的统计测算与结构解析[J].统计研究(8):46-53.

马克思,1964.政治经济学批判[M].徐坚,译.北京:人民出版社.

马克思,1975.资本论:第一卷[M].郭大力,王亚南,译.北京:人民出版社.

马双,张劼,朱喜,2012.最低工资对中国就业和工资水平的影响[J].经济研究(5):132-146.

马歇尔,1965.经济学原理:下卷[M].陈良璧,译.北京:商务印书馆.

马亚华,2010.美国工业化阶段的历史评估[J].世界地理研究(3):81-87.

潘文卿,陈水源,1994.产业结构高度化与合理化水平的定量测算:兼评甘肃产业结构优化程度[J].开发研究(1):42-44.

彭小倩,2011.波兰的经济转型[J].天津市经理学院学报(3):95-96.

皮凯蒂,2014.21世纪资本论[M].巴曙松,译.北京:中信出版社.

钱纳里,等,1989.工业化和经济增长的比较研究[M].吴奇,等译.上海:上海三联书店.

琼斯,1999.现代经济增长理论导引[M].郭嘉麟,许强,李吟枫,译.北京:商务印书馆.

权衡,李凌,2015.国民收入分配结构:形成机理与调整思路[M].上海:上海社会科学院出版社.

邵敏,2012.信贷融资、人力资本与我国企业的研发投入[J].财经研究(10):101-111.

单豪杰,2008.中国资本存量K的再估算:1952—2006年[J].数量经济技术经济研究(10):17-31.

盛乐,包迪鸿,2001.对企业家人力资本产权关系的界定[J].财经科学(6):69-72.

石涛,张磊,2012.劳动报酬占比变动的产业结构调整效应分析[J].中国工业经济(8):18-29.

史晋川,赵自芳,2007.所有制约束与要素价格扭曲:基于中国工业行业数据的实证分析[J].统计研究(6):42-47.

斯蒂格勒,2008.生产和分配理论[M].晏智杰,译.北京:华夏出版社.

斯蒂格利茨,2013.不平等的代价[M].张子源,译.北京:机械工业出版社.

斯拉法,1962.李嘉图著作和通信集:第一卷[M].郭大力,王亚南,译.北京:商务印书馆.

斯拉法,1987.李嘉图著作和通信集:第八卷[M].寿进文,译.北京:商务印书馆.

宋国宇,刘文宗,2005.产业结构优化的经济学分析及测度指标体系研究[J].科技和产业(7):6-9,40.

宋锦剑,2000.论产业结构优化升级的测度问题[J].当代经济科学(3):92-97.

宋全成,2005.简论德国移民的历史进程[J].文史哲(3):86-93.

孙韩钧,2012.我国产业结构高度的影响因素和变化探析[J].人口与经济(3):39-44.

孙晶,李涵硕,2012.供应链金融范式下中小企业信贷机制研究[J].国际金融(9):18-22.

孙睿君,2010a.我国的动态劳动需求及就业保护制度的影响:基于动态面板数据的研究[J].南开经济研究(1):66-78.

孙睿君,2010b.我国就业保护法律对劳动力市场影响的实证研究[D].北京:清华大学.

孙书青,2006.调整最低工资政策对中国就业影响的经济分析[J].湖北财经高等专科学校学报(5):13-15.

孙秀林,周飞舟,2013.土地财政与分税制:一个实证解释[J].中国社会科学(4):40-59.

孙早,刘李华,2016.中国工业全要素生产率与结构演变:1990—2013年[J].数量经济技术经济研究(10):57-75.

唐跃军,赵武阳,2009.解雇成本、市场分割与《劳动合同法》:基于理论模型对《劳动合同法》争议的新解释[J].经济理论与经济管理(7):13-19.

唐志鹏,王志标,祝坤福,2007.1992—2002年中国产业结构的变化:基于列标尺量模型的分析[J].统计研究(3):38-43.

陶志泉,2001.论所有权、产权与劳动关系[J].工会论坛(山东省工会管理干部学院学报)(4):23-26.

汪伟,郭新强,艾春荣,2013.融资约束、劳动收入份额下降与中国低消费[J].经济研究(11):100-113.

汪伟,刘玉飞,彭冬冬,2015.人口老龄化的产业结构升级效应研究[J].中国工业经济(11):47-61.

王光新,姚先国,2014.中国最低工资对就业的影响[J].经济理论与经济管理(11):16-31.

王金照,2010.典型国家工业化历程比较与启示[M].北京:中国发展出版社.

王乐平,1990.赤松要及其经济理论[J].日本问题(3):117-126.

王磊,徐涛,2008.我国产业结构高度化判别及国际比较[J].技术经济与管理研究(6):112-114.

王丽,张岩,2016.对外直接投资与母国产业结构升级之间的关系研究:基于1990—2014年OECD国家的样本数据考察[J].世界经济研究(11):60-69,136.

王林辉,赵景,李金城,2015.劳动收入份额"U形"演变规律的新解释:要素禀赋结构与技术进步方向的视角[J].财经研究(10):17-30.

王梅,2010.二元经济结构下最低工资效应研究[D].天津:南开大学.

王贤彬,徐现祥,2009.转型期的政治激励、财政分权与地方官员经济行为[J].南开经济研究(2):58-79.

王晓霞,白重恩,2014.劳动收入份额格局及其影响因素研究进展[J].经济学动态(3):107-115.

王勋,Anders Johansson,2013.金融抑制与经济结构转型[J].经济研究(1):54-67.

王彦超,2014.金融抑制与商业信用二次配置功能[J].经济研究(6):86-99.

王永进,盛丹,2010.要素积累、偏向型技术进步与劳动收入占比[J].世界经济文汇(4):33-50.

王永平,2006.发达国家工业化成功经验及其对我国的启示[J].当代经济(2):43-44.

魏杰,2011.转变经济增长方式是全面且深入的改革:"政府主导"是模式还是改革对象[J].学术月刊(8):61-68.

温忠麟,叶宝娟,2014.中介效应分析:方法和模型发展[J].心理科学进展(5):731-745.

翁杰,2011.中国农村劳动力转移与劳动收入份额变动研究[J].中国人口科学(6):14-26,111.

翁杰,周礼,2010.中国工业部门劳动收入份额的变动研究:1997—2008年[J].中国人口科学(4):31-45,111.

吴敬琏,2006.中国增长模式的选择[M].上海:上海远东出版社.

吴凯,范从来,2013.中国劳动收入份额下降的驱动因素研究:基于LMDI分解法的分析[C].贵阳:全国高校社会主义经济理论与实践研讨会第27次年会.

行伟波,李善同,2012.地方保护主义与中国省际贸易[J].南方经济(1):58-70.

徐蔼婷,2014.劳动收入份额及其变化趋势[J].统计研究(4):64-71.

徐朝阳,2010.工业化与后工业化:"倒U型"产业结构变迁[J].世界经济(12):67-88.

徐德云,2008.产业结构升级形态决定、测度的一个理论解释及验证[J].财政研究(1):46-49.

徐辉,李宏伟,2016.丝绸之路经济带市域经济增长与产业结构变化[J].经济地理(11):31-37.

徐敏,姜勇,2015.中国产业结构升级能缩小城乡消费差距吗?[J].数量经济技术经济研究(3):3-21.

许宪春,2011.当前我国收入分配研究中的若干问题[J].比较(6):268-277.

杨东进,2013.从政策扶持到政府蔽荫:过程、原因及其危害:基于中国轿车产业的探索性研究[J].产业经济研究(5):1-9.

杨俊,邵汉华,2009.资本深化、技术进步与全球化下的劳动报酬份额[J].上海经济研究(9):10-17.

杨瑞龙,周业安,张玉仁,1998.国有企业双层分配合约下的效率工资假说及其检验:对"工资侵蚀利润"命题的质疑[J].管理世界(1):166-175.

杨伟国,代懋,2012.劳动与雇佣法经济学的变迁[J].教学与研究(11):55-64.

杨昕,2015.二元户籍制度下农村劳动力转移对劳动收入占比变动的影响[J].人口研究(5):100-112.

姚慧泽,石磊,2014.要素密集度异质性差异、要素替代弹性与中国劳动收入份额[J].上海经济研究(7):52-61.

姚先国,2006.人力资本与劳动者地位[J].学术月刊(2):93-97.

姚先国,郭继强,1996.论劳动力产权[J].学术月刊(6):44-49.

姚先国,盛乐,2002.对中国经济转型成效的另一种解释[J].经济学动态(5):15-18.

姚洋,张晔,2008.中国出口品国内技术含量升级的动态研究:来自全国及江苏省、广东省的证据[J].中国社会科学(2):67-82.

姚志毅,张亚斌,2011.全球生产网络下对产业结构升级的测度[J].南开经济研究(6):55-65.

易纲,樊纲,李岩,2003.关于中国经济增长与全要素生产率的理论思考[J].经济研究(8):13-20.

原毅军,谢荣辉,2014.环境规制的产业结构调整效应研究:基于中国省际面板数据的实证检验[J].中国工业经济(8):57-69.

张车伟,张士斌,2010.中国初次收入分配格局的变动与问题:以劳动报酬占GDP份额为视角[J].中国人口科学(5):24-35.

张车伟,张士斌,2011.关于中国劳动报酬占GDP份额变动的研究[J].劳动经济评论(1):1-33.

张车伟,张士斌,2012.中国劳动报酬份额变动的"非典型"特征及其解释[J].人口与发展(4):2-13.

张车伟,赵文,2020.国民收入分配形式分析及建议[J].经济学动态(6):3-14.

张东生,2009.国民收入结构调整与消费增长[J].中国经贸导刊(15):11-12.

张建武,王茜,林志帆,等,2014.金融抑制与劳动收入份额关系研究[J].中国人口科学(5):47-56.

张军,吴桂英,张吉鹏,2004.中国省际物质资本存量估算:1952—2000[J].经济研究(10):35-44.

张军,章元,2003.对中国资本存量K的再估计[J].经济研究(7):35-43.

张军,周黎安,2009.为增长而竞争:中国增长的政治经济学[M].上海:上海人民出版社.

张军超,2011.发展战略、要素收入分配与需求结构失衡[D].上海:复旦大学.

张明志,李敏,2011.国际垂直专业化分工下的中国制造业产业升级及实证分析[J].国际贸易问题(1):118-128.

张培刚,1984.农业与工业化[M].武汉:华中工学院出版社.

张平,2003.增长与分享:居民收入分配理论和实证[M].北京:社会科学文献出版社.

张士斌,2012.工业化过程中劳动报酬比重变动的国际比较[J].经济社会体制比较(6):47-58.

张潇晗,2009.最低工资对就业的影响[D].上海:复旦大学.

张晏,龚六堂,2005.分税制改革、财政分权与中国经济增长[J].经济学(季刊)(4):75-108.

张运婷,2011.最低工资就业效应实证分析[J].经济研究导刊(36):105-106.

章上峰,许冰,2010.初次分配中劳动报酬比重测算方法研究[J].统计研究(8):74-78.

赵昌文,许召元,朱鸿鸣,2015.工业化后期的中国经济增长新动力[J].中国工业经济(6):44-54.

赵红,2003.GDP与GDP核算[EB/OL].(2003-05-23)[2021-10-10].http://www.stats.gov.cn/ztjc/tjzdgg/zggmjjhstx/200305/t20030527_38601.html.

赵乃斌,孔田平,1996.斯洛伐克的经济转轨[J].东欧中亚市场研究(7):6-9.

赵秋运,魏下海,张建武,2012.国际贸易、工资刚性和劳动收入份额[J].南开经济研究(4):37-52.

赵秋运,张建武,2013.中国劳动收入份额的变化趋势及其驱动机制新解:基于国际贸易和最低工资的视角[J].金融研究(12):44-56.

郑志国,2011.中国企业分配中的突出问题及对策[J].马克思主义研究(11):60-70.

周昌林,魏建良,2007.产业结构水平测度模型与实证分析:以上海、深圳、宁波为例[J].上海经济研究(6):15-21.

周明海,2014.实际劳动收入份额变动的估算及其变动趋势[J].中国人口科学(1):108-116.

周明海,肖文,姚先国,2010a.中国经济非均衡增长和国民收入分配失衡[J].中国工业经济(6):35-45.

周明海,肖文,姚先国,2010b.中国劳动收入份额的下降:度量与解释的研究进展[J].世界经济文汇(6):92-105.

周明海,姚先国,肖文,2012.功能性与规模性收入分配:研究进展和未来方向[J].世界经济文汇(3):89-107.

周其仁,1996.市场里的企业:一个人力资本与非人力资本的特别合约[J].经济研究(6):71-80.

周燕,佟家栋,2012."刘易斯拐点"、开放经济与中国二元经济转型[J].南开经济研究(5):3-17.

Abdulahad F,Guirguis H S,2003. The living wage and the effects of real minimum wages on part-time and teen employment [J]. Employee Responsibilities & Rights Journal,15(1):1-9.

Acemoglu D,2002. Directed technical change[J]. Review of Economic Studies,69(4):781-809.

Acemoglu D, 2009. Introduction to Modern Economic Growth [M]. Princeton:Princeton University Press.

Addison J T,Teixeira P,2003. The economics of employment protection[J]. Journal of Labor Research,24(1):85-128.

Ahmad S,1966. On the theory of induced invention[J]. Economic Journal,76(302):344-357.

Allen R C,2009. The British Industrial Revolution in Global Perspective [M]. Cambridge:Cambridge University Press.

Atkinson A B,Stiglitz J E,1969. A new view of technological change[J]. Economic Journal,79(315):573-578.

Baron R M,Kenny D A,1986. The moderator-mediator variable distinction in social psychological research:Conceptual,strategic,and statistical considerations[J]. Chapman and Hall,51(6):1173-1182.

Bell D,1973. The Coming of Post-Industrial Society:A Venture in Social Forecasting [M]. New York:Basic Books.

Belot M,Boone J,Van Ours J,2007. Welfare-Improving employment protection[J]. Economica,74(295):381-396.

Bentolila S,Saint-Paul G,2003. Explaining movements in labor income share[J]. Contributions to Macroeconomics,3(1):1103-1136.

Berkowitz D,Lin C,Ma Y,2015. Do property rights matter? Evidence from a property law enactment[J]. Journal of Financial Economics,116(3):583-593.

Bernanke B S,Gürkaynak R S,2001. Is growth exogenous? Taking Mankiw,Romer, and Weil seriously[J]. NBER Macroeconomics Annual,16(1):11-57.

Bertola G,1999. Cross-sectional wage and employment rigidities vs. aggregate employment[C]. Paris:ABCDE Europe 1999.

Bertoli S,Farina F,2007. The functional distribution of income: A review of the theoretical literature and of the empirical evidence around its recent pattern in European countries[Z]. DEPFID Working Paper No. 5.

Besley T, Burgess R, 2004. Can labor regulation hinder economic performance? Evidence from India[J]. The Quarterly Journal of Economics,119(1):91-134.

Blanchard O,Giavazzi F,2001. Macroeconomic effects of regulation and deregulation in goods and labor markets[Z]. CEPR Discussion Papers No. 2713.

Blanchard O J, Nordhaus W D, Phelps E S, 1997. The medium run[J]. Brookings Papers on Economic Activity,28(2):89-158.

Blanchard O,Portugal P,2001. What hides behind an unemployment rate:Comparing Portuguese and U. S. unemployment[J]. American Economic Review,91:187-207.

Botero J C, Djankov S, Porta R L, et al. , 2004. The regulation of labor[J]. The Quarterly Journal of Economics,135(4):1339-1382.

Bowley A L,1920. The Change in the Distribution of the National Income,1880-1913 [M]. Oxford:Clarendon Press.

Box G, Cox D, 1964. An analysis of transformations [J]. Journal of the Royal Statistical Society,26(2):211-243.

Brown E H,Weber B,1953. Accumulation,productivity and distribution in the British economy,1870-1938[J]. Economic Journal,63(250):263-288.

Card D,1992a. Using regional variation in wages to measure the effects of the federal minimum wage[J]. Industrial and Labor Relations Review,46(1):22-37.

Card D,1992b. Do minimum wages reduce employment? A case study of California, 1987—1989[J]. Industrial and Labor Relations Review,46(1):38-54.

Chenery H B,1960. Patterns of industrial growth[J]. American Economic Review,50 (4):624-654.

Clark C,1940. The Conditions of Economic Progress[M]. London:Macmillan.

Clark C,1958. The Conditions of Economic Progress[M]. London: The Macmillan Company.

Coase R H,1937. The nature of the firm[J]. Economica,New Series,4(16):386-405.

Cobb C W, Douglas P H, 1928. A theory of production[J]. American Economic Review, 18(1):139-165.

Coomer N M, Wessels W J, 2013. The effect of the minimum wage on covered teenage employment[J]. Journal of Labor Research, 34(3):253-280.

David P A, Van de Klundert T, 1965. Biased efficiency growth and capital-labor substitution in the U. S., 1899-1960[J]. The American Economic Review, 55(3):357-394.

Decreuse B, Maarek P, 2008. FDI and the labor share in developing countries: A theory and some evidence[C]. Proceedings of the German Development Economics Conference.

Demsetz H, 1967. Toward a theory of property rights[J]. The American Economic Review, 57(2):347-359.

Diwan I, 2000. Labor shares and globalization[Z]. World Bank Working Paper, 11.

Domar E D, 1946. Capital expansion, rate of growth, and employment [J]. Econometrica, 14(2):137-147.

Drandakis E M, Phelps E S, 1966. A model of induced invention, growth and distribution[J]. Economic Journal, 76(304):823-840.

Escosura L P D L, Rosés J R, 2003. Wages and labor income in history: A survey[J]. General Information, 85-a(5):890-898.

Estevez-Abe M, Iversen T, Soskice D, 2001. Social protection and the formation of skills: A reinterpretation of the welfare state[M]//Hall P A, Soskice D. Oxford: Oxford University Press.

Fang T, Lin C, 2015. Minimum wages and employment in China[J]. IZA Journal of Labor Policy, 4(1):22.

Fei C H, Ranis G, 1965. Innovational intensity and factor bias in the theory of growth [J]. International Economic Review, 6(2):182-198.

Foster L, Haltiwanger J, Krizan C J, 1998. Aggregate productivity growth: Lessons from microeconomic evidence[Z]. NBER Working Paper No. 6803.

Freeman R B, 2006. People flows in globalization [Z]. NBER Working Paper No. 12315.

Garibaldi P, 1998. Job flow dynamics and firing restrictions[J]. European Economic Review, 42(2):245-275.

Garibaldi P, Konings J, Pissarides C A, 1997. Gross Job Reallocation and Labour Market Policy[M]//Snower D J, de la Dehesa G. Unemployment Policy. Cambridge: Cambridge University Press.

Gollin D,2002. Getting income shares right[J]. Journal of Political Economy,110(2):458-474.

Gomme P,Rupert P,2004. Measuring labor's share of income[Z]. Policy Discussion Papers No. 7.

Guscina A,2006. Effects of globalization on labor's share in national income[Z]. IMF Working Paper No. 294.

Harrison A E,2002. Has globalization eroded labor's share? Some cross-country evidence[Z]. UC Berkeley and NBER Working Paper.

Harrod R,1939. An essay in dynamic theory[J]. Economic Journal,49(193):14-33.

Harrod R, 1948. Towards a Dynamic Economics [M]. London: Macmillan & Co. ,LTD.

Hausmann R, Hwang J, Rodrik D, 2005. What you export matters [Z]. NBER Working Paper No. 11905.

Hausmann R,Rodrik D,2003. Economic development as self-discovery[J]. Journal of Development Economics,72(2):603-633.

Heckman J,Pagés C,2000. The cost of job security regulation:Evidence from Latin American labor markets[Z]. NBER Working Paper No. 7773.

Hicks J R,1932. The Theory of Wages[M]. London:Macmillan.

Hoffmann W G,1958. The Growth of Industrial Economics[M]. Manchester,Eng: Manchester University Press.

Hoffmann W G,1965. Das Wachstum der Deutschen Wirtschaft seit der Mitte des 19 Jahrhunderts[M]. Berlin:Springer Verlag.

Hoffmann W G,1969. Stadien und typen der industrialisierung[J]. Weltwirtschaftliches Archiv,103:321-327.

Huang Y,2003. Selling China:Foreign Direct Investment During the Reform Era [M]. New York:Cambridge University Press.

Johnson D G,1954. The functional distribution of income in the United States,1850-1952[J]. Review of Economics & Statistics,36(2):175-182.

Kaldor N,1955. Alternative theories of distribution[J]. The Review of Economic Studies,23(1):83-100.

Kaldor N, 1957. A model of economic growth[J]. Economic Journal, 67(268):591-624.

Kaldor N,1961. Capital Accumulation and Economic Growth[M]. Basingstroke: Palgrave Macmillan.

Kaldor N, Mirrlees J A, 1962. A new model of economic growth[J]. Review of Economic Studies,29(3):174-192.

Kalecki M, 1939. The determinants of distribution of the national income [J]. Econometrica,6(2):97-112.

Karabarbounis L, Neiman B,2014. The global decline of the labor share[J]. Quarterly Journal of Economics,129:61-103.

Katz L F, Krueger A B, 1992. The effect of the minimum wage on the fast food industry[J]. Industrial and Labor Relations Review,46(1):6-21.

Kennedy C, 1964. Induced bias in innovation and the theory of distribution[J]. Economic Journal, 74(295):541-547.

Keynes J M, 1939. Relative movements of real wages and output[J]. Economic Journal,49(193):34-51.

King W I,1915. The Wealth and Income of the People of the United States[M]. New York:The Macmillan Company.

Klump R, McAam P, Willman A, 2007. Factor substitution and factor-augmenting technical progress in the United States: A normalized supply-side system approach[J]. The Review of Economic and Statistic,89(1):183-192.

Kmenta J, 1967. On estimation of the CES production function[J]. International Economic Review,8(2):180-189.

Kocka J, Ritter G A, 1978. Sozialgeschichtliches Arbeitsbuch: Materialien zur Statistik des Kaiserreichs 1870-1914[M]. München:Beck Verlag.

Kravis I B,1959. Relative income shares in fact and theory[J]. American Economic Review,49(5):917-949.

Kristal T,2010. Good times, bad times: Postwar labor's share of national income in capitalist democracies[J]. American Sociological Review,75(5):729-763.

Krämer H M,2011. Bowley's law: The diffusion of an empirical supposition into economic theory[J]. Cahiers Déconomie Politique,61(61):19-50.

Kuznets S, 1957. Quantitative aspects of the economic growth of nations: IV, distribution of national income by factor shares[J]. Economic Development & Cultural Change,7(3):1-100.

Kuznets S,1966. Modern Economic Growth: Rate, Structure and Spread[M]. New Haven:Yale University Press.

Lall S,Weiss J,Zhang J,2006. The "sophistication" of exports:A new trade measure [J]. World Development,34(2):222-237.

Lazear E P. 1990. Job Security provisions and employment[J]. The Quarterly Journal of Economics, 105(3):699-726.

León-Ledesma M A, Mcadam P, Willman A. 2010. In dubio pro CES: Supply estimation with misspecified technical-change[Z]. ECB Working Paper No. 1175.

Lewis W A. 1954. Economic development with unlimited supplies of labour[J]. Manchester School, 22(2):139-191.

Mao R, Yao Y. 2012. Structural change in a small open economy: An application to South Korea[J]. Pacific Economic Review, 17(1):29-56.

McKinnon R I. 1973. Money and Capital in Economic Development[M]. Washington, D. C. :The Brookings Institution.

Meyer D R. 2003. The Roots of American Industrialization[M]. Maryland: Johns Hopkins University Press.

Millard S P, Mortensen D T. 1997. The unemployment and welfare effects of labour market policy: A comparison of the USA and the UK[M]// Snower D J, Dehesa G D L. Unemployment Policy. Cambridge: Cambridge University Press.

Minami R, Ono A. 1981. Behavior of income shares in a labor surplus economy: Japan's experience[J]. Economic Development and Cultural Change, 29(2):309-324.

Mitchell B R. 1988. British Historical Statistics[M]. New York: Cambridge University Press.

Morris M D. 1960. The recruitment of an industrial labor force in India, with British and American comparisons[J]. Comparative Studies in Society & History, 2(3):305-328.

Mortensen D T, Pissarides C. 1999. New developments in models of search in the labour market[Z]. CEPR Discussion Papers No. 2053.

Neumark D, Wascher W. 1992. Employment effects of minimum and subminimum wages: Panel data on state minimum wage laws[J]. ILR Review, 46(1):55-81.

Nickell S. 1986. Dynamic models of labour demand[M]// Ashenfelter O, Layard R. Handbook of Labor Economics. Amsterdam: North Holland.

Nickell S. 1997. Unemployment and labor market rigidities: Europe versus North America[J]. Journal of Economic Perspectives, 11(3):55-74.

Nickell S, Layard R. 1999. Labour market institutions and labour market performance[J]. Economic Policy, 3(6):3029-3084.

Ohkawa K, Shinohara M, Meissner L. 1979. Patterns of Japanese Economic Development: A Quantitative Appraisal[M]. New Haven: Yale University Press.

Pagés C, Montenegro C. 2007. Job security and the age-composition of employment:

Evidence from Chile[J]. Estudios de Economia,34(2):109-139.

Petrin A,Sivadasan J,2006. Job security does affect economic efficiency: Theory, a new statistic,and evidence from Chile[Z]. NBER Working Paper No. 12757.

Pigou A C,1920. The Economics of Welfare[M]. London:Macmillan & Co. ,LTD.

Raineri R,Ramos R A,2013. Inclusive growth: Building up a concept[Z]. IPC-IG Working Paper No. 104.

Ricardo D,1817. The Principles of Taxation and Political Economy [M]. London:J. M. Dent.

Rivera-Batiz L A, Romer P M, 1991. International trade with endogenous technological change[Z]. NBER Working Paper No. 3594.

Robinson S,1956. The Accumulation of Capital [M]. London:Macmillan.

Robinson S, 1976. A note on the U hypothesis relating income inequality and economic development[J]. The American Economic Review,66(3):437-440.

Ruiz C G, 2005. Are factor shares constant: An empirical assessment from a new perspective[Z]. Carlos III Macroeconomics Workshop Working Paper.

Sabia J J,2008. Minimum wages and the economic well-being of single mothers[J]. Journal of Policy Analysis and Management,27(4):848-866.

Salter W E G,1960. Productivity and Technical Change[M]. Cambridge:Cambridge University Press.

Samuelson P A,1965. A theory of induced innovation along Kennedy-Weis? cker lines[J]. Review of Economics and Statistics,47(4):343-356.

Schuller G J,1953. The secular trend in income distribution by type,1869-1948: A preliminary estimate[J]. The Review of Economics & Statistics,35(4):302-324.

Scitovsky T,1964. A survey of some theories of income distribution[J]. National Bureau Economic Research(The Behavior of Income Shares: Selected Theoretical and Empirical Issues):15-52.

Solow R M,1956. A contribution to the theory of economic growth[J]. Quarterly Journal of Economics,70(1):65-94.

Solow R M,1958. A skeptical note on the constancy of relative shares[J]. American Economic Review,48(4):618-631.

Stockhammer E,2013. Why have wage shares fallen? An analysis of the determinants of functional income distribution[M]// Lavoie M,Stockhammer E. Wage-led Growth. London:Palgrave Macmillan.

Sun W,Wang X,Zhang X,2015. Minimum wage effects on employment and working time of Chinese workers: Evidence based on CHNS[J]. IZA Journal of Labor & Development,4(1):1-22.

Taira K, 1970. Factory legislation and management modernization during Japan's industrialization,1886-1916[J]. Business History Review,44(1):84-109.

The World Bank,1993. The East Asian Miracle: Economic Growth and Public Policy [M]. Oxford:Oxford University Press.

Trajtenberg M,2018. AI as the next GPT:A political-economy perspective[Z]. CEPR Discussion Papers No. DP12721.

US Bureau of the Census. Historical Statistics of the United States, Colonial Times to 1970 Part 2[M]. Washington, D. C. :Government Printing Office, 1975.

Uzawa H,1961. Neutral inventions and the stability of growth equilibrium[J]. Review of Economic Studies,28(2):117-124.

Wasmer E, 2002. Interpreting Europe and US labor markets differences: The specificity of human capital investments[Z]. IZA Discussion Paper No. 549.

Wessels W J,2005. Does the minimum wage drive teenagers out of the labor force? [J]. Journal of Labor Research,26(1):169-176.

Whittaker D H,Zhu T,Sturgeon T,et al. ,2010. Compressed development[J]. Studies in Comparative International Development,45(4):439-467.

World Economic Forum,2017. The Inclusive Growth and Development Report 2017 [R]. World Economic Forum.

WTO,2011. Trade patterns and global value chains in East Asia:From trade in goods to trade in tasks[R]. Geneva:World Trade Organization.

Xie D X,2011. A generalized fact and model of long-run economic growth:Kaldor fact as a special case[R]. Peterson Institute for International Economics WP(11-4).

Young A T, 2006. One of the things we know that ain't so: Is US labor's share relatively stable? [D]. Oxford,Mississippi :University of Mississippi.

Zilibotti F,Redding S J,Burgess R,et al. ,2008. The unequal effects of liberalization: Evidence from dismantling the license Raj in India[J]. American Economic Review,98(4): 1397-1412.

后　记

　　本书是我主持的收入分配方面的国家社科基金重大招标项目和重点项目(11&ZD013,10AZ003)的研究成果之一。这是一个团队合作研究的成果,是浙江大学课题组相关老师和博士生通力合作的结晶。从课题设计、课题调研、课题讨论到成果发表,都充分体现了团队合作的力量。本书各章执笔人分工如下:第一章,郭继强、林平;第二章,何樟勇;第三章,蔡媛媛;第四章,郭继强、蔡媛媛、林平;第五章,蔡媛媛、林平、郭继强;第六章,林平、姚莉佳、郭继强;第七章,姚莉佳、林平;第八章,郭继强、蒋娇燕、林平;第九章,蒋娇燕、林平;第十章,林平、郭继强。

　　在本书的研究和写作过程中,还得到了浙江大学民生保障与公共治理研究中心、浙江大学民营经济研究中心、浙江大学公共政策研究院/浙江省公共政策研究院、浙江大学共享与发展研究院的资助和帮助,在此一并谢忱。

郭继强

于杭州西溪里